U0648259

教育部人文社会科学研究青年项目基金资助

QINGMO MINCHU XIUSHEN SIXIANG YANJIU

王小静◎著

清末民初
修身思想研究

——以修身教科书为中心的考察

人民出版社

序

王开玺

　　修身思想，古已有之，圣哲先贤，多有训诫。中国的修身思想与文化，可谓源远流长。据说为春秋末年的曾子所作，被南宋朱熹列为四书之首的《大学》，即曾全面而系统地论述了个人的道德修养与家国天下治乱兴衰的因果关系。

　　"大学之道，在明明德，在亲民，在止于至善……古之欲明明德于天下者，先治其国，欲治其国者，先齐其家；欲齐其家者，先修其身；欲修其身者，先正其心；欲正其心者，先诚其意；欲诚其意者，先致其知，致知在格物。物格而后知至，知至而后意诚，意诚而后心正，心正而后身修，身修而后家齐，家齐而后国治，国治而后天下平。自天子以至于庶人，一是皆以修身为本。"

　　上述大段文字，看似繁复，实则逻辑清晰。后世学者将其概括为"格物，致知，诚意，正心，修身，齐家，治国，平天下"，亦即《大学》的"八条目"。这一《大学》八条目，论说了一个人从内在的知识学习、德性修养，到外在的家庭和睦、事业发展的八个阶段或环节。这八个方面环环相扣，层层递进，是一个逐级提升的逻辑发展关系。

　　"格物、致知"这两个词汇，在其他的先秦古籍中很少使用，究应如何理解，目前尚无古籍古本的根据。不过，学界一般将其解释为，通过推究事物的原理法则，将其总结为理性的知识。也就是说，人们通过学习自然科学和社会科学知识，培养自己的内在道德修养，提高自身的综合素质，以便取得外在的事业成功。

　　在这《大学》八条目中，"修身"是最重要的环节。其中的"治国，平天下"两目，与一般的平民或士人自然无关，但"格物，致知，诚意，正心，修身，齐家"这六目,不但与平民百姓或士大夫关系密切,即使是圣君贤相,也必须从"格物,致知,诚意,正心,修身"这些最为基本的道德修养做起,此即《大学》中的所谓"自天子以至于庶人,一是皆以修身为本"。

上述个人内在道德修养与外在事功的逻辑关系,虽为古人最理想的修齐治平路径,存在着理想化甚至是幻想化的色彩,但在清代前期以前,却一直是国人,特别是士人知识分子的最高理想与追求。清末民初,修身教科书中个人修身的思想内容虽发生了重大而明显的变化,但《大学》八条目的影响仍然清晰可见。如果我们扬弃其中的某些负面的思想因素,仍不难发现其中的合理成分。缘此,这一《大学》八条目,不但深深影响着清末民初的国人,对于我们当代人也具有一定的学习借鉴意义。

另外,自古以来,无论圣君贤相,还是士人或百姓,无不重视对于个人道德的修养教育。《论语·为政》中"道之以政,齐之以刑,民免而无耻;道之以德,齐之以礼,有耻且格"等思想即是。

就此看来,研究清末民初的修身思想与修身教育,不但具有学术价值,而且具有现实意义。

修身思想与修身教育,虽然古已有之,是中国传统思想文化中的重要组成部分,但作为修身思想与修身教育载体的修身教科书,则是近代以后才出现的外国舶来品。

在中国古代,伦理道德教育始终占据着传统教育的主导地位。但那时,由于人类社会发展的相对落后,人们尚无今天这般明确而科学的分科设学意识,各种教育混为一体。《三字经》、《百家姓》、《小儿语》等,不但是初等识字或知识的启蒙教材,而且承担着德育教化的功能。四书五经、圣训官书等,虽然也具有传播文化知识的作用,但却呈现出越来越多的政治教化功能。这种不分对象、不分学科门类、脱离社会生产生活实际的教育体系与教育内容,不但不能促进,反而在相当大的程度上束缚了中国社会的进步与发展。

教科书是近代学校分科教学的基本工具,是西方近代大工业发展的产物。为了满足西方大工业发展对大量新型专门人才的需求,近代学校兴起,并随之产生了适应集体教学需要的各种教科书。

鸦片战争以后,伴随着西方列强的入侵,部分西方教科书也由来华的外国传教士传入了中国,但当时并未产生实际的重要影响。甲午战争中,泱泱天朝败给蕞尔小国的残酷现实,深深刺痛了国人,也由此唤醒了国人的民族危机和救亡意识,走教育救国之路,一度成为朝野上下众多忧国忧民之士的不二选择。

甲午战争以后,在广州、上海等地创办的新式学堂里,率先设置了修身科,国人开始翻译、编译,或是效法日本自编教科书。1902 年,清廷颁布了仿照日本学制而制定的"壬寅学制",该学制将修身科列为百科之首,与读经科共同承担起德育的任务。"壬寅学制"虽不久即被 1904 年的"癸卯学制"所取代,但修身科仍是中小学中的常设科目,直至 1922 年颁布的"壬戌学制"将其废除。

修身教科书是当时众多教科书中的一种,伴随近代修身科的出现而产生。此时的修身教科书内容,远比传统的《大学》八条目具体而丰富得多。

此时的修身教育内容主要包括:以私德为核心的个人修身,以孝为核心的家庭修身,以公德为核心的社会修身,以爱国为核心的国民修身等四个方面。在个人修身方面,又包括了身体、精神、私德、自立等四个层面的修养,核心是培养个人的良好道德,目的在于树立个人的自立意识。在家庭修身方面,又包括了幼仆之道、家长之道和治家之道等三个层面,核心是讲求孝道,目的在于追求家庭与家族的和睦与兴旺。在社会修身方面,又包括了遵守社会公义与秩序、互爱互助、谋取团体进步与社会公共事业的发展等三个层面,核心是培养人们的公德意识,目的在于促进整体社会的和谐与进步。在国民修身方面,又包括了履行国民各种义务、爱国奉献和各尽其职等三个层面,其核心是培养人们的爱国意识,目的在于维护国家的独立与民族的尊严。

清末民初,是中国历史上的一个重要转型时期。伴随着中国社会历史的急剧变迁,国人的修身思想也经历了由传统到现代的转型与嬗变。这种变化与发展在修身教科书中得到了集中体现。因此,研究修身教育载体的修身教科书,是研究近代社会历史变迁、思想文化发展、修身思想演变、教育理念转型的一个重要方面或视角。

就此而言，研究清末民初修身教科书的编写与内容等等，同样不但具有学术价值，而且具有一定的现实意义。

王小静 2006 年考入北京师范大学，从我攻读博士学位。她性情文静，是位学习认真的好学生。她经过严肃而周全的学术调研与思考，向我谈及准备充分利用我校图书馆所藏大量解放前出版的中小学教科书等资料优势，将清末民初修身教科书的修身思想研究作为自己的博士论文选题。对此，我表示赞同。其后，小静经过一年的认真撰写，终于完成了博士论文，并顺利通过答辩，取得了博士学位。本书是她在博士论文基础上修改完善而成的。

前几天，小静告诉我，她的博士论文即将由人民出版社出版，希望我能为她写个序言。教书育人，是我的本职，搞些学术"研究"，其中既有乐趣，也有些许的无奈。但为他人写序等，实非我愿，更非所长。这倒不是出于珍惜个人时间的自私，而是我一直认为，只有那些真正的学术大师才有资格为他人作序。然而，一是小静多次恳请，二是作为她的导师，看到她在学术的道路上逐渐成长起来，她的成果能够出版，接受学界的检视与指正，毕竟也是一件非常值得高兴的事。故此，也就欣然应允为她的这本著作写几句话。这既是对她求序的一个交代，同时也是我对这一问题的一点粗浅想法。

关于清末民初修身教科书与修身思想，此前学界虽有所研究，但仍相当薄弱且不够系统。小静同学在充分占有和研究修身教科书资料的基础上，对教科书中所蕴涵的修身思想进行了深入系统的考察，其中不乏个人见解，不但丰富了学术界的已有研究成果，而且对现代人树立正确的修身观、人生价值观，亦不无启示意义。

学无止境，小静的这一研究还是初步的。修身教科书研究有着宏富的内涵和广阔的空间，小静若能对当时的修身教育与中国近代社会历史变迁的相互关系等进行深入的分析，将会更具学术与现实意义。望小静再接再厉，在学术上更上一层楼，日后推出更多更为扎实的学术成果。

2012 年 6 月 26 日于北京

目　录

绪　论

一、选题认知

　　教科书是教学用书,是师生开展教学活动的基本工具。作为一种读物,它具有一般读物的共性特征,它记录、传承知识与思想,反映时代变迁,体现编纂者的思想取向。但作为教学用书,它又具有一般读物所没有的一些独有特征:其一,教科书事关意识形态大计,历来受到统治者的严格管制和审查,在有着悠久重德传统的中国更是如此,因此,它充分体现统治者的意志。正如《教科书政治学》中所说,"教科书是一个政治的产物。教科书传递的只是'正式知识'(official knowledge),而非中立的知识,因为教科书是社会各种政治、经济和文化作用的结果——它们要体现教育重要决策者的意图;要体现教育专家的思想;要为出版社的利益服务。"①其二,教科书是教育人、塑造人的重要工具,一旦被学校采用,将会对一代人甚至几代人的知识体系、人生观、世界观及价值观的形成产生重要而深远的影响,并由此深刻影响着社会历史的发展。其三,作为教学用书,教科书在编写中要求体现教育规律,反映编者的教育理念。因此,以教科书为视角来研究社会历史发展具有重要意义。

　　修身教科书是随着近代修身科的出现而出现,为了适应近代中小学修身科教学的需要应运而生的。甲午战后,一批进步人士仿日本学制在广州、

---

　　① 〔美〕M. 阿普尔、L. 克丽斯蒂安 – 史密斯主编,侯定凯译:《教科书政治学》,华东师范大学出版社 2005 年版,译者序。

上海等地创办的新式学堂里,率先设置了修身科,并配合教学自编了一些教科书。这是修身科与修身教科书在近代中国的最早发端。但这只是民间行为,修身科由民间正式进入官方视野,受到清政府的高度重视,则是在1902年拟定"壬寅学制"之时。这年,清廷仿照日本学制拟定的"壬寅学制"颁布,该学制将修身科列为百科之首,与读经科共同承担德育任务,两科在所有学科中占到40%的比重。此学制将修身科以制度形式固定下来,使修身科成为全国中小学的常设与必设科目,不再是可有可无、无关紧要的科目,这标志着修身科将对未来的中小学教育产生长期深远的影响。此学制虽未及实施便被1904年的"癸卯学制"取代,但它奠定了"癸卯学制"的雏形,尤其在修身科的设置上两者一脉相承。自此,修身科成为中小学课堂的主要科目,直至1922年北京政府颁布的"壬戌学制"将其废除,由社会科与公民科取而代之,其先后存在了二十年之久,横跨清末、民初各十年时间。因此可以说,修身科及其教科书是清末民初之历史产物。期间,虽然经历了民国创建的历史巨变,但北京政府始终延续了清政府注重道德教育的传统,一直将修身科视为实施德育、控制人心的重要手段。随着修身科的出现,修身教科书也陆续出现,并随着修身科的兴衰而起落。

修身科出现后,为了教学需要,官方和民间都组织编写了一批修身教科书。总体而言,民间组织机构是编辑出版教科书的主力军,官方虽然也编辑出版了一些教科书,但主要负责教科书的审定工作。如清末年间,清学部曾设学部图书局编辑出版教科书,但所编数量极少,且由于内容陈旧而受到社会人士的诸多批评,其主要工作还是审定教科书。北京政府时期,政府从编辑出版教科书的行列退出,主要负责民间教科书的审定工作。民间编辑出版机构主要是出版社,如上海达文编译书社、文明书局、彪蒙书局、锟记书局、群学社、会文学社、商务印书馆、中华书局、中国图书公司等。其中,以商务印书馆、中华书局出版的教科书最多,如今流传下来的教科书也多是这两家所出,大多保存在北京师范大学图书馆和国家图书馆等处,成为人们揭开历史面纱的宝贵钥匙。

在众多教科书中,修身教科书主要承担德育任务,它以培养国民的基本道德素质为目标,集中讨论一个人对自身、对家族、对社会、对国家的责任与义务问题,包括个人修身、家庭修身、社会修身及国民修身等思想内容。在谋篇布局、章节设置上,多数是按照修己、家族、社会、国家的顺序编排,也有打乱顺序的。如 1903 年李嘉穀编、上海文明书局出版的《蒙学修身教科书》,共四章内容,依次为:修己、保身、待人、处世。又如,1907—1908 年,蔡元培所编、上海商务印书馆出版的《中学修身教科书》,全书共五册,前四册内容依次是:修己、家族、社会、国家,第五册集中探讨伦理学的基本问题,共设六章:绪论、良心论、理想论、本务论、德论、结论。各章下面分设若干德目,对德目的阐释,或是先讲道理后举例说明,或是先举例后引发出一般道理,或是在教科书中讲明道理,在教授法中举出事例。小学教科书大多以德目系故事,一本书就是一本故事汇,在设计上多是图文并茂,有的还采用三字经式的叙述法,便于朗诵和记忆。总之,在内容安排、形式设计、叙述方式等方面,较多的反映了近代教育理念,体现出浓郁的近代气息。

清末民初是中国社会近代化的关键时期,而社会的近代化唯有建立在人的近代化的坚实基础之上,才是真正实现了近代化。美国现代化专家英格尔斯曾说过:"一个国家,只有当它的人民是现代人,它的国民从心理和行为上都转变为现代的人格,它的现代政治、经济和文化管理机构中的工作人员都获得了某种与现代化发展相适应的现代性,这样的国家才可真正称之为现代化的国家。"因为,"人的现代化是国家现代化必不可少的因素。它并不是现代化过程结束后的副产品,而是现代化制度与经济赖以长期发展并取得成功的先决条件。"①同样,在中国社会近代化过程中,人的近代化扮演着至关重要、必不可少的角色。修身教育恰恰是实现一个人、乃至全体国民道德观念与价值观念近代化的主要渠道,因此,研究修身教育及修身教科书在人的近代化和国民近代化中的作用,对于深化中国社会近代化这一命题的研究也具有重要意义。

近代出版的修身教科书不仅种类多数量大,而且内容广泛,涉及了个人修身、家庭修身、社会修身、国民修身等丰富内容。又因其始终为百科之首,

---

① [美]英格尔斯著,殷陆君译:《人的现代化——心理·思想·态度·行为》,四川人民出版社 1985 年版,第 8 页。

备受统治者重视,较多地贯彻了统治者的意志,所以其政治价值和社会影响都较其他教科书大。因此,本书的出版,不仅可以明晰近代修身教科书的发展概貌,修身教科书的各种修身思想本身,而且可以借此了解到当时统治者的国民塑造理念以及当时广大民众的修身思想状况;不仅对于推进当前我国中小学德育的改革发展,缓解社会伦理道德失范和信仰缺失问题具有重要借鉴意义,而且对于推进人们的个人修身也不无启示。

二、学术史综述

(一)关于近代教科书的研究

1. 相关著作

关于近代教科书的研究,从民国时期就已开始,并涌现出一批研究著作。这些著作主要对近代小学教材进行总体考察。其中,关于近代教材的研究主要有:周予同等著的《教材之研究》(上海:商务印书馆1925年版),张钰编撰的《小学教材研究》(北京:文化书社1932年版),吴研因、吴增芥编的《小学教材研究》(上海:商务印书馆1933年版),朱翊新编的《小学教材研究》(上海:世界书局1933年版),吴宗望编的《小学教材研究》(上海:开明书店1934年版),朱杨、俞子夷合撰的《新小学教材研究》(上海:儿童书局1935年版),吴研因等著的《小学教科书评论》(南京:正中书局1936年版),现代教学社编辑的《小学教科书的改革》(上海:华华书店1948年版)等书。关于近代乡土教材的研究主要有:张宗麟编的《乡村小学教材研究》(上海:黎明书局1934年版),王骧编的《乡土教材研究》(上海:新亚书店1936年版),王伯昂编著的《乡土教材研究》(重庆:商务印书馆1948年版)等。

建国后至20世纪70年代,整个教育史的研究都比较沉寂,关于近代教科书的研究基本是一片空白。20世纪80年代之后,随着教育史研究的恢复与发展,近代教科书问题也逐渐受到学界的关注,相关著作与论文也为数不少。

其中,从侧面研究近代教科书的著作主要有:顾长声著的《传教士与近代中国》(上海:上海人民出版社1983年版),第八章第三节以"学校教科书委员会和中华教育会"为题,专门论述了学校教科书委员会编辑教科书的情况。叶健馨著的《抗战前中国中等教育之研究:民国十七年至二十六年》(台湾:文史哲出版社1982年版),专列"教科用书的编订"一题,大致描述了20世纪30年代编辑和审查教科用书的经过。李华兴主编的《民国教育史》(上海:上海教育出版社1997年版),专列一章,纲要性地论述了清末、民初及国民政府时期教科书的编审情况。吴洪成著的《中国学校教材史》(重庆:西南师范大学出版社1998年版),考察了从先秦到整个民国时期,包括革命根据地学校教材的发展情况。关晓红著的《晚清学部研究》(广州:广东教育出版社2000年版),以专节论述了晚清学部的教材编纂与审定情况。

而直接以近代教科书为研究对象的著作仅有三本:一是王建军著的《中国近代教科书发展研究》(广州:广东教育出版社1996年版),以教科书近代化的历程为线索,从清末西方教科书的传入、清末的自编教科书及民国初期的自编教科书三大方面,对近代教科书的发展进程、编审制度进行了系统研究,并对近代教科书的科学化与大众化的两大特质进行了有益探讨。二是汪家熔先生的《民族魂——教科书变迁》(北京:商务印书馆2008年版),分晚清教科书、民国时期的教科书上下两编,对近代教科书的发展变迁进行了系统而完整的考察。三是毕苑著的《建造常识:教科书与近代中国文化转型》(福州:福建教育出版社2011年版),将教科书置于近代文化视野下作系统考察,涉及了近代教科书的缘起与发展,教科书与近代文化。教科书的编审制度等广泛领域。

2. 相关论文

相关论文则更多,约在200篇以上,而且大多数都是最近四五年的成果,讨论的问题也相当广泛,既有关于近代教科书整体的历史发展、出版、编译、审定及供应制度的研究,也有关于某些单科教科书的研究。

(1)关于近代教科书整体的研究

关于近代教科书历史发展的论文主要有:王余光的《近代我国新式教

科书的产生和发展——中国近代图书史论之一》,(《图书馆学刊》1984 年第 2 期),王建军的《论中国教科书的近代化》(《教育研究》1996 年第 4 期),曲铁华、于桂霞的《中国近代中小学教材的改革》(《教育研究》2006 年第 4 期)等。这些研究对近代教科书的发展脉络、改革历程、近代化等问题进行了极为可贵的探讨,但在教科书近代化理论、教科书近代化的影响因素等问题上仍然需要深化。

关于近代教科书出版的论文主要有:吴赟的《试析晚清教科书出版的几个主要特征》(《图书情报知识》2002 年第 5 期),史春风的《商务印书馆近代教科书出版探略——从国文(语)和历史教科书谈起》(《北京师范大学学报(社会科学版)》2003 年第 6 期),宋军令的《近代商务印书馆教科书出版研究》(四川大学硕士学位论文 2004 年),张雪峰的《试论晚清新式教科书的出版及其影响》(《图书与情报》2005 年第 2 期),吴永贵《出版竞争推动近代教科书的进步——以中华书局编写出版的教科书为例》(《出版科学》2007 年第 2 期),周其厚、荆世杰的《论民国中华书局教科书之特点》(《广西师范大学学报(哲学社会科学版)》2007 年第 3 期),洪港、王莉的《教科书出版与近代政治变革》(《出版发行研究》2008 年第 4 期),张梅的《文明书局教科书出版研究》(天津师范大学硕士学位论文 2008 年)等。这些研究涵盖了整个近代教科书的出版,集中对几个重要的教科书出版机构商务印书馆、中华书局、文明书局的教科书出版情况进行了研究,基本勾勒清楚了近代教科书出版的概貌,但是,对其他教科书出版机构,乃至个人出版的情况仍然研究不够。

关于近代教科书编译的论文主要有:黄新宪的《近代来华传教士编译出版教科书活动史略》(《江西教育科研》1995 年第 3 期),陈剑华的《近代外国在华传教士编写教科书的历史探究》(《宁波大学学报(教育科学版)》1998 年第 8 期),吴洪成的《"洋务运动"时期西学教科书编译问题研究》(《临沂师范学院学报》2004 年第 5 期),荣远的《张元济教科书编辑与出版经营思想研究》(河北大学硕士学位论文 2005 年),范祥涛、范祥东的《历史文化制约下的翻译选择——20 世纪初中小学科学教科书的翻译》(《自然科学史研究》2007 年第 1 期),张向东的《白话教科书的编写与现代文学的发生》(《甘肃社会科学》2008 年第 1 期),吴海涛、吴勇的《我国近代中小学教科书编制过程中的研究行为——以商务印书馆为例》(《课程·教材·教法》2008 年第 1 期)等。这些研究涉及了近代来华传教士、商务印书馆及张元济等著名群体或个人对近代教科书编写与翻译上的贡献,对洋务时期西学教科书的翻译、清末民初中小学教科书的翻译等问题也有一定的研究,然而,在近代教科书的编译史、编辑特点、编辑思想等问题的研究上还有待深入。

关于近代教科书制度的论文主要有:

关于教科书制度史的研究有:彭尔佳、康林益的《我国教科书百年回眸——教科书编审制度的演变》(《河北师范大学学报(教育科学版)》2008 年第 2 期),李虹霞的《中小学教科书审定制度的研究》(湖南师范大学硕士学位论文 2008 年),贺璞的《从"一枝独秀"到"百家争鸣"——中国教科书制度的历史回顾》(《吉林大学学报》2009 年第 1 期)等。

关于清末教科书制度的研究有:吴洪成的《略论清末部编教科书及对教科书的审定》(《杭州大学学报(哲学社会科学版)》1990 年第 1 期),杨慧慧的《晚清学部编审教科书的活动》(吉林大学硕士学位论文 2006 年),吴科达的《清末教科书审定制度的建立》(《教育评论》2008 年第 6 期),周海霞的《清末民初中央教育行政机构对教科书的管理》(河北师范大学硕士学位论文 2008 年)等。

关于民国时期教科书制度的研究,按照历史发展的顺序排列:杨禾丰的《北京政府时期教科书制度与出版》(《兰州学刊》2006 年第 6 期),贺金林的《国民政府时期中小学教科书供应体制的沿革》(《中山大学学报(社会科学版)》2006 年第 5 期),廖巍的《南京国民政府大学院之教科书编审述评》(《湖南师范大学教育科学学报》2008 年第 6 期),曾凡菊、贺金林的《抗战胜利后国定本教科书的供应问题》(《湖南农业大学学报(社会科学版)》2005 年第 3 期)等。

总之,关于近代教科书制度的研究已相当之多,不仅有教科书制度史的宏观研究,也有关于清政府、北京政府、南京国民政府时期教科书制度的具体研究,基本勾画清楚了近代教科书制度的面貌,但在具体某科教科书的审定与供应,某本教科书的审查等微观问题上还有可研究的空间。

(2)关于近代单科教科书的研究

关于语文教科书的研究主要有:刘正伟的《1901—1949 年语文教科书发展研究》(《中学语文教学参考》1997 年第 8 期,第 10 期),姚冬琳的《清末自编小学语文教科书的经验与教训》(《中小学语文教学论坛》2004 年第 4 期),李良品的《论商务印书馆对语文教科书近代化之贡献》(《重庆三峡学院学报》2005 年第 1 期),李良品的《论中国语文教科书的近代化》(《学术论坛》2005 年第 3 期),赵献春、潘斌军的《清末民初初中语文教科书文选价值取向之演变》(《教育理论与实践》2005 年第 7 期),李良品、李屹亚的《论中国近代语文教科书的特征与贡献》(《重庆社会科学》2006 年第 2 期),李良品的《商务印书馆近代国文(语)教科书的编写特征及启示》(《教育评论》2007 年第 4 期)等。这些研究涉及了近代语文教科书的发展、编写与特征,商务印书馆对国文教科书的贡献,清末民初初中语文教科书的价值取向等问题,但对近代语文教科书的微观研究上仍然留有很大的研究余地。

关于历史教科书的研究主要有:

对近代历史教科书总体进行研究的成果主要有:史广洲的《中国历史教材近代化的进程》(《宿州教育学院学报》2002 年第 3 期),刘超的《危机与认同:中国民族溯源研究——以清末民国时期中学本国史教科书为中心》(《安徽史学》2005 年第 4 期),王友军的《清末和民国时期的中学历史教科书研究》(浙江师范大学硕士学位论文 2005 年),刘超的《民族主义与中国历史书写——清末民国时期中学中国历史教科书研究》(复旦大学博士学位论文 2005 年),李玉莹的《商务印书馆与近代中学历史教科书的编撰(1904—1937 年)》(扬州大学硕士学位论文 2007 年),段发明的《近代中国历史教科书产生的教育学解释》(《湖南师范大学教育科学学报》2007 年第 5 期)等。

关于清末历史教科书的研究主要有:周朝民的《戊戌变法后的中国历史教科书》(《史学史研究》1983 年第 4 期),李孝迁的《清季汉译西洋史教科书初探》(《东南学术》2003 年第 6 期),李孝迁的《清季支那史、东洋史教科书介译初探》(《史学月刊》2003 年第 9 期),舒习龙的《清末民初历史教科书编纂思想析论》(《淮北煤炭师范学院学报(哲学社会科学版)》2006 年第 2 期),张越的《近代新式中国史撰述的开端——论清末中国历史教科书的形式与特点》(《南开学报(哲学社会科学版)》2008 年第 4 期)等。

关于民国时期历史教科书的研究主要有:富兵的《1927—1937 年我国初中本国史教科书初探》(《首都师范大学学报(社会科学版)》1995 年第 5 期,1997 年第 1 期),臧嵘的《抗日战争时期历史教科书的特点与启示》(《课程·教材·教法》1995 年第 11 期),何成刚、李杰的《民国时期中学历史教科书风波述论》(《历史教学》2005 年第 9 期),何成刚的《从译介、改编到自编:民国历史教科书的发展历程》(《历史教学问题》2007 年第 5 期),张国义、徐敏的《试论民国时期中学历史教科书的特点及启示》(《历史教学(中学版)》2007 年第 8 期),华晨的《民国时期初中本国史教科书研究(1920—1936)》(南京师范大学硕士学位论文 2008 年),何成刚的《民国时期历史教科书课文结构管窥》(《历史教学》2008 年第 7 期),等。

关于历史教科书中的具体历史事件及其他问题的研究:何成刚、李美的《清末民国时期历史教科书中的"太平天国运动"》(《北京教育学院学报》2004 年第 3 期),储著武、汤城的《历史教科书与新史学——以夏曾佑、刘师培为中心的探讨》(《河北学刊》2005 年第 5 期),刘超的《"五胡乱华"和"孝文帝改革":事件、叙述与认同——以清末民国时期中学中国历史教科书为中心》(《安徽大学学报(哲学社会科学版)》2007 年第 5 期),《鸦片战争与中国近代史研究——以清末民国时期中国历史教科书为中心》(《以学术月刊》2007 年第 6 期)、《古代与近代的表达:中国历史分期研究——以清末民国时期中学历史教科书为中心》(《人文杂志》2009 年第 4 期)、《政学分合与知识生产:清末中国历史教科书编写研究》(《安徽史学》2011 年第 5 期)等。

综上可以看出,受到当下中日历史教科书纠纷及当前中国历史教科书改革的影响,学界对近代历史教科书的关注也极为热切,从而使历史教科书的研究远远走在了近代教科书研究的前列。不仅有关于近代历史教科书发展的宏观研究,也有大量的关于清末、民国时期历史教科书的中观研究,还有关于历史教科书中的某个历史事件、某本历史教科书、某个人物的历史教科书编辑思想等的微观研究。但是,正是因为历史教科书的研究是教科书研究的先锋,所以,其有责任在教科书的研究范式、研究理论、研究方法上进行新的探索。同时,在具体历史事件、某本历史教科书、个人的历史教科书编辑思想等微观问题的研究上也有待继续扩展。

关于近代地理、外语、数学、化学、音乐、乡土等教科书的研究:倪文君的《近代学科形成过程中的晚清地理教科书述论》(《华东师范大学学报(哲学社会科学版)》2006 年第 5 期),石玉的《我国自编英语教科书之开端:〈华英初阶〉与〈华英进阶〉》(《湖南师范大学教育科学学报》2008 年第 3 期),陈婷的《20 世纪我国初中几何教科书编写的沿革与发展》(西南大学学报博士学位论文 2008 年),何涓的《清末民初化学教科书中元素译名的演变——化学元素译名的确立之研究》(《自然科学史研究》2005 年第 2 期),吴月欣的《黄自与〈复兴初级中学音乐教科书〉》(浙江师范大学硕士学位论文 2005 年),程美宝的《由爱乡而爱国:清末广东乡土教材的国家话语》(《历史研究》2003 年第 4 期)等。总之,与语文、历史教科书的研究相比,近代其他科目教科书的研究都非常薄弱,不论在该科教科书的整体研究还是在细微问题的研究上,都有待继续努力。

综上所述,从整体上看,关于近代教科书的现有研究主要有四个特点:第一,宏观研究较多,微观研究不足。主要表现在:对教科书近代化的理论、教科书的研究范式及理论方法等理论问题的研究仍然需要深化;对近代教科书整体的研究较多,而对单科教科书的研究较少;对某科教科书的整体发展的研究较多,而对某本教科书、某个人物的教科书思想的研究较少。第二,重视语文、历史等文科教科书的研究,而轻视对地理、修身等其他文科教科书以及整个理科教科书的研究。第三,侧重于中小学教科书的研究,而对大学教科书的研究则很薄弱。第四,对普通教科书的研究较多,而对乡土教科书的研究极为欠缺。总之,近代教科书问题仍然需要进一步研究与探讨。

(二)关于近代修身教科书的研究

1. 相关著作

迄今,关于近代修身教科书的研究还相当薄弱,还没有直接以修身教科书为研究对象的著作出现,但学界在研究近代德育、近代教科书等问题时,会从侧面论述到修身教科书的相关问题。

相关著作主要有:吕达著的《中国近代课程史论》(人民教育出版社1994年版)与王伦信著的《清末民国时期中学教育研究》(华东师范大学出版社2002年版),两书在考察近代中学课程发展及中学教育等问题时,也零星涉及到了修身科及修身教育的相关问题。王建军的《中国近代教科书发展研究》(广东教育出版社1996年版)一书,在叙述近代教科书发展时,较详尽地谈到了《蒙学课本》、《蒙学读本》等德育教科书,也稍带涉及到其他修身教科书的情况。郑航著的《中国近代德育课程史》(人民教育出版社2004年版)一书,运用大量近代修身、公民、社会、地理教科书资料,分清末"新民德"与德育课程的产生、民初公民道德的提倡与民初德育课程的变更、五四以后"道德革命"影响下德育课程的转轨三个专题,对近代德育课程的发展历程作出了详尽考察。该书对清末民初修身科产生及废除的原因,修身教育的宗旨,以及修身教科书的种类、形式、编写特点、主要内容、局限性等问题,进行了较为细致的考察,为本课题的研究奠定了坚实基础。汪家熔先生的《民族魂——教科书变迁》(商务印书馆2008年版)一书,在论述近代教科书发展变迁的过程中,对清末与民国时期修身科的变迁、修身教科书的编辑原理、修身教科书的概况等问题进行了集中考察,尤其是老先生借助其早年长期在商务印书馆工作的优势条件,对现已很难见到的早期修身教科书的大致内容进行了详述,对本课题研究有重要参考价值。

2. 相关论文

相关论文也为数不多,谈论的问题较为分散。如刘立德的《儒家修身理论与近代修身课本》(《北京大学学报(哲学社会科学版)》1998年第6期),探讨了儒家修身理论对近代中国及日本修身教科书的重要影响。权佳果的《蔡元培〈中学修身教科书〉中的伦理及德育思想》(《武陵学刊》1998年第5期),对蔡元培《中学修身教科书》中的德育思想内容及特点进行了详细考察。戴胜利的《维新运动时期的大学修身教育》(《国家教育行政学院学报》2003年第4期),对维新运动时期万木草堂、时务学堂及京师大学堂的修身教育及其进步性与局限性,进行了较为细致的研究。毕苑的

《从〈修身〉到〈公民〉:近代教科书中的国民塑形》(《教育学报》2005 年第 1 期),对清末民初修身教科书在近代国民教育与国民塑造中的积极意义进行了分析,认为修身教科书对学生进行的以孝为首的纲常伦理观念、个人修养和国家社会观念等教育,开启了近代国民教育的第一步。毕苑的《经学教育的淡出与近代知识体系的转移:以修身和国语教科书为中心的分析》(《人文杂志》2007 年第 2 期),在对近代修身与国语教科书的内容进行考察的基础上,分析了其在淡化经学教育、确立近代知识体系过程中的积极作用。吴慧芳的《中国传统德育的近代转型与初步建构研究》(北京师范大学 2005 年博士学位论文),在论述传统德育的近代转型时,也涉及了修身教科书问题。

　　2007—2008 年连续出现了多篇相关论文,说明修身教科书研究已渐渐成为教科书研究的热门领域。杨弘博的《从教科书看伦理思想的演变》(《玉溪师范学院学报》2007 年第 1 期)一文,洋洋万言,通过考察古代到近现代伦理教科书的变迁,分析了其中反映的伦理思想的演变。朱惠娟的《蔡元培〈中学修身教科书〉中的德育思想及其价值研究》(《当代教育论坛(学科教育研究)》2007 年第 12 期),对蔡元培的《中学修身教科书》中反映的德育思想的内容,包括德育目标、德育中心与德育方法等,以及德育思想在国民性改造与人的现代化中的价值进行了探讨。黄兴涛、曾建立的《清末新式学堂的伦理教育与伦理教科书探论——兼论现代伦理学学科在中国的兴起》(《清史研究》2008 年第 1 期)一文,首先对清末新式学堂伦理课程的设置,伦理教育的宗旨、原则及主要内容,新式伦理教科书的翻译、编撰、思想类型及审定等问题进行了考察,之后,从清末学堂伦理教科书的新式特征入手,探讨了现代伦理学学科的兴起过程。石鸥、吴小鸥的《中国现代教科书之萌芽——南洋公学的〈(新订)蒙学课本〉》(《湖南教育(语文教师)》2008 年第 1 期)与《最具现代意义的学校自编语文教科书——无锡三等公学堂的〈蒙学读本全书〉(1901 年)》(《湖南教育(语文教师)》2008 年第 3 期)两文,先后对修身教科书的前身《(新订)蒙学课本》与《蒙学读本全书》的编写、内容及基本特征进行了详尽论述。覃兵的《浅议近代中华书局"修身"系列教科书》(《湖南师范大学教育科学学报》2008 年第 3 期),对中华书局"修身"系列教科书的特点进行了概括：一是内容上与时代发展和儿童身心发展阶段紧密结合；二是体现实利主义教育思想；三是课程设计理念的变化。

综上可以看出，修身教科书已渐渐成为近几年的研究热点，现有研究对蔡元培《中学修身教科书》的德育思想内容及其价值进行了较多探讨，而在其他问题上的研究都只有一两篇，还有待进一步深入与扩展。

综上所述，现有研究已取得可贵成果，为本课题研究奠定了有益基础，提供了丰富视角，但仍然留有宏阔的研究余地：第一，还没有出现专门探讨修身教科书的高质量的著作，研究者仅把其作为论题的一部分或捎带性的提及，这与近代语文、历史教科书的研究相比显得较为滞后。第二，研究范围有待扩展。现有研究涉及了修身科的变迁，修身教科书的出版、内容、编写的特点，德育与近代文化变迁的关系等问题，但对修身教科书的编辑思想、具体内容、审定制度、修身思想，以及其与近代政治、文化、社会变迁、人的近代化的关系等问题，则很少探讨。第三，资料尚有待挖掘。现有研究较少使用近代修身教科书资料，即使使用也不很充分。总之，迄今学界对近代修身教科书的研究还相当薄弱，这一问题还具有较大的研究空间。但由于笔者能力有限，所以，只能选取其中一个薄弱环节加以研究，即修身教科书的修身思想这一课题。

三、资料说明、研究思路及方法

（一）资料说明

近代修身教科书是本课题研究的主体资料。据《民国图书总目录》（中小学教材）统计，近代出版的修身教科书有92种、教授书有42种。其中清末民初出版的教科书有80种、教授书有39种，后来日伪编写的修身教科书有12种、教授书有3种。

这些资料的现存版本主要集中在北京师范大学图书馆、国家图书馆等处，其中以北京师范大学藏量最大。此外，中美高等学校数字图书网上也有大量的电子本教科书。这些收藏资料可以相互补充。据统计,可见的清末民初的修身教科书有44种、教授书有16种,其中清末的教科书有12种、教授书有1种,其余均为民初的。虽然可见的修身教科书种类仅占当时出版种类的一半,而且有许多种类册数还不全,但这些资料已相当可观,若再借助其他资料,已足以反映这一时期修身教科书的基本概貌。这也是本课题研究成为可能的重要前提。

(二)研究思路及方法

本书研究主要从以下四个层面展开:第一,分阶段考察清末民初修身教科书发展的基本情况,并分析每个阶段的基本特点。第二,分别考察清末民初修身教科书的个人修身思想、家庭修身思想、社会修身思想、国民修身思想。第三,分析清末与民初各类修身思想的异同。第四,探究修身教科书修身思想的整体特点与现实启示。

在研究方法上,以历史唯物主义为指导,综合运用历史学、教育学、统计学等多学科研究方法,将宏观研究与微观分析相结合、纵向研究与横向比较相结合、整体研究与个案分析相结合,对近代修身教科书的修身思想作出全面深入的考察与分析。

第一章　清末民初修身教科书的发展

我国的道德教育历史悠久、源远流长，但专门的德育教科书在中国出现却是 19 世纪末 20 世纪初的事情。德育教科书是近代教育发展的产物，随着修身科的产生而出现，随着近代教科书业的兴衰而起伏，经历了萌芽、兴盛、繁荣发展到逐渐消亡的发展历程。德育教科书的编写呈现出从翻译到编译再到自编、从多科混编到单科专编的发展趋势，其编辑特点与思想内容，则日益朝着专门化、科学化、大众化的方向发展。

第一节　清末修身教科书的产生与初步发展

一、古代的德育教材

传统中国是一个伦理本位的社会。伦理道德教育在传统教育体系中长期占据主导地位，是传统教育的重要组成部分。但由于历史的局限，古人尚未形成分科设学的意识，各类教育混为一体而未曾分化，这就造成几乎所有的古代经典都承担有德育功能，也由于此，古代社会专门的德育和德育教材尚无从谈起。

古代教材出现于先秦时期，以四书五经为主要代表。四书五经及后世编辑的各种注释本基本构成了古代教材的主体，成为漫长历史长河中教育的主要内容。四书五经为主的古代教材，承担着礼、乐、射、御、书、数的六艺教育，德育只是其功能之一。古代德育的实施主要是通过对四书五经等文化经典的诵习、训诂、阐发来实施渗透。

古人除了通过四书五经渗透德育外，还通过以下教材集中实施德育，主要有:(一)经类。如"三礼"(《周礼》、《仪礼》、《礼记》)、《孝经》。(二)童蒙和女子教材类。如南宋朱熹的《小学》、《童蒙须知》、《童蒙规约》,还有吕本中的《童蒙训》、程端蒙撰的《性理字训》、吕祖贤的《少仪外传》、王应麟撰的《三字经》,明代吕氏父子(吕得胜、吕坤)的《小儿语》与《续小儿语》,清代李毓修撰的《弟子规》、王相编的《女四书》以及《女儿经》等,这些教材主要通过讲述历史故事、俗语民谚、嘉言懿行、礼仪规范,向少年儿童传授待人接物、为人处世的道理与行为规范。(三)圣谕类。如明代的《圣谕六言》,清代顺治年间的《圣谕六训》、《御定资政要览》,还有康熙年间的《圣谕十六条》、雍正年间的《圣谕广训》等。

古代德育与德育教材具有如下特点:第一,德育占据了古代教育的主导地位,渗透贯穿于各类古代教材之中。第二,由于古人尚未形成分科设学的意识,因此,在漫长的经学教育时代,德育主要被经学教育替代,在经学教育中渗透,专门的德育和德育教科书尚无从谈起。第三,由于古人并未形成分级分班教学的概念,因此,通过经学教育所实施的德育也基本不分等级难易,不体现适用对象的差别,成人儿童教材基本无异。虽然,古人也朦胧意识到了儿童与成人的认知差异,并尝试根据儿童的认知特点编辑了一些内容相对容易、形式更加活泼的童蒙类教材,但这些还远远不能满足不同年龄阶段学生学习的需要。第四,德育内容以三纲五常和礼仪规范为核心,脱离生产生活实际,内容相对固定,鲜有改革与创新。虽然,在漫长的古代社会,随着朝代的更替德育内容会发生或多或少的流变,但总体而言,纲常礼教等基本内容几乎是一成不变的。第五,德育及其教材始终受到历代统治者的严密控制,成为历朝历代统治者维护统治、巩固秩序的秘药良方。

二、鸦片战争至甲午战争前的德育教材

1840 年鸦片战争爆发后,中国历史发展迈入近代门槛。伴随着西方列强的坚船利炮,西方文明也徐徐东来,并日益影响着中国教育与教科书的发展。这一时期的教科书,除了传统教材外,还增加了一些新式教科书,主要是一些西方教科书的翻译本,如教会学校的宗教类、自然科学类教科书,洋务学堂的西方语言、自然科学类教科书等。这些教科书虽然还只是翻译或

编译，而不是完全的编著，但已具备了诸多近代因素。甲午战争前引进的西方教科书鲜有德育类的，学校使用的德育教材仍以四书五经为主，但与以往不同的是，教会学堂增加了宗教教育的内容，维新派创办的一些学堂增加了一些西方社会政治学说的宣传教育。

（一）学校的德育及德育教材

鸦片战争后，虽然旧式学校仍是主体，四书五经教育依然是教育的主要内容，但随着近代社会的发展，新式学堂不断涌现，教育内容也日益发生着新变化。鸦片战争前后，外国来华传教士根据西方教育经验在我国创办了一批教会学校，这些学校以传教布道为主要目的，其德育主要通过宗教课程和儒学课程来推行，以宗教课程为主，教材主要采用《圣经》及四书五经等儒家经典。① 洋务运动时期，洋务派创办的新式洋务学堂也打破了传统经史教育一统天下的局面，呈现出令人耳目一新的崭新气象。这些洋务学堂以"中体西用"为宗旨，即以三纲五常为核心的中国封建伦理道德为体，以西方语言、自然科学为用，故其德育教材与古代并无两样，仍以四书五经为主，辅以《孝经》、《小学》、《养正遗规》、《圣谕广训》、《朱子全书》等，唯一不同的是增加了西学和自然科学的教育内容②。戊戌变法时期，维新派也积极创办学堂，借以汇集同道、传播其变法主张，如曾创办有广州万木草堂、长沙时务学堂等。其教育内容已渐渐带有"西体"色彩，除了学习西方语言及自然科学外，还增加了对西方社会政治学说的教育与渗透，介绍西政西风，宣传西方民权、平等思想。③ 这种改变使这一时期的学堂德育具有以中为本、中西互补的特点，即整体上以本土道德为根本，辅以西方基督教伦理和近代西方伦理价值。

（二）"学校教科书委员会"编译的伦理学教科书

这一时期，德育教科书的一个新动向就是专门德育教科书的出现，这要归功于西方来华传教士创办的"中华教育会"。该会的前身是1877年在上海成立的"学校教科书委员会"（the School and Text Books Series Commit-

---

① 吕达：《中国近代课程史论》，人民教育出版社1994年版，第22—26页。
② 吕达：《中国近代课程史论》，人民教育出版社1994年版，第51—70页。
③ 吕达：《中国近代课程史论》，人民教育出版社1994年版，第98—114页。

tee），中文名字为"益智书会"，1890 年易名为"中华教育会"，由丁韪良、韦廉臣、狄考文、林乐知、黎力基和傅兰雅等西方来华传教士创办，目的是为在华各教会学校编辑出版教科书，以解决这些学校的教科书紧缺问题。

该会是近代中国教科书发展的先驱，其成立后编写了为数不少的教科书，伦理学教科书就是其中的一种。根据 1890 年第二次传教士大会上韦廉臣所作的《学校教科书委员会的报告》，该会成立后曾编写有两套中文教材，初级、高级各一套，包括自然科学、算学、历史、地理、宗教、伦理等二十多个科目，伦理教材也在其中。① 这种编写的实质是编译，以译为主，以编为辅，即以他们认为最好的西方著作为蓝本，结合中国的文字、民族语言、风俗习惯进行创造性的编写。② 该会编译的伦理教科书现已难觅踪影，对于该书的可考记载另见程湘帆的《中华基督教教育会成立之经过》一文，文中记录道："这委员会颇能供给当时的需要，所编译的教科书为数也不少。中间大半属自然科学、算学、西洋历史、地理、宗教、伦理等科。"③由此也可粗略感觉到该会在教科书编译上的影响之大。该会编译的伦理教科书的问世，标志着中国近代专门德育教科书的出现。

三、甲午战争后至"癸卯"学制前的德育教材

甲午战争后，国人强烈的自强愿望，日本师夷自强的成功范例，中日地理相接，自然人文条件相似等种种因素，共同激发了国人学习日本的热情。在这一热潮中，日本的教育制度及教科书也被广泛译介过来，开始对我国教育产生广泛而深远的影响。随着近代教科书编译的发展，自编教科书也悄然出现。

（一）国人翻译、编译德育教材状况

甲午战后，受国人学习西方及日本新高潮的影响，随着新式教育的发展，不管是官方还是民间都越来越重视西书、日书的翻译，出现了一批中国人创办的编译教科书的机构和团体。官方的有：1896 年由总理衙门改为官

---

① 陈学恂主编：《中国近代教育史教学参考资料》下册，人民教育出版社 1987 年版，第 86—87 页。

② 陈学恂主编：《中国近代教育史教学参考资料》下册，人民教育出版社 1987 年版，第 88 页。

③ 陈学恂主编：《中国近代教育史教学参考资料》下册，人民教育出版社 1987 年版，第 105 页。

办的强学书局、1902年张百熙在京师大学堂内设立的编译书局。民间的有：1897年成立的商务印书馆、1899年南洋公学创办的译书院、1901年罗振玉、王国维等在上海创办的《教育杂志》、1902年上海支那翻译会社编辑出版的《翻译世界》，另有1900—1903年间，留日学生组成的"译书汇编社"编辑出版的《译书世界》、"湖南编译社"编辑出版的《游学译编》、会文学社出版的《普通百科全书》、江浙地区留日学生成立的国学社等。这些群体以留日学生为主，国外主要集中在日本，国内主要集中在北京、上海及其他通商口岸城市。他们除了翻译政法、农商、制造等与国计民生、对外交涉相关的书籍外，还翻译了大量西方教育类书籍，涵盖了各国教育理论、教育法规、教育状况及大、中、小学教科书等。德育教科书也在翻译之列，但很多书名现已难以查到，可查的仅有1903年由国学社编著的《中学伦理教科书》，是在日本教科书的基础上编著而成①；另外1903年京师大学堂刊登的《暂定各学堂应用书目》中也有记录，其胪列的91本书中就有修身、伦理类教科书，前者全部采用中国人编著，后者采用日本翻译本。②

（二）修身科、修身教育及自编修身教科书的出现

在学习日本高潮的影响下，得风气之先的东南沿海新式民办学堂在课程设置、教科书的编辑使用、教学组织形式等方面，率先仿照日本制度推行革新：课程设置上更加细化，国文、外语、算术、历史、地理、修身等成为比较普遍的设置科目，逐渐趋同于西方学校的课程设置；教科书除了使用传统经典外，开始使用西方教科书的翻译本或尝试自编教科书；教学组织形式也逐渐仿照西方之制，实行分级、分班、分科教学。

受日本学制影响，专门的德育科开始出现。甲午战争后，广州、上海等地新设的一些学堂已率先得日风影响设置了修身科，如1896年盛宣怀创办的上海南洋公学、1902年朱执信创办的广州教忠学堂、1898年由陈芝昌等创办的广州时敏学堂、1898年由杨模创办的无锡竢实学堂，均设有修身科。③ 辛丑之耻之后，迫于内外形势清政府也不得不发起了一场自救革新

---

① 王建军：《中国近代教科书发展研究》，广东教育出版社1998年版，第66—67页。
② 王建军：《中国近代教科书发展研究》，广东教育出版社1998年版，第79页。
③ 吕达：《中国近代课程史论》，人民教育出版社1994年版，第118—129页。

运动,即清末新政,而教育上的革新首先就表现为以日本学制为蓝本拟定新学制上。1902 年 8 月 15 日,管学大臣张百熙仿照日本学制拟定的《钦定学堂章程》颁布,又称"壬寅学制"。这是中国教育史上第一个系统完备的现代学制,包括各级学堂章程等 6 件,详细规定了各级各类学堂的目标、性质、年限、入学条件、课程设置及相互衔接关系。据规定,在各个年级的课程设置中,修身和读经两科为中小学必设科目,承担德育任务,两者所占比重在40% 以上。其中,修身科位列各科之首,地位不同凡响。虽然这一学制未及实施便被 1904 年的"癸卯学制"取代,但可以肯定,1902 年时张百熙等已具有了设置修身科的明确思想。在此影响下,修身科逐渐出现在众多学校,成为实施德育的主要科目。

这一时期,学堂所使用的修身教科书,大多数已在漫长的历史长河中散逸流失,但据资料记载他们多为混编教科书。比如,上海南洋公学自编的《蒙学课本》、无锡三等公学堂编写的《蒙学读本》等,均是将国文与德育内容混在一起,且以国文知识为主,德育知识为辅。

《蒙学课本》是上海南洋公学编写的混合教科书,由该校师范院学生陈懋治、杜嗣程、沈庆鸿等人在教学实践中随教随编而成,为我国近代自编教科书之肇端。该校于 1897 年由盛宣怀创办,分师范院与外院两部,前者培养师资,后者为附属小学。小学开设有国文、算学、舆地、史学、体育五科,由师范生分班任教。《蒙学课本》分初编、二编、三编 3 册。初编为入门之书,主要目的在于识字。二编课文以片断为主,全书 130 课,其中故事 60 课,物名实字 30 课,浅说琐记 30 课,通用便函 10 课。三编体例大致与二编相同,全书 130 课,包括入塾劝勉语及通用书信等内容。二、三编主要进行生活常识、伦理道德、读写书信的教育。总体上表现出以下特点:第一,编辑者接触过西方教育理论,具有模仿西方教科书编辑的明确意识,并具有一定的创新精神。编辑遵循一定的原则,如"两名相联"原则,取材日常熟物的原则,德、智、体三育并重的原则等。第二,在体例、表述、选材上有一定特色。体例上,全书采用交替循环式,每次按故事两课、杂字一课、浅说琐记一课循环。后 50 课,在每日课后加便函一课。每课分生字、正文、思考题三部分。可见,其体例比较规范。表述形式更加丰富多样,有故事、物名实字、浅说琐记、通用便函等形式。一改传统教材"不二字"、"文字语言离为二物"、所选内容"或高远难行,或简淡乏味"等弊端,采用了符合口语习惯的双音联词,主张文语同次,选材贴近儿童、贴近日常生活。第三,思想内容上体现出一定的时代特色。如德育第二编中所选故事60课,属于德育的有30课,对传统教材所宣扬的二十四孝之类,编纂者认为"半涉迂诞,尤不足以为教,故概不登录",而是"大半译自西书,略加点窜"。①

《蒙学读本》是由无锡三等公学堂编写的小学各科混编教科书,是由学校创办人吴眺、俞复、丁宝书、杜嗣诚等在教学实践中随教随编而成。该学堂创办于1898年,日常教学由十几位教师轮流任教,因教科书缺乏,他们便每日选编课书一首,在课后设问题数条,令学生抄读、笔答,历时五年编成7编,每编50至80篇课文不等,统称《蒙学读本》。全书分七编,前三编以识字、常识教育为主,四编专重德育,五编专重智育,六编是记叙文,七编是议论文。该书体例比较规范,每编由若干课组成,每课分正文和问答两部分。选材接近儿童,切近现实生活,如前三编主要针对小学低年级儿童编写,选择儿童"游戏习惯之事",如击球、捕蝉、钓鱼之类儿童喜闻乐见、经常接触的事情为题材,并多用讲故事、附图、传统整齐押韵的诗歌等形式激发儿童学习兴趣,这些都体现了儿童的认知特点与兴趣爱好。同时,还特别注意对西学内容和近代名人名篇的选录。如在德育部分注意选择西方先哲的嘉言懿行,在记叙文和议论文部分,多半选录近代名家的文章。这套教科书来自教学实际,内容广泛,形式新颖活泼,并配有类似教学参考书的《文法书》,质量远胜于南洋公学的《蒙学课本》,所以受到当时教育界的普遍欢迎。后于1902年通过京师大学堂审定,由文澜书局石印,定为"寻常小学堂生徒用教科书",同年俞复等创办文明书局,重印此书,图文并茂,销路甚广,三四年间印有十余版,各地翻印者不可胜数,成为清末新学制颁布之初最为盛行的小学教科书。《蒙学读本》第四编专讲德育,全编以《论语·弟子规》为纲目,采用故事形式,选取中国古人修身故事、东西先哲嘉言懿行组织成文。

①　参见王建军:《中国近代教科书发展研究》,广东教育出版社1998年版,第92—96页。

每课示以"指归",阐明"良知良能"的普遍意义。①

综上所述,《蒙学课本》和《蒙学读本》都是混合教科书,以讲授人文知识为主,德育只是其中的一部分内容。二者在编辑思想上,都具有了德、智、体三育并重的教育思想,选材也兼顾了学生的学习特点与兴趣爱好,并有采集当代中西人、事、文作为素材的明确意识,内容体现出由简到繁、由浅入深、由易到难的渐进层次。对传统教材有继承也有突破,能够针对传统教材的不足进行新的探索,并具有明确的借鉴西方教育理论及教科书编辑经验的意识,因此,这些教材已初步具有了近代教科书的特点,即内容贴近儿童、贴近生活、贴近当代,难度循序渐进。

四、"癸卯学制"颁布至清亡:学制修身教科书的出现

这一时期,随着"癸卯学制"的颁布,科举废除及学校教育的发展,德育及德育教科书出现了一系列新变化。修身科的设置法定化,具有了各科之首的重要学科地位。在清廷的鼓励下,教科书出版业得到繁荣发展,商务印书馆异军突起,成为教科书出版界的新星和领袖。修身教科书的编辑"学制"化,不仅自觉遵守学制和课程标准的规定,还积极主动寻求学部审定。

（一）"癸卯学制"的颁布与教科书出版业的迅猛发展

清末新政中,清政府对教育的改革可谓大刀阔斧,期间其进行了两大教育改革:推出新学制与废科举,结束了延续千年的科举教育时代,开辟了中国学校教育发展的新时代。1904 年 1 月 13 日,管学大臣张之洞、张百熙、荣禄等在"壬寅学制"的基础上拟定的《奏定学堂章程》颁布,即"癸卯学制",标志着中国近代由国家颁布的第一个在全国范围实施的系统学制的诞生。该学制将教育年限规定为 21—22 年,小学 9 年(初小 5 年,高小 4年),中学 5 年,高等学堂及大学 6—7 年。该制推行至清亡,历时 8 年之久,不仅直接推动了清末教育的大发展,还为民初"壬子·癸丑学制"的制定奠定了基础。新学制颁布后,科举制与新学制的格格不入日益显现,因此,随着新学制的颁布与实施,废除科举制也迫在眉睫。1905 年 9 月,在袁世凯、

---

① 参见王建军:《中国近代教科书发展研究》,广东教育出版社 1998 年版,第 99—101 页。

赵尔巽、张之洞等的联合倡议下，清廷颁布了《废科举，兴学堂》上谕，决定自 1906 年起停止一切科举考试，大力兴办学堂。这一上谕，不仅标志着拥有两千年悠久历史的科举制度与官僚教育时代的终结，而且昭示着新的国民教育时代的开启。

新颁布的"癸卯学制"基本继承了"壬寅学制"的内容。如在修身科的规定上，都规定修身科为第一科，置于百科之首，与列为第二科的读经讲经科共同承担德育任务。教育宗旨则以"中体西用"为指导，具体"以忠孝为本，以中国经史之学为基，俾学生心术壹归于纯正，而后以西学论其知识，练其艺能，务期他日成才，各适实用，以仰副国家造就通才，慎防流弊之意"①为内容。到 1906 年学部成立后，又重订教育宗旨，规定以"忠君"、"尊孔"、"尚公"、"尚武"、"尚实"五项为宗旨，一直实施至清亡。

以教育宗旨为指导，新学制还规定了各级学堂的德育宗旨、讲解要义、具体内容、课时长度，具体见下表：

"癸卯学制"对各级学堂宗旨及修身科的规定

学段	宗旨	要义	内容	课时	备注
初等小学堂	以启其人生应有之知识，立其明伦理、爱国家之根基，并调护儿童身体，令其发育为宗旨。	要义在随时约束，以和平之规矩，不令过苦；并指示古人之嘉言懿行，动其羡慕效法之念，养成儿童德性，使之不流于匪僻，不习于放纵。尤须趁幼年时教以平情公道，不可但存私吝，以求合于爱众亲仁、恕以及物之旨。	摘讲朱子《小学》，刘忠介《人谱》，各种养蒙图说，读有益风化之极短古诗歌。	2	《变通初等小学堂章程》（1909）改为：专授《孝经》、《论语》及《礼记》节本。
高等小学堂	以培养国民之善性，扩充国民之知识，强壮国民之气体为宗旨。		讲"四书"之要义，以朱注为主，以切于身心日用为要，读有益风化之古诗歌。	2	

---

① 《重订学堂章程折》，舒新城主编：《中国近代教育史资料》上册，人民教育出版社 1961 年版，第 197 页。

学段	宗旨	要义	内容	课时	备注
普通中学堂	以施较深之普通教育,俾毕业后不仕者从事于各项实业,进取者升入各高等专门学堂均有根柢为宗旨。	要义一在坚其敦尚伦常之心,一在鼓其奋发有为之气。尤当示以一身与家族、朋类、国家世界之关系,务须勉以实践躬行,不可言行不符。	摘讲陈宏谋《五种遗规》(《养正遗规》、《训俗遗规》、《教女遗规》、《从政遗规》、《在官法戒录》(以教为吏胥者)),读有益风化之古诗歌。	1	1909 年,实行文实分科,增设"法制理财"一科。1911 年,改订文实课程后,将"国民教育要义"和"道德要义"同时列为修身科的内容。
女子小学堂	以养成女子之德操与必须之知识技能,并留意身体发育为宗旨。	要旨在涵养女子德性,使之高其品位,固其志操。	初小:授以孝悌慈爱、端敬贞淑、信实勤劳诸美德,并就平时切近事项,指导其实践躬行,渐进则授以对于伦类及国家之责任。高小:扩充前项之旨趣,而益加陶冶之功,并须援引古今名人及良媛淑女嘉言懿行。	2	

资料来源:朱有瓛主编:《中国近代学制史料》第 2 辑(上、下册),华东师范大学出版社 1987、1989 年版。

随着新学制的颁布与实施,新式学堂如雨后春笋纷纷涌现,教科书的需求也与日俱增,从而有力推动了教科书出版业的发展。这一阶段,商务印书馆在历时七年的发展完善后迅速崛起,成为继文明书局和彪蒙书局之后的教科书出版界新领袖。同时,教科书出版界还涌现出一批新生力量,主要包括群学社、泰东同文局、新智社、小说林社、金粟斋、通社久记、环地福书局、中东书社、启新书局、湖南作民译社、河北译书社、南通翰墨林印书局、南洋官书局、湖北官书局、直隶学务处、教科书编译社等等。在这些出版力量的推动下,教科书出版得到飞速发展。

（二）修身教科书的纷纷涌现①

随着教科书业的发展，修身教科书的出版也出现少有的繁荣气象。这一时期出版的修身教科书主要有中小学教科书和专门的女子修身教科书，详情如下。

1. 小学修身教科书

（1）上海达文编译书社的《最新蒙学伦理书》，侯官李郁编纂，光绪三十年（1904年）八月出版。该课本仅1册，分80课，涵盖65个德目。长处是选材以儿童易见的家庭和学校之事为主，较易为儿童理解和接受。不足之处有：所列德目过多，有65个之多；编辑不注意循环重复，其中62个德目仅出现过一次；有些德目与儿童没有关系，如戒贪污、要廉洁，这些都直接影响德育的实际效果。此外，"癸卯学制"规定初等小学5年10学期，而该书仅供一学期之用，因此，不能满足学堂教育的需要，从而严重影响了该书的社会采纳度。

（2）文明书局出版的修身书品种较多，主要有：阳湖庄俞的《蒙学初级修身教科书》（共2册，另有一本附图的《初级蒙学修身教科书》），阳湖李嘉谷的《蒙学修身教科书》，长洲陆基的《蒙学经训修身教科书》，武进刘剑白的《小学修身教科书》，上海人演译社编的《高等蒙学修身教科书》和《小学修身教科书》（人演译社是庄俞、李嘉谷等几位江苏常州青年创建的），田湖北编写的《小学修身唱歌书》等。

《小学修身唱歌书》出版于光绪三十一年（1905年）八月，将修身、唱歌两科合编于一，全书歌词分7部分，包括27个子目，分别为：总纲：尊人、立身、励志；对己：己、卫生、体育、智育、德育；对家：家、父母、弟兄、宗族；对人：人、尊师、敬长、交友；对社会：社会、公义（务）、公德；对国家：国、尊王、爱国、守法、兵役；对庶物：庶物、博爱、动物、植物。其中对社会部分所列歌词最多，如"励志"歌词："改良社会从实践，人格须完全。竞争场上着先鞭，吾曹幼稚年。强弱淘汰，虽说天演，人尽人事神无权。"

---

① 汪家熔：《民族魂——教科书变迁》，商务印书馆2008年版，第86—99页。由于许多教科书都已无法见到原本，因此，这里参考了汪家熔先生的著作。

庄俞的《初级蒙学修身教科书》共60课，带有图画册，与后来上海人演译社编的《高等蒙学修身教科书》相配套。该书出版于光绪二十九年(1903年)八月，该书认为，修身范围"不外对国、对家、对己、对人、对社会、对庶物。是编为适于初学地步，错综分开，不欲以部类相从"①。正文不以德目作题目，而以第一课、第二课等表明次序。每课课文结束后，另起一行用小字点名主旨，再一行提问。如第三课正文为："牛耕于田。不勤，牧童鞭之。牛曰：吾苦甚。牧童曰：智不如人，即为人役。岂徒牛然，人亦如此。"后写明此课主旨："此课做人之不可不智"。之后设两道问题："问：何以为人役？问：世界以何等人为最苦？"

(3)彪蒙书室编译出版的《绘图蒙学修身实在易》，共4编，每编15课，共60课。初编德目有：孝、悌、敬长、重交、勤学、慎言、安贫、合群、尚武、忍气、自力、不贪、培本、虑远、爱国爱种。第二编起循环初编德目：孝能昌宗、孝能化盗、兄弟同心、兄弟交让、要有才识、要有德望、立志宜远大、精神宜磨炼、宜敦本睦祖、宜仗义轻财、要有智谋、要勤学问、要刚直、要知足、要爱国爱君。书前以"序"说明编写宗旨，"初编借鸟兽草木来比喻，是开通小孩的悟心。二编借着中国古人的往事，夹叙夹议，是替小孩子立一个标准。三编借外国古人往事，亦是夹叙夹议，是叫小孩子知道做人道理中外都一样的。四编截取经书成语，缴足前三编的意思。"②该书的优点是：体例规范，每册有序、目录、正文。正文每课包括德目、课名、课文。"序"相当于编辑大意，德目用两字或四字概括该课主旨，课名为所讲故事的题名。体裁多用记叙文，以讲故事为主。采用了循环重复编辑法，使用白话文，图文并茂，每课在一个展开页上，阴面为图画，阳面为文字。缺点是不符合学制，思想性不强，多处出现德目与课文不匹配，理解错误。

(4)商务印书馆编辑的《最新修身教科书》，1904—1905年出版。由张元济、高梦旦、蔡元培合编，分初小和高小两套，特点是符合"癸卯学制"，适合新办学堂使用，德目少而且多次循环。思想内容上，注意摒弃不合时代的

---

① 庄俞：《初级蒙学修身教科书》，"编辑大意"，文明书局1903年版。
② 陈善叙：《绘图蒙学修身实在易》，"序"，彪蒙书室1905年版。

旧思想,吸纳新思想。以初小教科书为例,每册20课,10册200课,没有一课涉及"君"字,300个故事无一涉及"忠"字,表现了可贵的民主思想。所选"爱国"故事,都紧贴边陲不宁、国家沦亡、个人当为之一战,不能卖国求荣的主题,体现了结合近代国情实施爱国教育的特点。关于"守法"教育,则选择王子犯法与庶民同罪的故事,体现了法律面前人人平等的进步思想。关于"人伦",则摒弃三纲而接受五常和五典。总之,符合学制、注重循环、思想进步是该书的长处所在,也是其备受采用的重要原因。

2. 女子修身教科书

(1)锟记书局①的《绘图女子修身教科书》,光绪三十二年(1906年)六月出版,共16页,是上图下文本的《女儿经》,仅将"三、三句"改为"三、三、六、六句",宣传的依旧是"三纲五常"的封建礼教。

(2)群学社出版的《官话女子修身教科书》和《最新女子修身教科书》,由该社主编许家惺编写。前者一厚册60课,光绪三十年(1902年)编撰,目的在于"编举繁难之事迹,达以简显之字句,庶于开牖智识当易为力"②。该书没有标明使用年级,文字适宜小学较高年级。课文分"女教"、"妇道"、"母仪"三部分,每部分20课。内容有新意,选择一些反映女子立身和勇于担当重任的故事,而不是"三从四德"等旧内容。后者4册144课,供女子高等小学用。

(3)会文学社的《最新初等女子小学修身教科书》,由何琪编撰,光绪三十二年(1906年)二月出版,共8册,供4年使用。第一册有20课,分属三个德目,多少不等。每一课为一个展开页,左文右图,用韵文,便于口诵。每一德目用一课概述,再以古代故事演绎,一事一课。如:第一课讲孝行,第二至第七课分别讲曹女投江、(淳于)缇萦、木兰、杨香、张建之女、赵娥等6个故事,第八课讲友爱,第九至十二课讲姊爱弟4个故事。出版后很受欢迎,次年六月出第五版。

(4)学部图书局编写的《女子初等小学修身教科书》,凡例、德目与普通修身课本相同,课文只是稍加变动,未能突出"女子修身",且图画拙劣。

---

① 锟记书局由旧石印书局转变而来。
② 许家惺:《官话女子修身教科书》,"例言",群学社1902年版,卷端。

（5）中国教育改良会的《最新女子修身教科书》，谢允燮编，陈德芬校阅，光绪三十一年（1905年）九月出版。全书分几个德目，每个德目先用一课简述该德目，再用几课分层讲。可贵的是，宣传了许多新思想，如有兴办女学、自立、戒缠足、劝阅报、平权、自由、自由界限、自由婚姻等课目。

3. 中学修身教科书

（1）文明书局在光绪三十二年（1906年）四月推出了两种中学修身教科书，分别是杨志洵的《中等修身教科书》和姚永朴的《中等伦理学》。前者以长篇讲述一个人对国家、对家、对人、对社会、对庶物五个方面的正确态度，不以"课"为单位，并介绍了许多西方政治原理和伦理原理。后者摘录西方和日本学者的伦理主张和名人嘉言懿行，以立教、明伦、敬身为纲汇录，该纲目来自朱熹的《小学》体例，将西方政治伦理排除在外。

（2）商务印书馆的《中学堂用修身教科书》，由蔡元培编，署商务印书馆编译所蔡振编纂，光绪三十三年（1907年）至三十四年（1908年）出版，共5册，分别是论己、论家族、论社会、论国家、伦理学。前四册，均以《礼运》"情义章"的"本务"为指导演绎，多选反映"五伦十义"的传统内容。第五册伦理学，以讲述中国传统伦理思想为主。该书的一大特点是使用章节体，不用前贤事迹。

（3）国粹学报馆的《伦理教科书》，刘师培编写，光绪三十一年（1905年）十月出版，涉及个人和家族伦理，宣传自由平等的伦理观，并对传统伦理观进行批判。

综上所述，甲午之后至清亡的修身教科书具有以下新特点：第一，自编教科书的种类数量增多，有适用于蒙学、小学、中学、女学等各级的教科书。第二，具有遵循学制的自觉性。编辑者逐渐开始主动自觉地遵守学制与课程标准的规定来编辑，商务印书馆是这方面的典范。第三，编辑机构在编写修身教科书时渐渐具有明确的整体规划意识，如编写前制订编写计划和编写宗旨，具有成套的观念，能兼顾到各科、各级的需要。第四，思路基本固定化，一般都包括对己、对家、对社会、对国家、对庶物等几个方面，中学堂的伦理教科书在书末加入伦理学的内容。第五，体例上，多数按照编辑大意、目录、德目统领课文，新的体例章节体开始出现。第六，白话文叙述成为主要趋势。第七，教科书的表达形式日益多样，低年级书本多用图画、故事、古今名人名句等表达形式,随年级增加,图画、故事减少,难度加深,理论性增强,并出现唱歌书这类新的修身教科书形式。第八,编辑仍然是受"中体西用"德育观的指导,虽然注意对旧伦理道德的扬弃和批判,也增加了民主、自由、平等、妇女解放等新思想的吸收,但始终没有突破"中体西用"的大范畴。

第二节 民初修身教科书的繁荣与衰落

一、民国初创与修身教科书出版的兴盛

民国初年,经历辛亥革命的洗礼和民主共和气氛的熏染,民主革命知识分子的国民道德观和德育观发生了重大转变,这种转变集中反映在教育法规与德育教科书的编辑出版上。

(一)"壬子·癸丑学制"的颁布与修身教育的新变化

民国成立之初,《中华民国临时约法》及其他法令法规对共和政体下的国民作出了新的解释。《临时约法》明确规定:中华民国主权在民,全体国民一律平等,依法享有选举、参政、居住、言论、出版、集会、信教等项权利。这意味着以民主、自由、平等精神为基础的新的国民观在法律上得到了确认。国民观的转变对民国教育产生了一系列影响。

以根本大法《临时约法》为指导,教育法令法规相继制定、出台,目的在于培养具有共和精神的新国民。1912 年 9 月至 1913 年 8 月,教育部陆续出台了一系列教育法令法规,对教育宗旨、教育年限、各级学校课程设置、课程标准等作出新规定,该学制被称为"壬子·癸丑学制",直至 1922 年底"壬戌学制"颁布,其历时 11 年之久。该学制将教育年限缩短为 18 年,小学 7 年(初小 4 年,高小 3 年),中学 4 年,高等教育及大学 6—7 年。并重新规定了总的教育宗旨:"注重道德教育,以实利教育、军国民教育辅之,更以美感教育完成其道德。"[①]还对中小学校的教育宗旨和修身教育作出新规定。修

---

① 《教育部公布教育宗旨令》,璩鑫圭、唐良炎编:《中国近代教育史资料汇编:学制资料》,上海教育出版社 1991 年版,第 651 页。

身科仍为中小学校的第一科,位列各科之首,承担着主要的德育功能。

"壬子·癸丑学制"对修身科的相关规定

学段	教育宗旨	修身要旨	修身内容	课程进度及课时
初小	以留意儿童身心之发育、培养国民道德之基础,并授以生活所必需之知识技能为宗旨	要旨在涵养儿童之德性,导以实践。	初等小学校,宜就孝悌、亲爱、信实、义勇、恭敬、勤俭、清洁诸德,择其切近易行者授之;渐及对社会、对国家之责任,及激发进取之志气,养成爱群、爱国之精神。	初小4学年,每学年每周2课时,都讲道德之要旨。
高小		高等小学校宜就前项(初小)扩充之。对于女生尤须注意于贞淑之德,并使知自立之道。	教授修身,宜以嘉言懿行及谚辞等指导儿童,使知戒勉,兼演习礼仪;又宜授以民国法制大意,俾具有国家观念。	高小3学年,每学年每周2课时,第一学年讲道德之要旨,第二、第三学年讲道德之要旨、民国法制大意。
中学	以完善普通教育、造成健全国民为宗旨。	要旨在养成道德上之思想情操,并勉以躬行实践,完具国民之品格。	修身宜授以道德要领,渐及对国家社会家族之责务,兼授伦理学大要,尤宜注意本国道德之特色。	中学4学年,每学年每周1课时,第一学年讲持躬处世待人之道,第二学年讲对国家之责务、对社会之责务,第三学年讲对家族及自己之责务、对人类及万有之责务,第四学年讲伦理学大要、本国道德之特色。

资料来源:朱有瓛主编:《中国近代学制史料》第2辑(上、下册),华东师范大学出版社1987、1989年版。

为了体现共和精神,民国的教育法规还对教科书作出新的规定。民国成立之初,教育部即公布了《普通教育暂行办法》十四条,规定:"凡各种教科书,务合乎共和民国宗旨。清学部颁行之教科书,一律禁用","凡民国通行之教科书,其中如有尊崇满清朝廷,及旧时官制、军制等课,并避讳、抬头字样,应由各该书局自行修改,呈送样本于本部及本省民政司、教育总会存查。如学校教员遇有教科书中不合共和宗旨者,可随时删改;亦可指出,呈请民政司或教育会通知该书局改正。"①后来由于局势动荡的干扰,加之新教科书的编辑出版尚须一段时日,此时出版的教科书只是在形式上稍加修改以应对教育部的审查,实际内容并没有多大改进。当时就有人指出:"从前满清时代之教科书,万万不能应用于民国。夫人而知之矣,当事者或改头换面,去其尊君亲上之语,删其君主立宪之文,即作为民国之新课本。张冠李戴,终觉不适。"②这一现象表明了民国新政府的教科书改革还仅仅停留在政治口号上,还未及深入到教科书编写的科学性层面。

(二)教科书出版业的兴盛与修身教科书出版的新气象

这一时期,出版界由于中华书局的成立,出现了新的格局。1912年民国政府甫经成立,原商务印书馆的一批人马在陆费逵的带领下另起炉灶,创办了中华书局。他们均是思想进步、勇于创新的一批编辑出版俊秀,并且多年在商务印书馆历练,对编辑出版颇有经验,所以,中华书局一经成立,便在商务印书馆之前率先推出了"中华"系列教科书。因其适应了改制后学堂教育的需要,一时洛阳纸贵、供不应求,中华书局由此一炮打响。自此,出版界就由中华书局、商务印书馆、中国图书公司等机构支撑大局。由于市场有限,几大书局的竞争异常激烈,各家都在编辑出版中力求精善,减低定价,争夺市场,这无形中促进了新教材的革新与普及,修身教科书也在这一过程中得到了迅速发展。

在民初的教科书市场上,中华书局无疑是一匹实力雄厚的黑马,往往能占据首发优势,颇有领军出版界的气势。在1912—1914年间,先是推出了"中华"系列,后又相继推出了"新制中华"和"新编中华"系列,从发行种类到推新速度上都超过了商务印书馆和中国图书公司。其出版的修身教科书有:"中华"系列的初等小学8册,高等小学4册,中学4册,都出版于1912年;"新制中华"系列的初等小学12册,高等小学9册,后又将初等小学书改订为9册出版,该系列在1912—1913年出版;"新编中华"系列有初等小学8册,高等小学6册,出版于1913—1914年间。

---

① 《普通教育暂行办法》,璩鑫圭、唐良炎编:《中国近代教育史资料汇编:学制资料》,上海教育出版社1991年版,第597页。
② 贾丰臻:《今后之教育界》,《教育杂志》第4卷第6期(1912年)。

与中华书局的快捷灵敏不同,商务印书馆则以沉稳见长。在新式教科书的出版上,他也不甘人后,急起直追。1912 年先行推出了"订正"系列,将清末出版的教科书按新学制规定改订出版,包括适用于初级小学的《(订正)最新修身教科书》(8 册),中学用的《(订正)中学修身教科书》以及《(订正)简明修身教科书》(8 册)。在改订老书的同时,商务印书馆还迅即着手编写出版新教材,同年又推出了"共和国"系列教科书,包括初级小学春季、秋季始业各一套,每套 8 册,高级小学春季、秋季各一套,每套 6 册,还有中学一套,分上下两卷。1913 年时,又根据教育部规定,为初等小学补习科学生编辑了《单级修身教科书》(甲乙两编)9 册。

除了中华书局和商务印书馆两家机构外,中国图书公司也出版了不少修身教科书。1912 年推出了《新国民修身课本》、《中华民国初等小学修身课本》(8 册)、《中华民国修身教科书》(8 册),全为小学初年级用书,还没有适用于小学高年级及中学的教科书相匹配,并且书名不稳定,与同期的中华书局和商务印书馆不可同日而语。至 1913 年稳住阵脚后,逐步有了系列意识,推出了包括初等小学、高等小学、师范讲习科的各级教科书,即《初等小学修身教科书》(8 册)、《高等小学修身教科书》、《师范讲习科用修身教科书》(上下卷),并且体现出自己的特色,即注重修身礼仪法,出版了《中学师范修身礼仪法书》(全 1 册)。

除了以上三家机构,其他出版修身教科书的机构主要有武昌的共和编译社和上海新学会社。前者于 1913 年出版了《初等小学修身教科书》(2 册),后者于同年出版了《第一简明修身启蒙》(两编),此书是由该社 1908 年出版的《民国初等小学教科书》改订而成。

二、袁世凯复辟帝制与修身教科书出版的停滞不前

辛亥革命后,袁世凯为代表的北洋政权以尊孔读经思想为指导,进行了一系列教育改革,对民初公布的一些教育法令进行了一些修改,以为其政治上复辟帝制服务。1913 年宪法草案规定"国民教育,以孔子之道为修身大本"[①]。

---

① 陈学恂:《中国近代教育大事记》,上海教育出版社 1981 年版,第 247 页。

1913 年 6 月发布《注重德育整饬学风令》以整顿学风。1914 年 12 月提出的《整理教育方案草案》指出："拟于中小学校修身及国文教科书内采取经训，务以孔子之言为旨归。"①1915 年初公布的《特定教育纲要》和《颁定教育要旨》，对教育宗旨与修身教育作出一系列新规定。《特定教育纲要》明确指出："现时教育最大之缺点有四：一不重道德，二不重实利，三无尚武精神，四不切实用"，因此重新规定了教育宗旨，"以道德教育为经，以实利教育、尚武教育为纬；以道德实利尚武教育为体，以实用主义为用"②，将道德教育提到了至高无上的位置。接着规定"各学校均应崇奉古圣贤以为师法，宜尊孔以端其基，尚孟以致其用"③，在这里标明了至上道德就是孔孟的道德。进而在《颁定教育要旨》中，将教育宗旨概括为爱国、尚武、崇实、法孔孟、重自治、戒贪争、戒躁进。

以此为指导，对中小学课程作出了相应修改。对德育的调整主要有三点：（1）恢复民初废除的读经一科，每周三个课时。（2）将原有修身要旨中所确定的基本道德价值"信实"改为"忠信"，其排列次序也由第三提至第二。（3）把公民教育的内容明确列入国民学校（即原来的初等小学校）的修身科之中，规定第三、第四学年兼授公民须知。帝制被取消后，教育部在第二十号部令中，将"自第三年起兼授公民须知，示以民国之组织及立法、行政、司法之大要"明确写入修身科的内容中。高等小学校修身科内容中的"民国法制大意"改为"中国法制大意"。④

复古倒退的逆流，引起了举国上下的不满，孙中山领导发动了"二次革命"，此事也直接波及到了教科书。当孙中山、黄兴举起反袁旗帜之后，北洋政府的教育部立即发出训令，通令学校换用教科书。训令说："查各商店旧日编纂之教科书，叙述民国成立，于孙黄颇有奖饰之词。今彼等叛乱行为，已为

---

①　《教育部整理教育方案草案》，璩鑫圭、唐良炎编：《中国近代教育史资料汇编：学制资料》，上海教育出版社 1991 年版，第 736 页。

②　袁世凯：《特定教育纲要》，璩鑫圭、唐良炎编：《中国近代教育史资料汇编：学制资料》，上海教育出版社 1991 年版，第 748—749 页。

③　袁世凯：《特定教育纲要》，璩鑫圭、唐良炎编：《中国近代教育史资料汇编：学制资料》，上海教育出版社 1991 年版，第 750 页。

④　郑航：《中国近代德育课程史》，人民教育出版社 2004 年版，第 84 页。

全国共见。自应将其肖像及称扬之语,悉行删除,以祛国民之瞀惑。"①

这一时期,由于北洋政府文化教育政策的变动,修身教科书在内容上也稍有变化,渐渐呈现出尊孔尚孟的倾向,多将重心放在传统伦理道德的宣扬上,对民主、自由、平等等新道德则尽力淡化,多加限制,如处处以"真平等"、"真自由"等德目为题,意在辨析平等、自由的真正意义,以防止人们"过分"地要求平等与自由。除在内容上略有变化外,这一时期修身教科书的出版数量和速度都有所下降,由先前的开拓转向守成。出版界的基本格局也有所变化,中国图书公司从修身教科书的竞争中退出,剩下中华书局和商务印书馆两家分庭抗礼,平分秋色。

与先前的急进开拓相比,这一阶段的中华书局则以守成为主,主要是对之前出版的系列教科书进行补充完善。1914—1915 年间,补充了"中华"系列所缺的女子教科书,包括初级小学 8 册和高级小学 3 册;还补充了"新制中华"系列所缺的小学初年级用的《新制单级修身教科书》(甲、乙合编,各3 册),及中学用的《新制修身教本》(4 册);同时还补充了所缺的做法教科书《小学修身做法要项》,以补充其教科书在做法上的缺失。守成为主的同时,中华书局还继续开拓出新,以适应变化不定的教育改革。于 1916 年又推出了"新式"系列,其中修身教科书有初级小学 8 册,高级小学 6 册,并出版了适用于师范讲习科的《实用修身讲义》。

这一时期,商务印书馆出版的修身教科书也数量有限,可查的仅有 4种,即适用于初等小学补习科的《修身教科书》、适用于半日制学校的《半日学校修身教科书》(6 册)、小学高年级用的《实用修身教科书》(6 册),以及中学师范用的《中学师范修身讲义》(2 册),相对比较零散,并没有构成系列。可见,与前一阶段相比商务印书馆也处于守成阶段。

除了中华与商务两家外,其他出版修身教科书的机构极少,可查的仅有上海新学会社 1914 年出版的沈化夔编的《新编修身教科书》(8 册,初级小学校用)。从教科书出版的停滞不前,也多少可以看出政治倒退对文化教育事业发展的消极影响,而这一负面影响在后一阶段表现得更为突出。

---

① 《教育杂志》第 5 卷第 12 号(1913 年)。

三、军阀混战与修身教科书出版的日益没落

袁世凯去世后北洋军阀内部分崩离析,各自为政,军阀之间的矛盾日益激化,混战不休。动荡不安的局势下,教科书出版业也日益窘困,修身教科书的出版也随之日渐凋零,走向没落。

(一)动荡局势中修身教科书的出版步入尾声

这一时期,修身教科书的出版步入尾声,出版种类极为有限。一个明显的表现就是中华书局因为资金周转不开,陷入破产危机,故难以在教科书出版上大有作为,而唯一还执著于修身教科书出版的机构只有商务印书馆,修身教科书出版界呈现出一枝独秀的寂寥景象。据资料记载,陷入资金危机的中华书局,仅于1921年推出了"新教育"系列,可查的有小学高年级用的《新教育教科书修身》(6册)。其他基本都为商务印书馆所出,有1918年推出的师范讲习科用的《新体修身讲义》(上下卷),1919年又将前期出版的初级小学用的《女子修身教科书》加以订正出版,名为《(订正)女子修身教科书》(8册),1920年推出"新法"系列教科书,其中修身教科书有适用于初级小学的8册和高级小学的6册,1923年又推出了师范学校用书《现代师范教科书伦理学》。在其他出版机构都不景气之时,商务印书馆依然能推陈出新,一往无前,展现出了老机构的雄厚实力。

(二)"壬戌学制"的出台与修身科的废止

1922年学制改革,"壬戌学制"取代"壬子·癸丑学制",对德育课程作出新调整。这年颁布的《新学制课程标准》将修身科废除,由公民科取而代之,由此历时20年之久的修身科退出了历史舞台。新学制颁布后,各教科书出版团体和个人大多都自觉依照学制规定,将修身教科书改为公民教科书,在内容上较多的加入了公民法制知识,此后,公民教科书的数量逐渐增多,而修身教科书的出版迅速减少。但由于全国各地发展极为不平衡,各地对新学制的领会和贯彻也参差不齐,所以在新学制颁布之后的几年中,修身教科书还零星存在,但这只是前期的余音回响,其绝迹已成必然。

这一时期出版的修身教科书数量非常有限,而且多是对之前未出齐的成套教科书的补充完善,成套的修身教科书基本未再出现。具体如下:

1923 年之后出版的修身教科书一览表①

序	书名	编著者	出版单位	出版年份
1	《初等小学新修身教科书》	刘傅厚、庄适编	上海:中国图书公司	1923 年版
2	《新式修身教科书》(国民学校,教育部审定)	婺源、方钧编	上海:中华书局	第 1 册,1923 年 5 月 80 版　第 3 册,1923 年 5 月 76 版
3	《新教育教科书修身》(国民学校,春秋季通用,教育部审定)	杨敬勤等编辑	上海:中华书局	第 6 册,1923 年 10 月 20 版　第 7 册,1923 年 12 月 19 版　第 8 册,1923 年 10 月 15 版
4	《共和国教科书新修身》(国民学校,春季,教育部审定)	沈颐、戴克敦编纂	上海:商务印书馆	第 1 册,1923 年 1 月 694 版　第 3 册,1926 年 1 月 1052 版　第 4 册,1926 年 8 月 971 版　第 5 册,1927 年 1 月 901 版　第 6 册,1923 年 6 月 676 版　第 7 册,1925 年 12 月 633 版　第 8 册,1926 年 8 月 544 版
5	《共和国教科书新修身》(初小,秋季,教育部审定)	沈颐、庄俞编纂	上海:商务印书馆	第 3 册,1924 年 6 月 91 版　第 4 册,1924 年 6 月 80 版　第 7 册,1924 年 5 月 61 版
6	《(订正)女子修身教科书》(国民学校)	沈颐、戴克敦编纂	上海:商务印书馆	第 1 册,1924 年 1 月 39 版　第 3 册,1926 年 10 月 50 版
7	《女子修身教科书》(高小,版权页题:订正高等小学女子修身教科书)	沈颐编纂	上海:商务印书馆	第 1 册,1926 年 2 月订正 17 版　第 2 册,1924 年 1 月订正 17 版
8	《新法修身教科书》(国民学校)	刘宪、费焯编纂	上海:商务印书馆	第 7 册,1924 年 3 月 85 版
9	《实用修身教科书》(国民学校,高小)	北京教育图书社编纂	上海:商务印书馆	第 1 册,1924 年 5 月 27 版

---

① 北京图书馆、人民教育出版社图书馆:《民国时期总书目》(1911—1949)(中小学教材),书目文献出版社 1995 年版,第 16—24 页。

上表以列举中小学修身教科书为主,未将大学和高等学堂的伦理教科书列上。其实,新学制的颁布对伦理教科书的出版数量并没有太大影响,只是内容上稍稍有所调整,增加了公民知识的新内容。

日本侵华后,情况发生了一些新变化,修身科与修身教科书又在沦陷区的中小学死灰复燃,成为日本侵略者推行殖民教育的重要工具。九一八事变后,日本在东北曾一度将修身科恢复,作为其殖民教育的重要手段,此后还将这一做法推广到其他沦陷区,一直延续至抗日战争结束,因此,1932—1945 年间修身教科书在沦陷区又大量现身。当时,编写出版这些教科书的机构主要有北平的伪教育部编审会与伪教育总署编审会,天津的伪初等教育研究会与伪中等教育研究会,以及南京的伪维新政府教育部等组织。他们编写出版各级各类学校教科书及教授书,涵盖所有科目,种类数量繁多,修身教科书即是其中最重要的一种。其中,修身教科书主要如下表:

抗日战争期间日伪出版的修身教科书一览表[①]

序	书名	著者	出版者	出版年
1	《初小修身教科书》(1—8 册)	初等教育研究会编纂	天津:华北书局	1938
2	《初级小学修身教科书》(1—8 册)	伪维新政府教育部编纂	南京:著者刊	1938
3	《高小修身教科书》(1—4 册)	中等教育研究会编纂	天津:华北书局	1938
4	《初中修身》(1—3 册)	伪教育部编审会著	北平:著者刊	1938—1939
5	《高中修身》	伪教育部编审会编	北平:著者刊	1938
6	《初小修身教科书》(1—8 册)	伪教育总署编审会著	北平:著者刊	1939
7	《高小修身教科书》(1—4 册)	伪教育总署编审会著	北平:著者刊	1939
8	《初中修身》(1—3 册)	伪教育总署编审会著	北平:著者刊	1939—1941
9	《高中修身》(1—3 册)	伪教育总署编审会著	北平:著者刊	1939—1941
10	《初中女子修身》(1—3 册)	伪教育总署编审会著	北平:著者刊	1940—1941
11	《高中女子修身》(1—3 册)	伪教育总署编审会著	北平:著者刊	1940

---

① 北京图书馆、人民教育出版社图书馆:《民国时期总书目》(1911—1949)(中小学教材),书目文献出版社 1995 年版,第 19—24 页,第 181 页。

四、民初修身教科书的特点

民初是修身教科书的大发展时期,出版的修身教科书数量很多,故不能逐一介绍,这里仅将其共性特点加以概括:

首先,出版教科书的种类多,数量大,更新快。据不完全统计,民初十二年间各出版机构出版的修身教科书在 50 种以上,而且大多形成系列,如中华书局推出的有"中华"、"新制中华"、"新编中华"、"新式"、"新教育"等系列,商务印书馆出版的有"共和国"、"单级"、"实用"、"新法"、"新体"等系列。不论种类数量上,还是发行规模和流通时间上,都远远超过了清末。如商务印书馆于民初推出的"共和国"系列,至 1926 年还在出版,其中《共和国教科书新修身》(初小,春季),第一册至 1923 年 1 月已出版 694 版,第二册至 1922 年 8 月已出 636 版,第三册至 1926 年 1 月已出版 1052 版,第四册至 1926 年 8 月已出 971 版,第五册至 1927 年 1 月已出 901 版,第六册至 1923 年 6 月已出 676 版,第七册至 1925 年 12 月已出 633 版,第八册至 1926 年 8 月已出 544 版。又如中华书局于 1912 年 1 月出版的"中华"系列也不逊色,其中《中华初等小学修身教科书》(8 册),第一册至 1913 年 3 月已出订正 50 版,第二册至 1912 年 5 月已出 9 版,第三册至 1913 年 5 月已出 50 版,第四册至 1913 年 3 月推出订正 38 版,第五册于 1914 年 12 月推出 47 版,第六册至 1913 年 5 月推出 39 版,第八册于 1913 年 3 月推出订正 30 版。① 其流通之久远由此可见一斑。

其次,重视对小学教科书的出版。各出版机构都将小学教科书的出版作为经营重心,推出每个系列几乎都包括初级小学、高级小学教科书,而且质量均比中学、师范类教科书优胜许多。以中华书局与商务印书馆为例,两家出版的每个系列均包括初小和高小教科书。在编写形式上,两家也基本趋同,呈现出较高水准。初级小学多用图画和故事,前两册全用图画,后面文字渐加,在一二十字到七八十字之间;低年级多用顺口溜形式,课文由一

---

① 北京图书馆、人民教育出版社图书馆:《民国时期总书目》(1911—1949)(中小学教材),书目文献出版社 1995 年版,第 16—17 页。

个个故事汇集而成;高级小学以故事和例话为主,间有插图,文字多在百字左右,取材也多从贴近儿童生活的学校与家庭生活说起,再逐步过渡到较远的对社会、对国家、对人类的责任,由近及远,由浅至深,由具体到抽象,由易到难,比较充分地反映了小学生的认知特点和学习规律,体现出两家机构均已具备了从儿童出发、以学生为本位的教科书编辑意识。

其三,注重做法。这是这一时期修身教科书的突出特点。比如,商务印书馆和中华书局两家出版的小学教科书,均将初级小学教科书的前两册以图画形式表现,且图画皆为逼真的学校或家庭生活场景,图上有学校、教师、同学、父母,所讲内容均以图画体现,非常便于学生模仿。如商务印书馆出版的《共和国教科书新修身》(初小,春季),第一册第二课敬师,用一幅画表示,老师站于讲台上面向学生,学生面向老师站在各自位置上,老师和学生相互鞠躬。图画栩栩如生,学生一看便会。① 又如中华书局的《新制中华修身教科书》(初小),第一册第一课入学,用了两幅画,一幅是一群学生身着校服,肩挎书包,各由家长送入校门,第二幅是两位老师带领学生向交叉的国旗与校旗鞠躬敬礼,一群学生面相旗帜,排成几排,呈九十度鞠躬状。学生一看便知如何排队、如何鞠躬,学习效果远远胜于枯燥生硬的文字。②

其四,注重做法的另一个表现在于,许多教科书都有配套的教授法,初级小学教授法中每课均有指导实践的内容,以讲明具体做法。这方面中华书局做得非常出色,比如,其《新制单级修身教授书》(甲乙编),每课都设有"实践要项";《新制中华修身教授书》(初小),每课都附有"做法";《新编中华修身教授书》(初小,春季),每课都有"实践要项"一目,强调实践时的注意事项。如第一册第四课好学,"实践要项"内容为:"上课时宜专心一志,目注书上,耳听讲解。入校时,途上毋他顾流连,以误上课时刻。晚餐后宜温习功课,不可因少有疾病,或家中大小事,遽尔告假。如遇不得已事迟到,可向先生述明,勿因迟到足羞,缺课竟日。既因事告假,期满勿畏补课之难,

---

① 沈颐、戴克敦:《共和国教科书新修身》(初小,春季),第一册,商务印书馆1912年版,第2页。

② 戴克敦、沈颐、陆费逵:《新制中华修身教科书》(初小),第一册,中华书局1913年版,第2页。

延迟不到。"①1922 年中华书局出版的《新教育教科书修身教案》(高小)第四册,每课均有"指导实践",如第一课我与社会,"指导实践"内容为:"(1)每日应尽自己之职务。(2)乐与人处。(3)组织自治会及其他练习社会服务等团体(如演讲团,贩卖团等)。(4)服从团体规则。(5)服从多数人之意思。(6)戒好与人争。(7)戒立异自高。(8)共同作业时切勿偷闲。(9)勿因谋自己便利破坏公共秩序。(10)勿以求自己利益,损害他人。"②

此外,中国图书公司和中华书局还出版有专门的修身做法书,前者于1913 年出版有《中学师范修身礼仪法书》,后者于 1915 年出版有《小学修身做法要项》。

最后,注重公共生活,多数将学校生活列入教科书首册,有的将对社会之责务、对国家之责务提到对家庭之责务之前,显示出对公共生活的重视。如商务印书馆 1912 年出版的《共和国教科书新修身》(初小)第一册,前 10课分别为入学、敬师、爱同学、课室规则、操场规则、仪容、早起、清洁、清洁、应对,讲的全部是学校生活。1920 年出版的《新法修身教科书》(初小),第一册前几课也是讲学校生活,分别为校内游览、上课、理书等,第二册有敬师、朝会等课。又如中华书局 1912 年末推出的《新制初等小学修身教科书》,第一册前 8 课都是讲学校生活的,依次为入学、上课、游戏、守时刻、守规则、好学、仪容及清洁等,第二册有敬师、爱同学等课。中华书局 1916 年推出的师范讲习科用书《实用修身讲义》,也将学校生活列于书首,第一章为在校之责务,分为三节,依次为对于学校之规则、对于学校之人、对于学校之物。意在让刚入学的学生先学会如何过学校生活,如何与学校的人、事、物相处。有的将对国家、对社会的责务提到对家族之责务之前,以示对培养学生公共生活能力的重视,如商务印书馆 1913 出版的中学用书《修身要义》(上下卷),即将对国家、对社会的责务置于上卷,将对家族、对自己的责务放在下卷,显示了编者对前者的重视。

① 董文:《新编中华修身教授书》(初小,春季),第一册,中华书局 1913 年版,第6页。
② 朱文叔、陆费逵:《新教育教科书修身教案》(高小),第四册,中华书局 1922 年版,第6页。

第二章 以美德为核心的个人修身思想

近代中国在内忧外患中风雨飘摇,急剧变迁。在此背景下,人们应该如何去修养自身,不论对个人发展,还是对社会与国家的发展,都是一个至关重要而值得探讨的问题。产生发展于清末民初的修身教科书,集中对这一问题进行了系统而深入的探讨。

修身是一个系统工程,根据人们在不同生活领域中所扮演角色的不同,可划分为作为独立个体的修身、家庭成员的修身、社会成员的修身、国民的修身等。与修身的层面相一致,修身教科书的修身思想也包括了个人修身、家庭修身、社会修身、国民修身等思想内容。其中,个人修身为修身的起点与最低层次,依次向外推延为在家庭、在社会、在国家中的修身,层次逐级提高,前者是后者的前提与基础,后者是前者的发展与提升,彼此紧密联系,互相影响。

第一节 个人修身的意义

个体是社会的细胞,个体强则国家强,这是万古不易之理。因此,修己是全部修身的起点,是在家庭、社会、国家领域中修身的基础与前提。

一、个人修身是修身的起点

修身教科书认为,个人修身是个人在家庭、在社会、在国家领域修身的基础,是全部修身的起点。己身不修,其他层面的修养就无从谈起。1907年蔡元培在其《中学修身教科书》中指出,"凡道德以修己为本,而修己之道,又以体育为本"①,各种道德的践行都需要健康的身体。"忠孝,人伦之大道也,非康强之身,无以行之。人之事父母也,服劳奉养,惟力是视,羸弱而不能供职,有孝思奚益,况其以疾病贻父母忧乎? 其于国也亦然,国民之义务,莫大于兵役,非强有力者,应征而不及格,临阵而不能战,其何能忠? 且非特忠孝也,一切道德,殆皆非羸弱之人所能实行者。苟欲实践道德,宣力国家,以尽生人之天职,其必自体育始矣。"②他还强调,个人道德修养是其他道德修养的基础,个人不善,就无法对家庭、对社会、对国家行善,"怀邪心者,无以行正义,贪私利者,无以图公益,未有自欺而能忠于人,自侮而能敬于人者。故道德之教,虽统各方面以为言,而其本则在乎修己。"③

1910 年陆费逵在其《修身讲义》中也指出,人无法孤立生存,要想生存,就离不开他人的协作与帮助,因此,个人对他人、家族、社会、国家都有一定的道德责任,"在内为家族之一人,在外为社会之一分子,国家之一臣民。若无家族,则幼稚之时,无父母之养育,年老之后,无子弟之奉养,无社会则不能共同生活,无国家则不能保权利而御侮辱。是以人也者,决不能各自独立,必己与人协同而为团体,始能生存于斯世。家族、社会、国家,皆团体也,对于团体当尽之职务,是为道德。"④而所有的道德责任都需要个人去践行,因此,修身应从修己开始,"道德者,本己与他人之关系而生。然己也者,行为之主体,且家族社会国家之所由立也。故欲尽对家族、社会、国家之责务,必先修己之一身,于是对己之责务以生。盖积身而成家,积家而成社会国家,道德之方面虽多,而行之无不在己,此所以修身为齐家治国平天下之本也。"⑤

二、个人修身是家族、社会与国家发展的基础

修身教科书指出,个人修身不仅具有道德意义,而且对个人的发展与幸

---

① 蔡元培:《中学修身教科书》,第一册,商务印书馆 1907 年版,第 4 页。
② 蔡元培:《中学修身教科书》,第一册,商务印书馆 1907 年版,第 5 页。
③ 蔡元培:《中学修身教科书》,第一册,商务印书馆 1907 年版,第 3 页。
④ 陆费逵:《修身讲义》(师范讲习科用),商务印书馆 1910 年版,第 3 页。
⑤ 陆费逵:《修身讲义》(师范讲习科用),商务印书馆 1910 年版,第 3 页。

福极为重要。1907 年蔡元培在其《中学修身教科书》中指出,知识是人事的基础,修养知识是个人发展的前提。"知识者,人事之基本也。人事之种类至繁,而无一不有赖于知识。近世人文大开,风气日新,无论何等事业,其有待于知识也益殷,是以人无贵贱,未有可以不就学者。"①1910 年陆费逵在其《修身讲义》中指出,身体不仅是道德的本钱,更是万事的基础,失去健康,是人生最大的痛苦。"诚以健康者,万事之母,人生之至宝也。身体不强健,则起居不自由,睹美景而不乐,食美味而不甘,精神不振,大事难成,不能尽家族一人、社会一分子、国家一臣民之责务,人生至苦之境,孰有过于斯者?"②并认为,"当为而为之谓德,随良心而行善之谓德,人之所以为人,亦以其有德耳,否则与禽兽又何异焉?"③即认为道德是人之所以为人的根本,没有道德,人将无以为人。

在修身教科书看来,个人修身还是社会与国家强盛的重要保障。1906年蒋智由在其《小学修身教科书》中指出,个人是构成家族、社会、国家的最小单位,因而个人健全是家族、社会、国家健全发展的基础。"己者,家族之所以赖以成立,国家之所以赖以建设,社会之所以组织之分子也,未有个人之不善良、不健全,而家族国家社会之独能善良健全者也。故人者,从一方而观,必恃有家族国家社会,而后个人乃能因之以生存;而从一方以观,又必恃有个人,而后家族国家社会,乃能因之以发达。"④1910 年蔡元培在其《中学修身教科书》中指出,强健的身体是为国效力的根本,"国民之义务,莫大于兵役,非强有力者,应征而不及格,临阵而不能战"⑤;国民智力发达是国家在国际竞争中求存的重要凭借,"自人文进化,而国家之贫富强弱,与其国民学问之深浅为比例。彼欧美诸国,所以日辟百里,虎视一世者,实由其国中硕学专家,以理学工学之知识,开殖产兴业之端,锲而不已,成此实效。是故文明国所恃以竞争者,非武力而智力也。方今海外各国,交际频繁,智

---

① 蔡元培:《中学修身教科书》,第一册,商务印书馆 1907 年版,第 50 页。
② 陆费逵:《修身讲义》(师范讲习科用),商务印书馆 1910 年版,第 4 页。
③ 陆费逵:《修身讲义》(师范讲习科用),商务印书馆 1910 年版,第 17 页。
④ 蒋智由:《小学修身教科书》,卷三,东京:同文印刷社 1906 年版,第 1 页。
⑤ 蔡元培:《中学修身教科书》,第一册,商务印书馆 1907 年版,第 5 页。

力之竞争,日益激烈,为国民者,乌可不勇猛精进,旁求知识,以造就为国家有用之材乎"。① 1914 年李步青在其《新制修身教本》中也认为,个人与家族、社会、国家是互相依存的关系,个人发展有赖于家族、社会、国家等外部环境的发展,而家族、社会、国家的发达需要以个人发达为基础。他指出:"己者,家族之一人,国家社会之一分子也,一方赖有家族社会国家,而后己因以生存,一方又赖有己而后家族社会国家可以发达。"②1916 年李步青在其《实用修身讲义》中进而指出,国民公德的高低决定了国家文明程度的高低,"欲觇其国之文明,即因公德发达如何之程度卜之"。③

三、个人修身是身体、精神、道德、自立等方面的全面修养

对于应该从哪些方面修身,各种修身教科书的认识不尽相同。1907 年蔡元培在《中学修身教科书》中指出,修己应从身体、知能、德性等方面着手,且三者不可偏废。"修己之道不一,而以康强其身为第一义,身不康强,虽有美意,无自而达也。康矣强矣,而不能启其知识,练其技能,则奚择于牛马? 故又不可以不求知能。知识富矣,技能精矣,而不率之以德性,则适以长恶而遂非,故又不可以不养德性。是故修己之道,体育知育德育三者,不可以偏废也。"④1910 年陆费逵在其《修身讲义》中则提出,应从卫生、修学、起居动作、修德与自立五方面来修己。"修己之道有五:一曰卫生。盖无身则学问道德皆无所用矣;二曰修学。人非生而知之者,非修学则智识莫由启,道德莫由明矣;三曰起居动作。日常行为不慎,恒为身体道德之累也;四曰修德。则修身之本义,而道德之源泉也;五曰自立。修己之事,莫要于自立。盖不能自立,则饥寒不免而不克保其性命,尤不克保其气节,即卫生、修学、慎行、修德,皆不克实行矣。讲修己者,当第一注意及此也。"与蔡元培相比,他又提出了起居动作和自立两方面的新内容,他认为,起居动作等日常行为习惯若不慎重,会累及身体健康与德性修养,而自立最为重要,"修

---

① 蔡元培:《中学修身教科书》,第一册,商务印书馆 1907 年版,第 51—52 页。
② 李步青:《新制修身教本》(中学),第三册,中华书局 1914 年版,第 19 页。
③ 李步青:《实用修身讲义》(师范讲习所用),中华书局 1916 年版,第 10 页。
④ 蔡元培:《中学修身教科书》,第一册,商务印书馆 1907 年版,第 4 页。

己之事,莫要于自立",不能自力更生,"卫生、修学、慎行、修德,皆不克实行矣"。① 1914 年李步青在其《新制修身教本》中提出,应从身体、精神、生计、道德四方面来修己。他说:"属于己身之事,大别之为三:一关于身体上之事,二关于精神上之事,三关于生计上之事。三者缺一不能存于今日之世。然欲使三者当尽之责务,各衷于至当,必准道德以为衡,斯能尽为己之道也。"②可以看出,几人的思路略有差异,但关于个人修身的内容,基本都包括了身体、精神、道德与自立的修养四个方面。

第二节 身体修养之道:"卫生"

论述了个人修身的重要性和必要性之后,修身教科书继而详尽叙述了个人修身的途径与方法。在其看来,个人修身应当从身体、精神、道德、自立四个层面的修养着手,前者是后者的基础,后者是前者的延续,四者紧密联系,有机统一于个人的修身实践。

身体是革命的本钱,身体修养无疑是个人修身的第一步。1910 年蔡元培在《中学修身教科书》中明确指出,健全的身体是道德践行的基础。"凡道德以修己为本,而修己之道,又以体育为本"③,因为"一切道德,殆皆非羸弱之人所能实行者"④。他还认为,"康强之精神,必寓于康强之身体"⑤,也就是说,身体健康是精神健康的前提。

关于身体修养的方法,修身教科书称之为"卫生"。各种教科书的"卫生之道"基本无异,主要包括节制、清洁、运动与锻炼、休息、精神等方面。1907 年蔡元培在其《中学修身教科书》中指出,卫生之道有五:"一曰节其饮食,二曰洁其体肤及衣服,三曰时其运动,四曰时其寝息,五曰快其精

---

① 陆费逵:《修身讲义》(师范讲习科用),商务印书馆 1910 年版,第 3—4 页。
② 李步青:《新制修身教本》(中学),第三册,中华书局 1914 年版,第 20 页。
③ 蔡元培:《中学修身教科书》,第一册,商务印书馆 1907 年版,第 4 页。
④ 蔡元培:《中学修身教科书》,第一册,商务印书馆 1907 年版,第 5 页。
⑤ 蔡元培:《中学修身教科书》,第一册,商务印书馆 1907 年版,第 6 页。

神。"①1910 年陆费逵在其《修身讲义》中则提出："欲求健康，其道有五：节制、清洁、运动、休息、锻炼。"②1916 年李步青在其《实用修身讲义》中也提出，卫生应从节制、清洁、锻炼与活泼四方面着手。③ 下面具体言之。

一、节制饮食

修身教科书中所言的节制，主要是口体欲望的节制，主要包括饮食、烟酒等的节制。1907 年蔡元培在其《中学修身教科书》中指出，少壮之人最容易因"饮食之无节"而损伤身体，因此，卫生的第一步就是要节制饮食。他认为，节制饮食，首先要节制数量，防止"过量"。因为贪恋美食不仅有损身体，且易"养成不能节欲之习惯"，危害德性之养成。④ 其次，要戒吃零食。他认为，少年人吃零食的习惯也是一"弊习"，会导致"胃病"。最后，还要戒烟酒。他指出，烟酒皆"害多而利少"，醉酒之后，"精神为之惑乱，而不能自节"，容易乱性伤德，而吸烟容易上瘾，"成癖而不能废"，且"烟含毒性，卷烟一枚，其所含毒分，足以毙雀二十尾"，因此，烟酒都应戒除。⑤

1910 年陆费逵在《修身讲义》中也提出，饮食为"人生之大欲，而维持生命最要之件"，因此，节制饮食至为重要。饮食要有"节制"，要"适可而止"，"过度与不足"都有害于健康。而节制当从三方面做起：第一，"时间分量，宜有一定"，要按时按量饮食。第二，要选择"富于滋养容易消化之物"，不可贪恋美味而食有害之物。第三，戒除烟酒。他认为，饮酒"伤身而误事"，烟"含毒质，尤易伤损脑筋"，不仅危害本人，且"其余毒常遗传于子孙"，因此不可不戒。⑥

1916 年李步青在《实用修身讲义》中也认为，保全身体应从"节欲"始。他说，人的欲望"存于衣食住之中"，"源生理之自然而来"，"适之则生，纵之则足以自戕"，因此必须加以控制。他所说的节制，不仅包括饮食节制，还

---

① 蔡元培：《中学修身教科书》，第一册，商务印书馆 1907 年版，第 7—8 页。
② 陆费逵：《修身讲义》(师范讲习科用)，商务印书馆 1910 年版，第 4 页。
③ 李步青：《实用修身讲义》(师范讲习所用)，中华书局 1916 年版，第 4—5 页。
④ 蔡元培：《中学修身教科书》，第一册，商务印书馆 1907 年版，第 8 页。
⑤ 蔡元培：《中学修身教科书》，第一册，商务印书馆 1907 年版，第 9 页。
⑥ 陆费逵：《修身讲义》(师范讲习科用)，商务印书馆 1910 年版，第 5 页。

包括运动、休息要按时按量,衣食起居要有度无过,渗透在生活的方方面面,但以节制饮食最为重要。他认为,节制饮食要注意三点:一要"时间分量,宜有一定",二要选择"富于养分,且易消化者",三要戒烟酒。①

二、清洁体服

修身教科书认为,身体、衣服、居处的清洁,不仅有益于身体的健康,而且良好的清洁习惯还有助于美德的养成。1907 年蔡元培在其《中学修身教科书》中提出,清洁体肤和衣服是清洁的关键起始,只有开始做好了,才能进而清洁房屋、院落、村落、市邑等。"清洁为卫生之第一义,而自清洁其体肤始,世未有体肤既洁,而甘服垢污之衣者,体肤衣服洁矣,则房室庭园,自不能任其芜秽,由是集清洁之家而为村落为市邑。"他还指出,清洁不仅可以保"人身之康强",避免"一切传染病",还关系到个人的道德修养,不注意清洁会伤及道德,"盖体之不洁,如蒙秽然,以是接人,亦不敬之一端",而良好的清洁习惯,则有益于道德的修养,"好洁之人,动作率有秩序,用意亦复缜密,习与性成,则有助勤勉精明之美德。藉行体以范精神,亦缮性之良法也。"②

1910 年陆费逵在《修身讲义》中指出,清洁为"保健康之第一义",疾病无不起于"不洁身体、衣服、器物、房屋",因此,清洁是保全健康的重要一环。他还认为,清洁不仅影响身体健康,而且影响人格修养。他指出,清洁可以养成"有规律之习惯,而使精神爽快",污秽则易养成"怠惰之习惯",且会让他人"心神必感不快",因此,清洁与否,"不特有关于健康,于自己之人格,交际之礼仪,皆有关系",不可不注意。他还进而指出,清洁不等于华美,华美也不等于清洁,华美之衣服不清洁,还比不上清洁的布衣,因此,人们当"重清洁而不可不力戒华美"。③

1916 年李步青在《实用修身讲义》中则指出,人的身体经常有"废质从毛孔排泄而出,又有尘垢积皮肤间",如果不及时清理废质和积垢,就会生

---

① 李步青:《实用修身讲义》(师范讲习所用),中华书局 1916 年版,第 4 页。
② 蔡元培:《中学修身教科书》,第一册,商务印书馆 1907 年版,第 10—11 页。
③ 陆费逵:《修身讲义》(师范讲习科用),商务印书馆 1910 年版,第 5—6 页。

病,因此,宜常常清洁身体,时常沐浴、洗发、漱口、剪指甲等。除了身体要清洁外,还要清洁衣服,他认为这不仅关系到健康,还关系到礼仪问题。此外,对看不见的微菌也要多加留意,为此,一要"常呼吸新鲜之空气",二要"屋内宜容纳日光",三要"勿随地涕唾,一切秽物,皆宜扫除"。[①]

三、运动与锻炼

在修身教科书看来,运动与锻炼是强健身体的重要方法。1907 年蔡元培在《中学修身教科书》中指出,运动可以"助肠胃之消化,促血液之循环,而爽朗其精神者也,凡终日静坐偃卧而怠于运动者,身心辄为之不快,驯至食欲渐减,血色渐衰,而元气亦因以消耗",大大有害于健康。因此,人应该经常运动,以强健身体,尤其是那些"终日劳心之人",更应该运动。[②] 他所指的运动,不单纯指体育运动,还可以是游山玩水等形式。他还指出,运动的目的是"助身体机关之作用,而为勉力学业之预备",不是"恣意而纵情",因此,运动也要有节制,不能损伤身体,荒废学业。"学校青年,于蹴鞠竞渡之属,投其所好,则不惜注全力以赴之,因而毁伤身体,或酿成疾病者,盖亦有之,此则失运动之本意矣。"[③]

1910 年陆费逵在其《修身讲义》中则提出,运动不仅可以"助胃肠之消化,促血液之循环,爽快精神,强健体魄",还可以"增抵抗外界影响之力",因此,养成"好运动之习惯",是身体强健的关键。他认为,运动形式很多,但最有益的为"体操、散步及平和之游戏"。但他又指出,运动虽益处多多,但若"过其度",又有害于身体,因此,运动还要有节制。而运动的节制,首先要"运动以时,且加以限制",即按时按量,不可无时无度。其次要不影响学业,要"善游善学",不可因运动而荒废学业,并认为"专事运动,冀博运动家之名",极不明智。[④]

与蔡元培相比,陆费逵进而提出,以"锻炼"来修养身体的思想。他指

---

① 李步青:《实用修身讲义》(师范讲习所用),中华书局 1916 年版,第 4—5 页。
② 蔡元培:《中学修身教科书》,第一册,商务印书馆 1907 年版,第 11 页。
③ 蔡元培:《中学修身教科书》,第一册,商务印书馆 1907 年版,第 12—13 页。
④ 陆费逵:《修身讲义》(师范讲习科用),商务印书馆 1910 年版,第 6 页。

出,"甫寒而拥炉,未暑而求凉,厌风恶雨,庇护周至,微风一起,严闭门窗",只会导致身体羸弱,而锻炼以"使能忍寒暑耐艰辛为归",有利于人的强健。① 1916 年李步青在其《实用修身讲义》中也提到了锻炼的重要性。他指出,要保全身体健康,除了要调养外,还要通过锻炼来增强身体"抵抗外界之能力"。他所说的锻炼,不仅包括"角力竞走"等体育锻炼,也包括"冷水浴身"等磨炼之法。他还认为,锻炼要"循序为之",不可"急遽助长",不然会危害身体。② 要指出的是,他们所指代的锻炼,多指"冷水浴身"等方法,与今天理解的体育锻炼不同。

四、按时休息

动静结合、劳逸结合是保养身体的重要原则,对此修身教科书也有明确的认识。他们认为,过度劳累有害健康,因此,在运动之后、劳累之时,还要及时休息,以恢复体力。1907 年蔡元培在其《中学修身教科书》中指出,休息可以恢复体力、修整身体,对健康大有益处。过度劳累,不注意休息,不仅导致睡眠不足,身体衰弱,且会酿成"疾病",因此应当防止过劳。他又指出,休息也要有度,不可过度,过度会养成"惰弱之习"。③ 1910 年陆费逵在其《修身讲义》中则提出,过劳有害健康,因此,当注意休息。而休息中以睡眠为最要,但睡眠也要有时,以"成人必熟眠八小时,儿童则十小时至十二小时"为最佳,过多则会养成"怠惰之习",少则危害健康。④

五、快乐精神

精神与身体彼此影响,密切相关,因此,修养身体还应"形神交养"。对此修身教科书也甚为重视。1907 年蔡元培在其《中学修身教科书》中提出,精神是"人身之主动力"。精神不快,会导致"眠食不适,而血气为之枯竭,形容为之憔悴,驯以成疾,是亦卫生之大忌也",而要保健康,应经常"开豁

---

① 陆费逵:《修身讲义》(师范讲习科用),商务印书馆 1910 年版,第 7 页。
② 李步青:《实用修身讲义》(师范讲习所用),中华书局 1916 年版,第 5 页。
③ 蔡元培:《中学修身教科书》,第一册,商务印书馆 1907 年版,第 13—14 页。
④ 陆费逵:《修身讲义》(师范讲习科用),商务印书馆 1910 年版,第 6 页。

其胸襟,清明其神志".① 1916 年李步青在其《实用修身讲义》中提出,身体与精神可以互相影响,精神健康有助于身体健康,因此,还应从修养精神的角度来维护身体健康,也就是要"活泼"精神,不应常怀忧郁。具体应从两方面着手:一从形式上修养,可以在课余时间,"或散步野外,或游览名胜",或做各种娱乐游戏;二从内心修养,就是要"开豁其胸襟,清明其神气,无论如何遭际,皆随机顺应,不使留滞于意识之中",以涵养德性。② 1918 年贾丰臻在其《新体修身讲义》中指出,"摄养不仅身体而已,即精神上亦有之",因此,欲保身体健康,除了摄养身体之外,还应摄养精神。他认为,像忧愁、恐惧、愤怒、嫉妒、过度用脑等,都会危害精神,应尽量避免。避免之法:一为内治,变忧郁的个性为快活的个性;一为外治,通过游乐、休息等,借外物来开阔心境。③

六、惜命与不贪生

修身教科书还强调,既要惜命,又不可贪生。1907 年蔡元培在《中学修身教科书》中强调,身体不仅属于自己,也是各种义务的践行者。"诚以吾身者,固对于家族若社会若国家,而有当尽之义务者也",因此,自残或自杀,不仅伤及自我,更是以"私情没公义","罪莫大焉"。同时他又指出,惜命固然重要,但若为仁义而死,"杀身成仁,则诚人生之本务"。④ 1914 年李步青在其《新制修身教本》中则指出,保全生命,"与贪生不同"。要想成就大业、保卫国家,也要有"不惜生命之心","古今立大功成大业之人,多恃有不惜生命之心,故能履艰险而如夷,蹈白刃而不惧。况今世竞争之烈,以尚武为国民之精神,使无致勇敌忾之气节,鲜有致之危地而能存者"。因此,对待生命,"一方面当保全之,以为任道德事业之本;一方又当为道德事业之故,有时直牺牲其生命而有所不辞"。⑤

---

① 蔡元培:《中学修身教科书》,第一册,商务印书馆 1907 年版,第 14 页。
② 李步青:《实用修身讲义》(师范讲习所用),中华书局 1916 年版,第 5—6 页。
③ 贾丰臻:《新体修身讲义》(师范讲习科用),上卷,商务印书馆 1918 年版,第 3 页。
④ 蔡元培:《中学修身教科书》,第一册,商务印书馆 1907 年版,第 15—16 页。
⑤ 李步青:《新制修身教本》(中学),第三册,中华书局 1914 年版,第 22 页。

综上可以看出,修身教科书的身体修养之道贯穿着如下重要原则:第一,节制。不论是饮食、清洁、运动、锻炼、休息,还是活泼精神,都要有度、有节、有时、有量,不可过度。第二,内外结合。即他们所言的"形神交养"。第三,动静结合、劳逸结合。既要运动锻炼,又要注意休息。

第三节　精神修养之道

精神是人的重要构成部分,精神修养是个人修身的重要层面。这点清末民初的修身教科书也深有同感。1907 年蔡元培在其《中学修身教科书》中指出,"知识者,人事之基本也,人事之种类至繁,而无一不有赖于知识"①。1914 年李步青在其《新制修身教本》中提出,"人所以能为万物之灵者,非恃此强健之身体,而赖有高尚之精神,此修养精神,尤为对己之要务也"②。1918 年贾丰臻在其《新体修身讲义》中也认为,"人为万物之灵,以其精神发达故也"③。因此,三者均认为精神修养至关重要。

关于精神修养的层面,清末民初的修身教科书基本都涉及了知、情、意三方面的修养。1907 年蔡元培在《中学修身教科书》中提到了"制欲望"、"抑热情"、"勇敢"、"修学"等方面。1910 年陆费逵在其《修身讲义》中也讲到了"修学"、"忍耐"、"制欲"等层面。1912 年缪文功在其《中华中学修身教科书》中强调,"精神之作用,心理学上分之为三:曰知识,曰感情,曰意志",主张由此三方面来修养精神。④ 1914 年李步青的《新制修身教本》指出,"精神之作用,大概分知力、感情、意志三者",因此,精神修养之道则为"启发其智力,陶冶其感情,强固其意志"。⑤ 1918 年贾丰臻在其《新体修身讲义》中也同样认同西方心理学的分法,将精神分为知、情、意,主张从这三

---

① 蔡元培:《中学修身教科书》,第一册,商务印书馆 1907 年版,第 50 页。
② 李步青:《新制修身教本》(中学),第三册,中华书局 1914 年版,第 24 页。
③ 贾丰臻:《新体修身讲义》(师范讲习科用),上卷,商务印书馆 1918 年版,第 4 页。
④ 缪文功:《中华中学修身教科书》,第二册,中华书局 1912 年版,第 8 页。
⑤ 李步青:《新制修身教本》(中学),第三册,中华书局 1914 年版,第 24 页。

方面来修养精神。① 可见,清末民初的修身教科书都兼顾到了精神修养的三个层面。然而不同的是,清末修身教科书因为没有采用西方心理学对精神的三分法去讲精神修养问题,因而尽管兼顾了知、情、意三方面的内容,但却将三者分散在不同的位置,并没有将之统一纳入"精神之修养"之中。而民初修身教科书,则因为采用了西方心理学对精神的三分法,而直接将"精神之修养"分为知、情、意三方面的修养。

至于知、情、意的关系,修身教科书认为,三者以知为先导,情介乎知与意之间,以意为最后,三者密切相连,不可分离。1912 年缪文功在其《中华中学修身教科书》中提出,"吾人就学,知各科重要,思解析其真理,此知之作用也;因学而得兴味,则心有所愉快,偶有困难,则又觉其苦,是情之作用也;虽苦而不恤,实事求是,必矢以坚忍之性,是意之作用也。此三作用互相联系,不能分离。"②1914 年李步青在其《新制修身教本》则提出,"人欲强固其意志,必先充其知识,正其感情,而后意志之发动,皆衷于至当"。③ 1918 年贾丰臻在其《新体修身讲义》中明确提出,人之精神,以知为先,以情为中,以意为后。"凡人欲行一事,必先判决其是非,此属于知者也。既判其是非矣,而后有当行不当行之决定,此属于意者也。于其未行之先,善者好之,否者恶之,既行之后,善则乐之,否则悔之,此属于情者也。"④

具体如何去修养知、情、意,下面具体言之。

一、知的修养

知的修养是精神修养的第一层次。关于知的修养方法,清末修身教科书的认识与民初不同。清末修身教科书将"知"理解为"知识"或"智识",因此认为,知的修养之道为"修学"。而民初修身教科书,则将"知"解析为"知识"或"知力",因此认为,知的修养之道不仅包括修学,还包括发展"知力"。

---

① 贾丰臻:《新体修身讲义》(师范讲习科用),上卷,商务印书馆 1918 年版,第 4 页。
② 缪文功:《中华中学修身教科书》,第二册,中华书局 1912 年版,第 8 页。
③ 李步青:《新制修身教本》(中学),第三册,中华书局 1914 年版,第 30 页。
④ 贾丰臻:《新体修身讲义》(师范讲习科用),上卷,商务印书馆 1918 年版,第 4 页。

（一）修学

修身教科书认为,修学是知识修养的重要方法。1907 年蔡元培在其《中学修身教科书》中指出,"知识之启发也,必由修学","修学者,务博而且精者也"①。他认为,修学要注意三点:第一,要"耐久"与"爱时"。他指出,真正的学问往往博大精深,不是一日两日就能学到手的,因而修学必须耐久。又因人生短暂,所以,修学还要"爱时"。② 第二,要上学、自学、访学相结合。他认为,上学仅几年时间,而读书则可以终身为之,因此,上学堂之外,还应自学读书。而访学问友,与朋友讨论学术,也不失为修学的良方,所以,上学、自学之外,还要访学问友。③ 第三,要懂得读书之法。他指出,读书也要讲究方法:首先,要择书。读有益之书,不读无益之书;④其次,不可贪多。初学者应以平日课程为主,读书为辅,不可本末倒置;⑤最后,要量力,不可"不自量其知识之程度,取高远之书而读之"。⑥ 第四,要"善疑"。他认为,"学问之成立在信,而学问之进步则在疑,非善疑者,不能得真信也"。他所言的"善疑"是指,"读古人之书,闻师友之言,心内按诸心,求其所以然之故。或不可得,则辗转推求,必逮心知其意,毫无疑义而后已,是之谓真知识。若乃人云亦云,而无独得之见解,则虽博闻多识,犹书箧耳,无所谓知识也",即认为,对他人所说,自己都要经过一番思考、判断与分辨,对则从之,错则拒之,不可人云亦云,盲从他人。他又指出,善疑不是全疑,不是排斥一切他说,"至若预存成见,凡他人之说,不求其所以然,而一切与之反对,则又怀疑之过,殆不知学问为何物者。盖疑义者,学问之作用,非学问之目的也。"⑦

与蔡元培不同,陆费逵的修学之道,则包括立志、专心、勤勉、忍耐、进取、自学等方面。在其 1910 年出版的《修身讲义》中,集中反映了他的修学

---

① 蔡元培:《中学修身教科书》,第一册,商务印书馆 1907 年版,第 51 页。
② 蔡元培:《中学修身教科书》,第一册,商务印书馆 1907 年版,第 52 页。
③ 蔡元培:《中学修身教科书》,第一册,商务印书馆 1907 年版,第 58 页。
④ 蔡元培:《中学修身教科书》,第一册,商务印书馆 1907 年版,第 56 页。
⑤ 蔡元培:《中学修身教科书》,第一册,商务印书馆 1907 年版,第 56—57 页。
⑥ 蔡元培:《中学修身教科书》,第一册,商务印书馆 1907 年版,第 57 页。
⑦ 蔡元培:《中学修身教科书》,第一册,商务印书馆 1907 年版,第 58—59 页。

之道:第一,要立志勇猛。他认为,修学"应以立志为第一步工夫","立志当勇猛,不可柔弱"。① 第二,要专心。即要专心致志于一个目标,不可三心二意,朝三暮四。② 第三,要勤勉。他认为,"平庸之人,苟能勤勉,无不有成,敏慧之人,若不勤勉,亦不免落人后",因此,不论平庸还是聪慧,都应该勤勉。③ 第四,要忍耐。他认为,忍耐是"成功最要之具",没有忍耐,一遇困难就半途而废,终将一无所成。④ 第五,要进取。他指出,天下之事,"不进则退,未有能中立者",因此,修学也当不断进取。并认为,"安于小成"是修学之大敌,当力戒。⑤ 第六,要养成自学之习惯。他认为,修学"当恃己,不当恃人,当勉为其难,不可过于优逸",因此,修学当"养成自修之习惯"。他指出,自修以读书为最宜,读书要讲究方法。首先,要熟读、心读,真正理解。"读书之时,当排除杂念,倾注全神,熟读而玩味之,若徒知多读速读,不求甚解,虽读遍群书,究何所益? 所谓目读万卷之书,不如心读一卷之书也。"其次,要择书,不可"泛滥无归",不读无益之书。再次,要利用闲暇读书。最后,要有"耐性","一书未终,不可改读他书"。⑥

而民国初年的李步青,则又注意到了学问的"实用"和培养学习主动性的问题。他在1914年的《新制修身教本》中指出,当"应时势之要求,与人生之要务,以求知识"。⑦ 在其1916年的《实用修身讲义》中,他又提出,修学当"求实用之学"。他对实用的理解是,"一关于为人必需之知识与技能,一属于职业上所当专修之学与术"⑧。他还提出,修学还应"发展其自动力",而发展"自动力",应从"直观"、"致思"、"好问"、"自修"等方面入手。⑨

① 陆费逵:《修身讲义》(师范讲习科用),商务印书馆1910年版,第7页。
② 陆费逵:《修身讲义》(师范讲习科用),商务印书馆1910年版,第8页。
③ 陆费逵:《修身讲义》(师范讲习科用),商务印书馆1910年版,第8—9页。
④ 陆费逵:《修身讲义》(师范讲习科用),商务印书馆1910年版,第9页。
⑤ 陆费逵:《修身讲义》(师范讲习科用),商务印书馆1910年版,第10页。
⑥ 陆费逵:《修身讲义》(师范讲习科用),商务印书馆1910年版,第10—11页。
⑦ 李步青:《新制修身教本》(中学),第三册,中华书局1914年版,第25页。
⑧ 李步青:《实用修身讲义》(师范讲习所用),中华书局1916年版,第6页。
⑨ 李步青:《实用修身讲义》(师范讲习所用),中华书局1916年版,第6—7页。

（二）发展"知力"

民初修身教科书除了将"知"理解为"知识"外,还采用西方心理学的概念,将"知"理解为"知力",认为"知力"包括知觉、记忆、想象、概念、判断、推理等能力。1912 年缪文功在其《中华中学修身教科书》中指出,"知之作用:曰感觉,曰知觉,曰记忆,曰想像,曰概念,曰判断,曰推理"①,并认为,这些知力是人所不可或缺的能力。"惟无机物无感觉,人则有感觉,且有知觉。因所知而能溯及其初,则有记忆;因所记忆而结想及于不可知,是为想像;就所想像而能见其类似,是为概念;就概念中而具有辨析之能,是为判断;有判断而复能触类旁通,思其始复及其终,思其成复虑其败,思及一方面,复兼及于各方面,是为推理。此各种作用,皆属于知。凡人皆具有感觉、知觉固矣,而记忆、想象、概念、判断、推理,亦不可或缺。"②并认为,从事科学研究,离不开记忆力;自然发明和艺术创作,需要想象力;学习需要概括能力,才能"先得其纲要,而后可不迷于所归";没有判断,就无法辨别是非;唯有学会推理,才能活学活用,因此,各种知力都要修养。③ 1914 年李步青在其《新制修身教本》中则提出,"吾人求知识之发达,不可不养其知力。养知力之方有二方面:就实质方面而言,当应时势之要求,与人生之要务,以求知识;就形式方面而言,当练习觉官、记忆、概念、判断、推理之力,使外来之知识,容易领受,且融化于心中,而应用于实际。"④

二、情的修养

情的修养是精神修养的第二层次,也是比较关键的层次。情分情欲、情绪、热情、情操、情趣等类。由于对"情"的理解不同,各种修身教科书在情的修养的关注点上表现出一些差异。如 1907 年蔡元培在其《中学修身教科书》中,仅提到了"情欲"的节制,包括"体欲"、"欲望"和"热情"的节制。⑤

---

① 缪文功:《中华中学修身教科书》,第二册,中华书局 1912 年版,第 8 页。
② 缪文功:《中华中学修身教科书》,第二册,中华书局 1912 年版,第 9 页。
③ 缪文功:《中华中学修身教科书》,第二册,中华书局 1912 年版,第 10 页。
④ 李步青:《新制修身教本》(中学),第三册,中华书局 1914 年版,第 25 页。
⑤ 蔡元培:《中学修身教科书》,第一册,商务印书馆 1907 年版,第 25 页。

1910 年陆费逵在其《修身讲义》中,也提到了"欲望"的节制,他将"欲望"分为"体欲"、"名誉欲"、"权力欲"、"利欲"等私欲和"谋社会公共福利之欲望"、"讲学修德之欲望"等公欲。主张对私欲要节制,对公欲要发扬。①1912 年缪文功在其《中华中学修身教科书》中,则将情分为"感觉之情"、"情绪之情"与"情操之情"。在他看来,"感觉之情"即人的生理、物质欲望;"情绪之情"则指人的喜怒哀乐等情感;"情操之情"则包括"知情"、"美情"、"德情"、"宗教之情"。他认为,对"感觉之情"、"情绪之情"要节制,对"情操之情"则要培养。②1914 年李步青在《新制修身教本》中,则提到了节制"欲望",培养"道德之情操"、"美之情操"等高尚情操。③1918 年贾丰臻在其《新体修身讲义》中,则讲到了修养"趣味"与"情操",制御"情绪"与"欲情"。④虽然各书存在着一些差异,但基本上都主张,节制低级的"情欲"与"情绪",培养高尚的"情操"。分论如下:

(一)节制欲望、情绪

1. 要节制欲望

1907 年蔡元培在其《中学修身教科书》中提出,情欲本不邪恶,但情欲就像骏马一样容易失去控制,酿成罪恶,因此要节制欲望。"情欲本非恶名,且高尚之志操,伟大之事业,亦多有发源于此者。然情欲如骏马然,有善走之力,而不能自择其所向,使不加控御,而任其奔逸,则不免陷于沟壑,撞于岩墙,甚或以是而丧其生焉。情欲亦然,苟不以明清之理性,与坚定之意志节制之,其害有不可胜言者。不特一人而已,苟举国民而为情欲之奴隶,则夫政体之改良,学艺之进步,皆不可得而期,而国家之前途,不可问矣。"⑤他进而提出,需要节制三种情欲:"体欲"、"欲望"、"热情"。⑥他认为,人的饮食、酒色等"体欲",如不加克制,放纵无度,"不特妨害身体,且将汩没其

---

① 陆费逵:《修身讲义》(师范讲习科用),商务印书馆 1910 年版,第 22—23 页。
② 缪文功:《中华中学修身教科书》,第二册,中华书局 1912 年版,第 11—12 页。
③ 李步青:《新制修身教本》(中学),第三册,中华书局 1914 年版,第 26 页。
④ 贾丰臻:《新体修身讲义》(师范讲习科用),上卷,商务印书馆 1918 年版,第 5 页。
⑤ 蔡元培:《中学修身教科书》,第一册,商务印书馆 1907 年版,第 24 页。
⑥ 蔡元培:《中学修身教科书》,第一册,商务印书馆 1907 年版,第 25 页。

性灵,昏惰其志气,以酿成放佚奢侈之习"①,危害甚大。而人的名誉、财产、追求快乐等"欲望",虽然也至关重要,不可缺少,但若不加节制,将会带来危害。"尚名誉者,人之美德也,然急于闻达,而不顾其他,在流弊所至,非骄则谄"②,"小之一身独立之幸福,大之国家富强之基础,无不有藉于财产。财产之增值,诚人生所不可忽也。然世人徒知增值财产,而不知所以用之之道,则虽藏锱百万,徒为守钱虏耳。而矫之者,又或靡费金钱,以纵耳目之欲,是皆非中庸之道也"③,"人苟善享快乐,适得其宜,亦乌可厚非者。其活泼精神,鼓舞志气,乃足为勤勉之助。惟荡者流而不返,遂至放弃百事,斯则不可不戒耳"④。

节制之度为何呢?蔡元培认为,要节制名欲,不可"骄",不可"扬己而抑人",不可"谄",不可"屈身以徇俗"。⑤ 要节制利欲,不可"鄙吝"、"奢侈",而要取二者之中,即"节俭"。他指出,"财产之所以可贵,为其有利己利人之用耳,使徒事蓄积,而不知所以用之,则无益于己,亦无裨于人,与赤贫者何异?且积而不用者,其于亲戚之穷乏,故旧之饥寒,皆将坐视而不救,不特爱怜之情浸薄,而且廉耻之心无存。当与而不与,必且不当取而取,私买窃贼之赃,重取债家之息,凡丧心害理之事,皆将行之无忌,而驯致不齿于人类,此鄙吝之弊,诚不可不戒也。"⑥他又指出,"顾知鄙吝之当戒矣,而矫枉过正,义取而悖与,寡得而多费,则且有丧产破家之祸,既不能自保其独立之品位,而于忠孝慈善之德,虽欲不放弃而不能,成效无存,百行俱废,此奢侈之弊,亦不必逊于鄙吝也",因此,对待财产,要"折二者之衷,而中庸之道出焉,谓之节俭"⑦。他认为,"节俭",即"自奉有节",就是要以"完人道"为准则。"人之处世也,既有贵贱上下之别,则所以持其品位而全其本务者,固各有其度,不可以执一而律之,要在适如其地位境遇之所宜,而不踰其度

---

① 蔡元培:《中学修身教科书》,第一册,商务印书馆1907年版,第25页。
② 蔡元培:《中学修身教科书》,第一册,商务印书馆1907年版,第26页。
③ 蔡元培:《中学修身教科书》,第一册,商务印书馆1907年版,第27—28页。
④ 蔡元培:《中学修身教科书》,第一册,商务印书馆1907年版,第31—32页。
⑤ 蔡元培:《中学修身教科书》,第一册,商务印书馆1907年版,第27页。
⑥ 蔡元培:《中学修身教科书》,第一册,商务印书馆1907年版,第28页。
⑦ 蔡元培:《中学修身教科书》,第一册,商务印书馆1907年版,第29页。

耳。饮食不必多,足以果腹而已,舆服不必善,足以备礼而已,绍述祖业,勤勉不怠,以其所得,撙节而用之,则家有余财,而可以恤他人之不幸,为善如此,不亦乐乎?且节俭者必寡欲,寡欲则不为物役,然后可以养德性,而完人道矣。"①他进而指出,"凡人情可以徐练,而不可以骤禁。昔之宗教家,常有背快乐而就刻苦者,适足以戕贼心情,而非必有裨于道德。"但又指出,享受快乐要"适得其宜",以达到"活泼精神,鼓舞志气"为准。②

1910年陆费逵在其《修身讲义》中也提出,欲望是天生的,是生命不可缺少的,但若过度,就危害甚大。"欲望与人生偕来,有生命即有欲望,苟适度而不陷于过度,则且为生存上所必须,乌可厚非哉。然逞欲而不加以裁制,则伤身破家,害莫大焉。"③他还指出,人的欲望有多种,有体欲、名誉欲、权力欲,以及"谋取社会公共福利之欲望"、"讲学修德之欲望"等,前三者为私欲,是欲望中最强大的,后两者有利公益,但非常薄弱。因此,要修养道德,就要节制前三种私欲,而发扬后两种欲望。④ 1912年缪文功在其《中华中学修身教科书》中提出,情分"感觉之情、情绪之情、情操之情"。"感觉之情"是情的最低层次,"凡动物皆有之,实维持生命之所必需",这种情"伴五官而生",与生理需要密切相关。他还意识到,人很容易沉溺于感觉之情而不能自拔,因此,对这种情要加以节制。⑤ 1914年李步青在《新制修身教本》中提出,情产生于"人之避苦求乐之感",因而会产生种种"欲望"。"欲望"是"引起吾人行为之原因","有卑劣者,有高尚者,有原于肉体而生者,有原于精神而生者",如果不加分辨与节制,就会陷于"下流而不自觉"⑥,因此,应当以"知力制驭之,使情之发生,皆循乎中正之轨"⑦。1918年贾丰臻在其《新体修身讲义》中指出,情感之修养,还要加强"欲情之矫正"。他认为,欲情有"基于身体"的体欲,有"基于心情"的情欲,"体欲有害,情欲亦

---

① 蔡元培:《中学修身教科书》,第一册,商务印书馆1907年版,第29—30页。
② 蔡元培:《中学修身教科书》,第一册,商务印书馆1907年版,第31—32页。
③ 陆费逵:《修身讲义》(师范讲习科用),商务印书馆1910年版,第22页。
④ 陆费逵:《修身讲义》(师范讲习科用),商务印书馆1910年版,第22—23页。
⑤ 缪文功:《中华中学修身教科书》,第二册,中华书局1912年版,第11页。
⑥ 李步青:《新制修身教本》(中学),第三册,中华书局1914年版,第26页。
⑦ 李步青:《新制修身教本》(中学),第三册,中华书局1914年版,第28页。

然"。而矫正之法,"当以正心诚意为归"。①

2. 要节制情绪

1907 年蔡元培在其《中学修身教科书》中提出,情欲的种类很多,最需要节制的就是"愤怒"、"傲慢"、"嫉妒"。他认为,"热情之种类多矣,而以愤怒为最烈"。"愤怒"也不是全恶,"受侮辱于人,而不敢与之校,是怯弱之行,而正义之士之所耻也。当怒而怒,亦君子所有事。"然若违背亲情、理性、道义,就贻害甚大。"逞忿一朝,不顾亲戚,不恕故旧,辜恩谊,背理性,以酿暴乱之举,而贻终身之祸者。"因此,要以"忍耐"节制之。② 而仅次于愤怒的不良情绪,为"傲慢"、"嫉妒"。"傲慢者,挟己之长,而务以凌人,嫉妒者,见己之短,而转以尤人,此皆非实事求是之道也",因此,对于不如我者,当"不自满",对于有过于我者,当"爱之重之,察我所不如者而企及之"。③ 而节制之方为何呢? 他认为:第一,要"以情制情"。"情欲之盛也,往往非理义之力所能支,非利害之说所能破,而唯有以情制情之一策焉。"具体而言,就是"当愤怒之时,则品弄丝竹以和之,当抑郁之时,则登临山水以解之,于是心旷神怡,爽然若失,回忆愤怒抑郁之态,且自觉其无谓焉"。第二,要"养成忍耐之习惯"。④

1912 年缪文功在其《中华中学修身教科书》中提出,"情绪之情"高于"感觉之情",又低于"情操之情",是情的第二层次。这种情"伴思想而生",有恐怖、愤怒、怨恨、悲哀、同情、爱情等多种。其中,恐怖、愤怒、怨恨、悲哀等情绪,如果"发不中节",就会害人害己,因此,应该加以控制。而爱情与同情,是养成仁爱、慈悲等情感的必要因素,应该将之发扬。⑤ 1918 年贾丰臻在其《新体修身讲义》中指出,修养情感要注意"情绪之制御"。他认为,"喜、怒、哀、乐、恐怖之情绪,发不中节,其害无穷",因此要加以制御,而制御之法,"在乎知与意之作用",即通过提升智慧和磨砺意志来制御。⑥

---

① 贾丰臻:《新体修身讲义》(师范讲习科用),上卷,商务印书馆 1918 年版,第 5 页。
② 蔡元培:《中学修身教科书》,第一册,商务印书馆 1907 年版,第 34 页。
③ 蔡元培:《中学修身教科书》,第一册,商务印书馆 1907 年版,第 35—36 页。
④ 蔡元培:《中学修身教科书》,第一册,商务印书馆 1907 年版,第 37 页。
⑤ 缪文功:《中华中学修身教科书》,第二册,中华书局 1912 年版,第 11 页。
⑥ 贾丰臻:《新体修身讲义》(师范讲习科用),上卷,商务印书馆 1918 年版,第 5 页。

（二）培养高尚之情操

清末修身教科书多将"情"理解为"情绪"、"欲望"，因此主张对情节制，但也认识到，"情"中有好的一面。如 1910 年陆费逵在其《修身讲义》中提出，人除了对体欲、名誉、财产、快乐等有欲望外，还有"谋取社会公共福利之欲望"、"讲学修德之欲望"。并认为，后两种欲望有利公益，有助于国家与社会的发展，应该着力培养。①

而民初修身教科书，除了将"情"理解为"情绪"、"欲望"之外，还将之理解为"情操"、"趣味"等。因此，除了主张节制"情绪"、"欲望"外，还主张培养"情操"、"趣味"。如 1912 年缪文功在《中华中学修身教科书》中指出，"情操之情"，"伴于判断、推理而生，情之最高尚者也"②，是情的最高层次。他认为，情操之情可分为四种，"曰知情，曰美情，曰德情，曰宗教之情"。③他指出，"凡人于未知未明之事理，每不惮困苦求之，至于历险阻，忘寝食，不以为难，一旦豁然心通，则此情大快"④，就是知情发达的表现。而"见书物清雅而动流连，逢风日清和而生愉快，游名山大川而生壮往之怀，得音乐图画而有低回之慕，凡引起清洁、整一、纯粹、高尚之感者"⑤，则是美情作用的结果。而自身"好善若渴，恶恶如仇"⑥，见他人作恶，能加以劝惩，遇国家危难，能不惜生命以救国，则是德情作用使然。宗教之情则最为"高洁"。他认为，知情追求"真"，美情追求"美"，德情追求"善"，都只求其一，而宗教则"具有真美善而成为神化"，三者兼具一身，因此指出，"无论何人，均不可无所信仰"。⑦ 他还认为，四情不论对个人，还是对国家发展都极为重要，不可或缺。没有知情，自然发明和学术创造就无从谈起；⑧没有美情，人就会"流于浊俗"，"失于粗厉"；⑨没有德情，人人存有事不关己的心态，则不

---

① 陆费逵：《修身讲义》（师范讲习科用），商务印书馆 1910 年版，第 23 页。
② 缪文功：《中华中学修身教科书》，第二册，中华书局 1912 年版，第 11 页。
③ 缪文功：《中华中学修身教科书》，第二册，中华书局 1912 年版，第 12 页。
④ 缪文功：《中华中学修身教科书》，第二册，中华书局 1912 年版，第 12 页。
⑤ 缪文功：《中华中学修身教科书》，第二册，中华书局 1912 年版，第 13 页。
⑥ 缪文功：《中华中学修身教科书》，第二册，中华书局 1912 年版，第 13 页。
⑦ 缪文功：《中华中学修身教科书》，第二册，中华书局 1912 年版，第 14 页。
⑧ 缪文功：《中华中学修身教科书》，第二册，中华书局 1912 年版，第 12 页。
⑨ 缪文功：《中华中学修身教科书》，第二册，中华书局 1912 年版，第 13 页。

仅有害自身道德,且有伤社会公义和国家利益,①因此,对此四情皆应加强陶冶。

又如 1914 年李步青在《新制修身教本》中提出,要节制卑劣的欲望,就要"养成高尚之情操"②。他认为,高尚情操中最宜注意者,为"道德之情操"与"美之情操"。③"道德之情操,为好善恶恶之感情,属于良心之作用",即人的道德情感。而怎样才算是有道德情操呢? 他说:"有道德情操之人,必为道德而后其心始快而安,若使之为不道德,必生种种之不快,而不能安于心,是以因应事物,常向道德之一方面而行,若有不容自己者也。"④进而指出,"美之情操",为"爱美之感情",是从"山川之妍丽,风月之清佳,花木之芬芳,绘画音乐文学等之趣味"中陶淑而来的。"美之情操",虽然与人"无直接利害之关系","然因美感之涵养,可使心情优美,祛其鄙野暴厉之气,其为益正不浅也"。⑤他还指出,"感情"为"爱之母","唯有情而后父子相亲,兄弟相友,夫妇相悦,朋友相善,推而至于国家社会,相维持,相扶恤,更推之而爱世界人类,爱万有物类,皆人本乎情之所发生而已,情之为用雁不大哉?"⑥因此,情之培养至为关键。1918 年贾丰臻在其《新体修身讲义》中指出,情为"人所共有",情为万爱之母,"有情而后有家庭社会国家,而后有人道主义、爱物主义"⑦,因此,培养美好的情操至为重要。情操之培养:第一,要注意"趣味之涵养"。他认为,人的嗜好有"高下之殊",宜"力趋于高尚方面"。第二,要加强"情操之修养"。他认为,情操"伴于知之判断推理而生,为情之最高尚者",而情操的修养之法,"以增广其知识为要"。⑧

三、意的修养

坚强的意志是成功的关键要素,意志修养是精神修养的重要层次。修

---

①　缪文功:《中华中学修身教科书》,第二册,中华书局 1912 年版,第 13 页。
②　李步青:《新制修身教本》(中学),第三册,中华书局 1914 年版,第 26 页。
③　李步青:《新制修身教本》(中学),第三册,中华书局 1914 年版,第 26 页。
④　李步青:《新制修身教本》(中学),第三册,中华书局 1914 年版,第 26 页。
⑤　李步青:《新制修身教本》(中学),第三册,中华书局 1914 年版,第 27 页。
⑥　李步青:《新制修身教本》(中学),第三册,中华书局 1914 年版,第 27—28 页。
⑦　贾丰臻:《新体修身讲义》(师范讲习科用),上卷,商务印书馆 1918 年版,第 4 页。
⑧　贾丰臻:《新体修身讲义》(师范讲习科用),上卷,商务印书馆 1918 年版,第 5 页。

身教科书所言的意志修养主要是指,通过培养人的刚勇、忍耐、坚贞、志节等品质,使人能够克服困难,抵御诱惑,达到较高的道德境界。

清末修身教科书虽然也认识到了意志修养问题,但不用"意"一词,而用"勇敢"、"勇气"等词语。1907 年蔡元培在《中学修身教科书》中提出"勇敢"的修养问题。他认为,勇敢指"所以使人耐艰难者"①,是人在困难面前表现出来的勇气。勇敢"非体力之谓也"②,而是"含智德之原质者,恒于其完本务彰真理之时见之"③,其中含有人的智慧和道德,体现在人对真、善、美的追求之中。他指出,勇敢分血气之勇和义勇两种,应追求义勇,而不是血气之勇。他认为,"勇敢而协于义"为义勇,义勇之中"以贡于国家者为最大",④因此,当国家有难,应"舍吾之生命财产,及其一切以殉之"。⑤ 1910 年陆费逵在《修身讲义》中,也提到了"勇气"的修养问题。他认为,要想进德行善,没有勇气不行,因此,修德不能不修养勇气。他认为,勇气有"血气之勇"和"精神之勇"两种,前者"纯恃筋力",是"匹夫之小勇",后者"纯恃志气,刚毅不屈,坚忍不挠,一蹶而勇气益加,再败而意思愈固,所谓浩然之气者",是"君子之大勇",因此,要"养大勇而不恃小勇"。⑥ 他还指出,勇气不仅是个人修德的必要因素,也是保家卫国的重要条件。

民初修身教科书采用西方心理学的分法,将精神分为知、情、意,并主张从此三方面来综合修养精神,因此,采用了"意"一词,并提出"意"的修养问题。1912 年缪文功在《中华中学修身教科书》中提出,修养精神除了要修养"知"与"情"外,还要修养"意"。他认为,有了知与情之后,还必须有坚强的意志,才能排除艰难,达成目的。倘若意志薄弱,"学则勤于始,怠于终,做事则利其易,避其难,待人则善善不能用,恶恶不能去",就会一事无成。因此,要想有所成就,就必须养成坚强的意志。而养成意志的方法,则在修养"发扬力"和"抑制力"。"发扬力"即实行力、行动力,指能立志高远、克

---

① 蔡元培:《中学修身教科书》,第一册,商务印书馆 1907 年版,第 38 页。
② 蔡元培:《中学修身教科书》,第一册,商务印书馆 1907 年版,第 38 页。
③ 蔡元培:《中学修身教科书》,第一册,商务印书馆 1907 年版,第 39 页。
④ 蔡元培:《中学修身教科书》,第一册,商务印书馆 1907 年版,第 46 页。
⑤ 蔡元培:《中学修身教科书》,第一册,商务印书馆 1907 年版,第 47 页。
⑥ 陆费逵:《修身讲义》(师范讲习科用),商务印书馆 1910 年版,第 21 页。

服困难、见义必为。"抑制力"即克制力,指要抵制诱惑、节制情绪等。①

　　1914 年李步青在《新制修身教本》中则指出,精神修养除了要"启发其智力"、"陶冶其感情"外,还要"强固其意志"。他认为,意志为"行为之动机",行为即"意志之表示于外者",意志"不表示于外,人或莫窥其意志之所在,然无意志以为之主,则行为无自而表示",因此,仅有知识与感情,没有意志,"未有能见之行为者",人将一事无成。② 他认为,意志之力分为两种,"一发扬力,即为其所当为者是也,一抑制力,即不为其所不当为者是也","有发扬力,则不顾目前而忽将来,不计小利而忘大害,有抑制力,则内不就嗜欲,外不被诱惑",因此,当加强两者的培养。③ 他进而指出,修养意志的具体方法:第一,"自信心之修养"。没有自信心,"则己所知者不能确有主张,己所思者不能措诸实事,而意志之自由,将无自而保持"。第二,"勇气之修养"。不"鼓其勇气",就不能克服艰难,达成目标。第三,"坚忍力之修养"。没有"坚忍力","或事废于半途,或功亏于一篑,亦不能期其有成"。④ 1918 年贾丰臻在《新体修身讲义》中则提出,在修养"知"与"情"之后,精神修养还要注意修养"意"。他指出,无论做何事,"非意则不足以达之",意志有"决断、果敢、忍耐之性质",人之所以有"志气、节操、刚勇、坚贞、自主、独立之美德",全赖意志。意志的修炼,贵在"实行与锻炼",要"凡事不论大小,悉以己之良心决之,排万难而行之,积之又久,能自觉其意志之实行力,并增进其自信力,至后得刚毅沉着之习惯,不论何时,泰然自若,而决行其所信。"⑤

第四节　道德修养之道

　　道德是人区别于禽兽的根本标志之一,道德决定着身体、精神的导向,

---

①　缪文功:《中华中学修身教科书》,第二册,中华书局 1912 年版,第 14—15 页。
②　李步青:《新制修身教本》(中学),第三册,中华书局 1914 年版,第 28 页。
③　李步青:《新制修身教本》(中学),第三册,中华书局 1914 年版,第 28—29 页。
④　李步青:《新制修身教本》(中学),第三册,中华书局 1914 年版,第 29 页。
⑤　贾丰臻:《新体修身讲义》(师范讲习科用),上卷,商务印书馆 1918 年版,第 5 页。

因此,道德修养是个人修身最为关键的层面。1907 年蔡元培在《中学修身教科书》中指出,"人之所以异于禽兽者,以其有德性耳",①"体力也,知能也,皆实行道德者之所资,然使不率之以德性,则犹有精兵而不以良将将之,于是刚强之体力,适以资横暴,卓越之知能,或以助奸恶,岂不惜欤?"②1910 年陆费逵在《修身讲义》中也认为,道德是人区别于动物的根本,也是善人区别于恶人的标志。"人之所以为人,亦以其有德耳,否则与禽兽又何异焉","人皆有知识,皆有良心,而有德与不德之分,善人恶人之所以异者",③就在于修不修德,因此主张,人人都应重视道德修养。

道德有私德与公德之分,修身教科书所言的个人修身中的道德修养,主要是私德方面的修养。关于个人道德修养的层次,各种修身教科书的认识有所差异。1907 年蔡元培在《中学修身教科书》中认为,个人当修之德包括"勤勉"、"自制"、"勇敢"、"独立"、"信义"、"恭俭"等方面。1910 年陆费逵在《修身讲义》中提出,个人需要修养的私德,包括"诚实"、"反省"、"改过"、"迁善"、"勇气"、"制欲"、"度量"、"谦恭"、"廉洁"、"智虑"、"自立"等十一种。④ 同时,他还提到了言容动作的修养,包括"语言"、"仪容"等方面的修养。⑤ 1912 年缪文功在《中华中学修身教科书》中指出,个人应修的私德包括自存而不苟活、自谦而不自贱、自重而不自大、独立而不离群、自由而不自放等方面。⑥ 1916 年李步青在《实用修身讲义》中则指出,个人修德当注意"言语"、"容仪"、"动作"、"公德"、"自立"等方面的修养。⑦

各种修身教科书虽然对个人应修养的德性理解不同,但基本上可将之分为对己、对事、对人三个方面。言容动作、节制、勇敢、反思、独立可归于对己层面,勤勉、秩序、忍耐、进取可归于对事层面,诚信、恭俭、友爱可归于对人层面。具体分论如下。

---

① 蔡元培:《中学修身教科书》,第一册,商务印书馆 1907 年版,第 59 页。
② 蔡元培:《中学修身教科书》,第一册,商务印书馆 1907 年版,第 60 页。
③ 陆费逵:《修身讲义》(师范讲习科用),商务印书馆 1910 年版,第 17 页。
④ 陆费逵:《修身讲义》(师范讲习科用),商务印书馆 1910 年版,第 17—26 页。
⑤ 陆费逵:《修身讲义》(师范讲习科用),商务印书馆 1910 年版,第 11—13 页。
⑥ 缪文功:《中华中学修身教科书》,第二册,中华书局 1912 年版,第 24—33 页。
⑦ 李步青:《实用修身讲义》(师范讲习所用),中华书局 1916 年版,第 7—11 页。

一、对己之德

对己之德,包括言容动作、勤勉、节制、勇敢、反思、独立等多个方面。各种修身教科书关注的层面有所差异。1907 年蔡元培在《中学修身教科书》中,提到了"自制"、"勇敢"、"独立"三方面。他所言的"自制",主要是对体欲、欲望和热情等情欲的节制。① "勇敢"则指"所以使人耐艰难者也"②,是人在困难面前表现出来的勇气。并认为,勇敢以"协于义"的"义勇"为上,而义勇则以"贡于国家者为最大"。③ "独立"则指不依赖他人,具有独立的思想、独立的意志、独立的生计,即"自尽其职而不倚赖于人","以己之心思虑之,以己之意志行之,以己之资力营养之"。④

1910 年陆费逵在《修身讲义》中,不仅提到了"勇气"、"制欲"、"自立"之德,而且注意到了"反省"、"改过"、"迁善"、"智虑"等方面。关于"反省",他认为,人心"有善亦有恶",但若不反省,就不知其善恶所在,就不能改过迁善,扩充善业,因此,要修养道德,也要多加反省。至于如何反省,他主张向孟子的每日三省、赵㮣分置黄豆黑豆、富兰克林的制功过表之法学习。⑤ 关于"改过",他指出,无人可以避免过失,有过并不可耻,但"过而不改,则深可耻矣"⑥。而改过之法有二:一为"反省",二为"纳谏"。⑦ 他认为,"责人则明,责己则昏"是人的通病,因此,当他人为我们指出过错时,"当感而从之",不可拒谏饰非,刚愎自用。⑧ 但他又指出,虽然改过为美德,"然于同一过失,时犯时改,则与不改等",因此,还要注意"不二过"。⑨ 关于"迁善",他认为,善行是积累起来的,需要人时时处处行小善,才能积成大善。因此,修养道德应从去小恶、行小善做起,要"自不善而迁于善,自小

---

① 蔡元培:《中学修身教科书》,第一册,商务印书馆 1907 年版,第 25 页。
② 蔡元培:《中学修身教科书》,第一册,商务印书馆 1907 年版,第 38 页。
③ 蔡元培:《中学修身教科书》,第一册,商务印书馆 1907 年版,第 46 页。
④ 蔡元培:《中学修身教科书》,第一册,商务印书馆 1907 年版,第 42—43 页。
⑤ 陆费逵:《修身讲义》(师范讲习科用),商务印书馆 1910 年版,第 19 页。
⑥ 陆费逵:《修身讲义》(师范讲习科用),商务印书馆 1910 年版,第 19 页。
⑦ 陆费逵:《修身讲义》(师范讲习科用),商务印书馆 1910 年版,第 20 页。
⑧ 陆费逵:《修身讲义》(师范讲习科用),商务印书馆 1910 年版,第 20 页。
⑨ 陆费逵:《修身讲义》(师范讲习科用),商务印书馆 1910 年版,第 20 页。

善而迁于大善"。① 关于"智虑",他指出,"智虑"是修德的前提,在行善之前,先要经过一番"智虑",以辨别是非正邪,才能有效的行善。②

除了以上所述,陆费逵还注意到了言容动作的修养问题。他认为,言容动作的修养主要包括"语言"、"仪容"等方面。关于"言语"之修养,他认为,祸从口出,言语不慎,"则不特伤人感情,违背礼仪,且损己之品位,招人之轻蔑",因此,要"慎言"。③ 他指出,言语之道,"当信实,不可虚伪;当静肃,不可躁急;当温雅,不可卑陋;当忠实,不可阿谀;当敦厚,不可尖刻;当庄重,不可浮妄;当多少适宜,不可喋喋不休;当随时随地,格外留意,不可任意妄发,毫不检点;而谗诬诽谤,尤当戒绝"④。关于"仪容"之修养,他指出,"容貌粗鄙,举动猥贱,衣服不称,则必为他人所轻视"⑤,因此,修养仪容至关重要。而容貌举动既"不可过于板滞,亦不可过于轻佻",应如古人所言而行:"礼曰:足容重,手容恭,目容端,口容止,声容静,头容直,气容肃,立容德,色容庄。孔子曰:非礼勿视,非礼勿听,非礼勿言,非礼勿动"。而衣服当"以质朴清洁整齐为主,不可失之华丽,亦不可毫不检点"⑥。他反对大肆追求衣服之华美,认为"不顾所处之地位,专事修饰,为衣服之奴隶,则又有识者所齿冷也"。⑦

二、对事之德

对事之德包括勤勉、秩序、忍耐、进取等方面,对此,各种修身教科书所注意的层面也不甚相同。1907 年蔡元培在《中学修身教科书》中提到,对事要"勤勉"。他认为,勤勉能促进其他美好德性的形成,而怠惰则是万恶之母。"凡勤勉职业,则习于顺应之道,与节制之义,而精细忍耐诸德,亦相因而来","盖人性之受害,莫甚于怠惰。怠惰者,众恶之母。古人称:小人间

---

① 陆费逵:《修身讲义》(师范讲习科用),商务印书馆 1910 年版,第 21 页。
② 陆费逵:《修身讲义》(师范讲习科用),商务印书馆 1910 年版,第 25 页。
③ 陆费逵:《修身讲义》(师范讲习科用),商务印书馆 1910 年版,第 11 页。
④ 陆费逵:《修身讲义》(师范讲习科用),商务印书馆 1910 年版,第 12 页。
⑤ 陆费逵:《修身讲义》(师范讲习科用),商务印书馆 1910 年版,第 12 页。
⑥ 陆费逵:《修身讲义》(师范讲习科用),商务印书馆 1910 年版,第 13 页。
⑦ 陆费逵:《修身讲义》(师范讲习科用),商务印书馆 1910 年版,第 13 页。

居为不善。盖以此也,不惟小人也,虽在善人,苟其饱食终日,无所事事,则必由佚乐而流于游惰,于是鄙猥之情,邪僻之念,乘间窃发,驯致滋蔓而难图矣。"①因此,主张培养勤勉的德性。1914 年李步青在《新制修身教本》中,提到了"勤劳"、"秩序"、"忍耐"、"进取"等"治事"之德。他认为,"治事",首先要"勤劳"。勤劳为治事之本,懒惰是万恶之源,懒惰不仅会导致事业废弛,还会引起人格堕落,因此,治事不可不"勤劳"。② 其次,要有"秩序"。他指出,秩序混乱,一切勤劳都将"徒劳而罔功",而秩序井然,"可以省时,可以节劳",因此,治事当"养成秩序之习惯为必要"。③ 秩序之德,"于形式上为整齐,于精神上为有规律,例如书册器具,各有定所,起居动作,各有定时,修学处事,循自然之则,无躐等之弊"④。而守时"在道德上有诚信之美,在事实上有事不相妨之益",因此,守秩序当"以守时为要"。⑤ 再次,要"忍耐"。他指出,忍耐有二义,"一不畏难,二耐久"。⑥ 忍耐不仅关系到学问、事业的发展,而且关系到节制情欲等德性的修养。最后,要"进取"。他认为,不论修习学问、发展事业,还是修养道德,皆是不进则退,因此,凡事要"进取",不可"自弃"、"自满"。而进取贵在"循序而进",不能急于求成、好高骛远。⑦

三、对人之德

对人之德包括诚信、恭俭、礼让、度量、公德等方面,各种修身教科书所关注的层面也有所差异。

1907 年蔡元培在《中学修身教科书》中指出,交际之道以"信义"、"恭俭"最为重要。关于"信义",他认为,"信义"是德性之中"最普及于行为

---

① 蔡元培:《中学修身教科书》,第一册,商务印书馆 1907 年版,第 22 页。
② 李步青:《新制修身教本》(师范预科用),卷首,中华书局 1914 年版,第 26 页。
③ 李步青:《新制修身教本》(师范预科用),卷首,中华书局 1914 年版,第 27 页。
④ 李步青:《新制修身教本》(师范预科用),卷首,中华书局 1914 年版,第 27—28 页。
⑤ 李步青:《新制修身教本》(师范预科用),卷首,中华书局 1914 年版,第 28 页。
⑥ 李步青:《新制修身教本》(师范预科用),卷首,中华书局 1914 年版,第 29 页。
⑦ 李步青:《新制修身教本》(师范预科用),卷首,中华书局 1914 年版,第 31—32 页。

者"①,"社会百事,无不由信义而成立",信义不立,"一国之名教风纪,扫地尽矣"②。而"入信义之门,在不妄语而无爽约"③。他还强调,不可以因小信而失大义,在大义与小信冲突之时,应取大义而舍小信,"如与友人有游散之约,而猝遇父兄罹疾,此其轻重缓急之间,不言可喻。苟舍父兄之急,而局局于小信,则反为悖德,诚不能弃此而就彼"④。但又指出,即使爽约,"亦当通信于所约之友而告以其故"⑤。关于"恭俭",他指出,与人相处,有"傲慢之容色,轻薄之辞气",就会与人发生嫌隙,⑥侍奉父母,"色不愉,容不婉,虽锦衣玉食,未足以悦父母也"⑦,不能尽孝道,因此,"恭俭"至为重要。他还指出,"恭俭"与"卑屈"有异,"盖独立自主之心,为人生所须臾不可离者,屈志枉道以迎合人,附和雷同,阉然媚世,是皆卑屈,非恭俭也"⑧。进而指出,"恭俭"之道,一为"谦逊",二为"礼仪"。⑨ 而恭俭的关键在于"能容人",要求能与人求同存异,不可盲目排斥与自己行事有异之人。⑩

　　1910 年陆费逵在其《修身讲义》中,则注意到了"诚实"、"度量"、"谦恭"等对人之德的修养。关于"诚实",他认为,诚实就是"一言一行,皆依良心,毫不伪饰,言行相顾,表里如一,中心常纯洁,无丝毫之污浊"。诚实是"道德之根本","修德处世之第一事",不仅能内心泰然,而且有助于取信于人。而不诚实为罪恶之源泉,与人交往不诚实,就会"外惮他人之窥破,内受良心之呵责",备受其苦。因此,修养诚实极为重要。而修养诚实,应从"戒言语虚伪"开始,要言行一致,表里如一。⑪ 关于"度量",他指出,与人相处没有度量,就不能容人,就容易败事,因此,修养度量也至关重要。而修

① 蔡元培:《中学修身教科书》,第一册,商务印书馆 1907 年版,第 60 页。
② 蔡元培:《中学修身教科书》,第一册,商务印书馆 1907 年版,第 61 页。
③ 蔡元培:《中学修身教科书》,第一册,商务印书馆 1907 年版,第 62 页。
④ 蔡元培:《中学修身教科书》,第一册,商务印书馆 1907 年版,第 63 页。
⑤ 蔡元培:《中学修身教科书》,第一册,商务印书馆 1907 年版,第 64 页。
⑥ 蔡元培:《中学修身教科书》,第一册,商务印书馆 1907 年版,第 65 页。
⑦ 蔡元培:《中学修身教科书》,第一册,商务印书馆 1907 年版,第 66—67 页。
⑧ 蔡元培:《中学修身教科书》,第一册,商务印书馆 1907 年版,第 67—68 页。
⑨ 蔡元培:《中学修身教科书》,第一册,商务印书馆 1907 年版,第 68 页。
⑩ 蔡元培:《中学修身教科书》,第一册,商务印书馆 1907 年版,第 68—69 页。
⑪ 陆费逵:《修身讲义》(师范讲习科用),商务印书馆 1910 年版,第 18 页。

养度量的关键在于,要严己宽人,不可宽己而责人。① 关于"谦恭",他强调,谦恭是交际之道的关键,谦恭要求"对人则谦虚恭敬,对己则行止检束"。他认为,在他人面前骄傲、傲慢,不以礼待人,最容易损害人际关系,因此,与人相处不可不谦恭。但又指出,谦恭不同于卑屈,"盖谦恭者,志在高远,不以现在之所有自足,谦虚恭敬,以期立于社会之上,卑屈者反是,屈己从人,谄媚容悦,不顾自己之人格,是小人无耻者之所为,非君子所谓谦恭也",二者的差别就在于有没有独立的人格。②

1916 年李步青在其《实用修身讲义》中则又提出,对人要讲"公德"。他认为,"人不能离群而独处"③,为了生存,人必然要与他人互助与合作,而与他人相处,必然要遵守一定的公德,才能彼此相安无事、和谐共处,因此,公德也是人的必备道德。他认为,修养公德应从消极与积极两方面做起。消极方面,要"不妨害他人之利益",像"不攀公园之花木,不掷瓦砾于通衢",皆属此类。积极方面,则要"增进社会之利益",像"扶携老弱,劝勉同学"等,凡是有益于他人之事都要积极为之。④

第五节　"自立"是个人修身的关键

个人当以自立为本,不论是经济上、思想上,还是人格上,均应立足自我,独立自主,不应依赖他人,仰人鼻息。这是最为重要的近代价值之一,亦是个人修身的重要目标追求,因此,重视"自立"品质的培养是清末民初修身教科书不同于传统修身观的重要方面。

一、清末

蔡元培将自立视为个人德性修养的重要层面。1907 年蔡元培在《中学

---

① 陆费逵:《修身讲义》(师范讲习科用),商务印书馆 1910 年版,第 23 页。
② 陆费逵:《修身讲义》(师范讲习科用),商务印书馆 1910 年版,第 23—24 页。
③ 李步青:《实用修身讲义》(师范讲习所用),中华书局 1916 年版,第 9 页。
④ 李步青:《实用修身讲义》(师范讲习所用),中华书局 1916 年版,第 10 页。

修身教科书》中指出,"独立"是"勇敢"的最重要方面。"勇敢之最著者为独立",而独立指"自尽其职而不倚赖于人"。① 他说:"人之立于地也,恃己之足。其立于世也亦然,以己之心思虑之,以己之意志行之,以己之资力营养之,必如是而后为独立,亦必如是而后得谓之人也"②,即认为独立是人立身处世的根本,是人之所以为人的根本。他又指出,独立"非离群索居之谓",其与合群毫不相悖,因为人生来就处于一种或几种团体之中,是某一家族、社会、国家的一员,需要彼此互助扶持,才能生存于世,因此独立还要求"各尽其对于团体之责任"。③ 他还认为,独立"亦非矫情立异之谓,不问其事之曲直利害,而一切拂人之性以为快"④,不是让人标新立异,事事都与众不同,独立应该是"不存成见,而以其良知为衡,理义所在,虽刍荛之言,犹虚己而纳之,否则虽王公之命令,贤哲之绪论,亦拒之而不惮,是之谓真独立"。⑤ 他认为,独立的要点有三:"一曰自存,二曰自信,三曰自决"。⑥ 第一,要自存。他认为,生计为"万事之基本",若不能独营生计,其他就不足论道。"自力不足,庇他人而糊口者,其卑屈固无足言,至若窥人鼻息,而以其一颦一笑为忧喜,信人之所信而不敢疑,好人之所好而不敢忤,是亦一赘物耳,是皆不能自存故也。"⑦而自存的关键就是自力更生,不依赖于他人。第二,要自信。即认定之后就绝不改易,不为权力、俗论所转移。⑧ 第三,要自决。即判决事务之时,能够根据自己的智慧来判断,而不"俯仰随人",人云亦云。⑨ 他认为,唯有自存、自信与自决,才能真正的独立,唯有独立,才能自重而重人,也只有人人都独立,国家才能有望独立,因此,独立关系个人与国家甚大。

1910 年陆费逵在其《修身讲义》中则指出,个人修身应从卫生、修学、起

① 蔡元培:《中学修身教科书》,第一册,商务印书馆 1907 年版,第 42 页。
② 蔡元培:《中学修身教科书》,第一册,商务印书馆 1907 年版,第 42—43 页。
③ 蔡元培:《中学修身教科书》,第一册,商务印书馆 1907 年版,第 43 页。
④ 蔡元培:《中学修身教科书》,第一册,商务印书馆 1907 年版,第 43 页。
⑤ 蔡元培:《中学修身教科书》,第一册,商务印书馆 1907 年版,第 44 页。
⑥ 蔡元培:《中学修身教科书》,第一册,商务印书馆 1907 年版,第 44 页。
⑦ 蔡元培:《中学修身教科书》,第一册,商务印书馆 1907 年版,第 44 页。
⑧ 蔡元培:《中学修身教科书》,第一册,商务印书馆 1907 年版,第 45 页。
⑨ 蔡元培:《中学修身教科书》,第一册,商务印书馆 1907 年版,第 45 页。

居动作、修德、自立五方面着手,而以自立最为重要。他说:"修己之事,莫要于自立。盖不能自立,则饥寒不免而不克保其性命,尤不克保其气节,即卫生、修学、慎行、修德,皆不克实行矣,讲修己者,当第一注意及此也。"①他指出,"人而不能自立,是禽兽之不如矣,此自立所以为人之本务也"。在他看来,自立分为三个层级,由低到高分别为独立谋生、独立言行、发挥个性以贡献社会。"独立自营,衣食住三者不仰给于他人,是为第一级;不雷同盲从,是为第二级;发挥己之本性特长,以有所贡献于社会,而完全为人之天职,是为第三级。"而其中以第一级独立自营最为重要,"第一级实为第二第三两级之基础,尤为人生生活所必需。故无论何人,苟无第一级之自立,终不能呼之为人也"。他认为,独立自营的重要性在于,自营是生活的根本,而生活为"万事之根本","生活不能独立,则不能仰事父母,俯畜妻子,甚至不能保全其生命,不特为亲戚他人之累,故已无颜立于世上矣",因此,能否自立关系重大。② 他认为,要想自立,"必选一职业,资以生活,贮蓄余财,以益幸福"③,就是从选择职业和储蓄财产入手。他指出,职业不仅利己,是独立生存之依靠,而且利人,可以"谋社会国家安宁幸福",因此,人不论贵贱贫富,都应该"求适当之职业"。④ 他认为,职业"无贵贱高卑,要以适宜为主",关键在于是否适合自己,如果适合,就能事有所成,不然将事多有败,因此,选择职业时,一定要"度己之力,量己之材,就其性情所近,选一业而倾注全力为之",即根据自己的实际情况来选择。⑤ 他还指出,从事职业,"第一当守忠诚勤勉之德",因为"忠诚勤勉,为自立之基础,成功之第一义,而怠惰则贼人性招失败之根源也"。⑥ 他还认为,衡量成败的标准不在是否富贵,而在是否尽心性。"所谓成功者,非以富贵为第一义也。事业之真成否,视其心意之诚不诚,与其性之尽不尽,故无论何业,苟能诚心尽性,使其

---

① 陆费逵:《修身讲义》(师范讲习科用),商务印书馆1910年版,第3—4页。
② 陆费逵:《修身讲义》(师范讲习科用),商务印书馆1910年版,第26页。
③ 陆费逵:《修身讲义》(师范讲习科用),商务印书馆1910年版,第26页。
④ 陆费逵:《修身讲义》(师范讲习科用),商务印书馆1910年版,第26页。
⑤ 陆费逵:《修身讲义》(师范讲习科用),商务印书馆1910年版,第27页。
⑥ 陆费逵:《修身讲义》(师范讲习科用),商务印书馆1910年版,第27页。

事业昌盛,即可谓之成功,彼侥幸得财而发迹者,不能谓之成功也。"①进而指出,职业用以谋生活,而财用以谋幸福,因此,仅有职业还不够,还要储蓄财产。他认为,财产对人至关重要,不仅可"充衣食住之资",也是"经营事务之资本",更是人们遵德行礼的根本。② 他还指出,孔子所说的"君子喻于义,小人喻于利"的内涵是:小人唯利是图,为利可以不顾道义,而君子则不同,他们取利则取之有道,不会违背道义而苟取。并指出,后人用"令人不治生产"、"口不言钱"来理解孔子之语,是对孔子的严重曲解。③ 他还指出,对于财产,要"勤劳以增生产,节俭以省消费,储蓄以殖利益"。④

二、民初

与清末修身教科书不同,民初修身教科书则更加重视"自立"问题。这主要表现在他们对个人修身的重心的认识不同。清末修身教科书将个人修身的重心放在个人德性的发展上,而民初修身教科书则将个人独立人格的培养作为修身的重心,尤其是重视个人"生计"的独立。

(一)《中华中学修身教科书》

1912 年缪文功在其《中华中学修身教科书》中,重点探讨了独立人格应具备的必要素质,包括自存而不苟活、自谦而不自贱、自重不自大、独立而不离群、自由而不自放、有公而不去私等。

其一,要自存而不苟活。他认为,自存即独立生存,自存与否不仅影响到个人独立人格之养成,而且"影响于国家之存立"⑤。在他看来,要想自存,智识、技能、道德一样都不能少,但他重点强调的是"筹一己之生计"⑥,即自谋生计。他还指出,自存的关键首先在于自营而不依赖于他人,其次要有益于人,如他所说:"生计之道,无论为生利之人、分利之人,但求有益于人,则受社会之给予,亦情之至常者。苟自问无益于世,而徒以不耕不织,坐

---

① 陆费逵:《修身讲义》(师范讲习科用),商务印书馆 1910 年版,第 27 页。
② 陆费逵:《修身讲义》(师范讲习科用),商务印书馆 1910 年版,第 27 页。
③ 陆费逵:《修身讲义》(师范讲习科用),商务印书馆 1910 年版,第 28 页。
④ 陆费逵:《修身讲义》(师范讲习科用),商务印书馆 1910 年版,第 28 页。
⑤ 缪文功:《中华中学修身教科书》,第二册,中华书局 1912 年版,第 25 页。
⑥ 缪文功:《中华中学修身教科书》,第二册,中华书局 1912 年版,第 25 页。

受人之锡（疑为赐）与,虽存犹寄生耳。"①他还特别指出,自存与苟活不同,自存虽然也是自保生命,但在道义面前,可以放弃小我成就大义,杀身成仁,但苟活则是为了生存,可以不顾道义,不择手段。他认为:"自立之道,不在空谈虚理,在先得所依据,依据之方,在于己之职业"②,即认为,职业是自立的前提与基础,没有职业,自存就无从谈起,有了职业,虽然不一定能富贵,但至少能免于贫贱。他又指出,职业是自立的依靠,但若职业不正当,"非独丧失其公民资格,且于一己之心性,亦恐受不良之影响"③,因此,在选择职业时应该选择正当职业。而选定职业之后,还要"自爱其职业",具体就是:第一,"宜忠实",要忠于所任,尤其是为社会团体服务者,更应该"顾全公益,不徇己利"。第二,"宜勤慎",即勤奋务实,不能怠惰与弄虚。第三,"宜坚忍",要持之以恒,坚持不懈,不能遇到一点挫折就半途而废,也不能朝三暮四,志向不定。第四,"宜信用",要对人对事诚实无欺。第五,要"进步",就是要力求进步,不能不思进取。④

其二,要自谦而不自贱。他认为,世上之人,"无非父兄昆仲之伦",虽然其智能不齐,但对待他们"不可傲然自足,挟盛气以凌人",而应该谦虚。"尊于我者,我固当敬礼之,即下于我者,愚夫愚妇,或有一得之长,亦不可是己非人,长吾轻忽怠慢之气",就是不论其身份地位如何,都应该以礼待之。他认为,自谦不仅是处事之道,也是求学所必要的品质,因为,"世界新知识,日新而未有已",知识无涯,个人所学是不可能穷尽天下知识的,因此,如果稍有知识就骄傲自满,不知谦虚,必然会止步不前,大大影响学问的进步。⑤ 他还认为,自谦不仅没有坏处,反而好处很多,"顾自谦非消极作用,乃积极作用",自谦之人,"可得人之助力,而我有不足之处,可藉此以补其缺憾,因益得振作精神,实力进行,则自谦乃以自助"。但又指出,自谦虽有多种益处,但若过分自谦,就变成了坏事,"谦之名若退处于不足,谦之实

---

①　缪文功:《中华中学修身教科书》,第二册,中华书局1912年版,第26页。
②　缪文功:《中华中学修身教科书》,第二册,中华书局1912年版,第22页。
③　缪文功:《中华中学修身教科书》,第二册,中华书局1912年版,第23页。
④　缪文功:《中华中学修身教科书》,第二册,中华书局1912年版,第23—24页。
⑤　缪文功:《中华中学修身教科书》,第二册,中华书局1912年版,第27页。

乃进据其有余",因此,应该进退自如,该进则进,该退则退,若该进反退,就不是自谦,而是"自待"或"自贱"了。①

其三,要自重而不自大。他认为,一个人要在社会上有所作为,就必须自重,而他所指的自重主要是道德层面的,"无道之诱惑,不能蔽我明,猝然之危难,不能屈我节,非分之权势,不能侵害我,不根之浮议,不能摇动我,自重之道,如是可矣"②,指在各种诱惑、危难、压力面前能坚守道义,毫不畏惧。他还将自重与自大相区分,"自重之道,为矜名节,为立廉耻,为崇礼让,为远势利,为庄敬日强,为不畏强御,为君子戒慎不失色于人。自大之习,为骄蹇,为傲慢,为轻侮,为躁妄,为张脉偾兴,为趾高气扬,为怠惰自肆,为负固不服,为小人无忌惮。"③

其四,要独立而不离群。他认为,人人应该以独立为荣,以依赖他人为耻,即使是残疾人,也应当竭力"自谋生活"④,而不应自甘堕落,成为他人的累赘。他进而指出,独立"不必尽为英雄豪杰之事业",普通人只要能"矢志于公道,自尽其天职,不因人热,独善其身,亦独立也"。⑤ 但他又指出,独立虽然是美德,但若独立过分,持极端个人主义,就弊害无穷。他说:"欧人持极端个人主义者,生子则置于地窖中,不令与世人相接,迨子长成见人,则惊而却走,是犹世界大通,而坚持闭关税者,其于道必不合矣。"因此,独立"乃于群中求立,非于群外独立也",不能走向离群的边缘。⑥

其五,要自由而不自放。他指出,与专制时代相比,共和国民享有了前所未有的言论、出版、集会、结社、信教、财产等诸种自由权利。但又指出,"愈自由,愈当自重",享受自由,"不可不限制自由"。⑦ 为了说明限制自由的重要性,他列举了多位西方名人的言论,如"博尔克云:欲得自由,不可不限制自由,又云:正义与自由相表里,一分离则两失之。士遮夫云:真自由以

---

① 缪文功:《中华中学修身教科书》,第二册,中华书局1912年版,第28—29页。
② 缪文功:《中华中学修身教科书》,第二册,中华书局1912年版,第30页。
③ 缪文功:《中华中学修身教科书》,第二册,中华书局1912年版,第30页。
④ 缪文功:《中华中学修身教科书》,第二册,中华书局1912年版,第31页。
⑤ 缪文功:《中华中学修身教科书》,第二册,中华书局1912年版,第31页。
⑥ 缪文功:《中华中学修身教科书》,第二册,中华书局1912年版,第32页。
⑦ 缪文功:《中华中学修身教科书》,第二册,中华书局1912年版,第34页。

法律整理,积极力也,伪自由毫无限制,消极力也。加来尔云:不能服从规则,不能自由。卢梭云:无道德,则自由不能存。赫胥黎云:限制自由,即保护自由。墨智见云:自由者,以他人之自由为界。罗兰夫人云:自由自由,天下古今多少罪恶,假汝之名以行。法革命党宣布词云:天然者,自由之根本,正义者,自由之标准,法律者,自由之保障,己所不欲,勿施于人者,自由之界限。"①在他看来,没有限制的自由不叫自由,而叫"自放"。

最后,要有公而不去私。他认为,个人在顾及私利的同时,不可因私害公,但更不能以公义之名义,限制一个人的私心私利。他说:"私字多与公对言,而皆属于范围之广狭,狭则为私,广则为公,不过多数少数之别,无所谓是非",而"若就道德上言,则私心、私见、私利、私人等名词,皆妨害于公者"。② 他认为,从范围上讲,"私"有其存在的合理性,"范围既有广狭,则人之于私也,必不能无。例如己之子与邻之子比,必自厚其子而不厚其邻之子,旁观者乃因此疑其自私,非礼也;劳动者终日勤劬,仅博一饱,而责以公益捐,不得则议其自私,非情也;石碏不恤其子,左氏称为大义灭亲,因执此以责天下之凡为人父者,不可则斥为自私,非法也;徙宅而忘其妻,本无足取,矫情者,遂谓其不自私,有是理乎? 行路而猝遇猛虎,能脱此险,即为幸事,今乃以受虎噬者为不自私,以逃避全其身者为自私,有是情乎? 人各自卫其固有权,实人各尽其本务"。即认为,只要不损害他人,人人各自谋取其权利与利益都是合情合理的,不可以"假公义之名斥之"。③

缪文功之所以如此重视个人独立人格的培养,主要基于他对个人独立性的进步认识。他认为,虽然个人对社会有不可推卸的责任,但个人也有不可侵犯的自由权利。他指出,就像《尚书》所言的"匹夫不获时予之辜",个人"虽至微不可失其自由"④。即从个人来讲,不能丧失其独立自由之人格,而在社会,则不能随意剥夺个人的自由。他认为,社会发展归根结底要靠个

---

① 缪文功:《中华中学修身教科书》,第二册,中华书局1912年版,第34—35页。
② 缪文功:《中华中学修身教科书》,第二册,中华书局1912年版,第36页。
③ 缪文功:《中华中学修身教科书》,第二册,中华书局1912年版,第36—37页。
④ 缪文功:《中华中学修身教科书》,第二册,中华书局1912年版,第37页。

人,"盖社会之变象虽无穷,而——基于个人之品质"①,因此,个人发展极为重要。他还对欧洲的个人主义学说极为推崇,用了较长篇幅对此学说进行了介绍。他说:"欧人竞言社会学,而在十六世纪至十八世纪之间,个人主义盛行。主张其说者,谓个人即社会,社会自个人而成立,个人保持其幸福安宁,即为组织社会,故个人有无限之价值,善良之社会,即个人发达之自然结果也。吾人设立学校,重训练,无非谋各人之进步,究之各种学科,不过各人陶冶之手段而已。盖人有自己之意识,当以自己为主,以他人及全世界为客,故有自己之目的,决非为他种机关之手段,由其自谋之活力,遂能日求发达,而其发达之法,则亦各人所固有。主张此说者,盖见团体逞其威力,压迫个人,视个人为其目的物,其毒即为专制。故尊重个人,每不惮牺牲生命以要求之。如法之卢梭,即盛倡个人主义者也。"②言辞之间流露出他对这一学说的倾慕之情。

虽然他为了避免失于偏颇,又指出"个人有个人之权利,即有个人之义务"③,但他又认为,权利与义务是一致的,"保持生命、财产、名誉,个人之权利也,亦即个人之义务"④,也就是说,尽义务本身也是为了保障个人之权利。可见,他的立论点还在于个人权利的实现和保障上,而不是为了尽义务。他还对欧美国家尊重个人、个人能够独立极为赞扬。他说:"欧美人尊重个人,遂能绝去依赖心,妻不赖其夫以生,子不赖其父之产,故能自营自活,富有进取之气,乐利在于自谋,堕落亦自由取,他人不能代为谋也。"⑤可以看出,在个人与社会之间,他更倾向于个人,希望通过塑造一个个具有独立人格的个人来改进社会。这也是他何以将培养独立之人格作为个人修身的重心的缘故。也正是基于对个人的重视,他认为,学校训练应"特注意于个性"。⑥

除了缪文功外,李步青和贾丰臻也极为重视自立问题,尤其是个人"生

① 缪文功:《中华中学修身教科书》,第二册,中华书局1912年版,第37页。
② 缪文功:《中华中学修身教科书》,第二册,中华书局1912年版,第38页。
③ 缪文功:《中华中学修身教科书》,第二册,中华书局1912年版,第39页。
④ 缪文功:《中华中学修身教科书》,第二册,中华书局1912年版,第39页。
⑤ 缪文功:《中华中学修身教科书》,第二册,中华书局1912年版,第39页。
⑥ 缪文功:《中华中学修身教科书》,第二册,中华书局1912年版,第39页。

计"问题。

（二）《新制修身教本》

1914 年李步青在其《新制修身教本》中认为，自立需要从修炼技能、经营职业、储蓄资产三方面入手。

首先，要修炼技能。他认为，随着社会的发展，"技能愈形其切要"，因此，应该纠正古人轻视技能的思想，重视技能。"我国学者向来专尚记诵之学，以治生为不急之务，因是于应用之技能，绝不措意，世俗往往讥书生为无用，非无故也，是则矫习俗之弊，尽为人之道，技能一端，诚未可以其末而忽之也。"他指出，技能不仅是社会发展的需要，更是个人发展的需要，没有技能，会受到社会的"鄙夷"。他又指出，技能有专门与普通之别，"专门之技能，人所资以为业者也，语所谓积财千万，不如薄技在身也，必各就所长，从事于专门研究，而后可以应用。普通之技能，人生现世生活之必不可少者也，如书法技能，交际所必需；珠算及簿记技能，家事所必需；音乐技能为陶冶性情之具；图画技能为描绘事物之用；此外如拳法、游泳术、枪之射击法，为防身必要之技能，亦不可不预习者也"。专门技能是职业之依靠，普通技能是日常生活所必需，二者都是自立的必要条件，因此，都要加以修炼。①

其次，要经营职业。他认为，职业不仅是自立之依据，而且"家族、社会、国家亦受其影响。盖无职业，则内不能赡养其家族，外足以损社会国家之福利"，所以，无职业，不仅不能自立，还不能尽对家族、社会、国家之责务，而沦为"社会之公敌"，因此，人不论贫富贵贱，都应当有一定之职业。他又指出，经营职业要注意三点：第一，"不可操不正之业"。第二，"营业不可有不正之行为，如伤害风俗之著作，冒牌作伪之货品"。第三，"不可不求适当之修养"，不仅要围绕职业需要进行知识上的进修和补习，还要加强品性修养，提升道德境界。②

最后，要储蓄资产。他认为，资产不仅可以"维持己身及父母妻子之生活，兼供不时之需"，还可以"为社会国家保持安宁，增进福利"，尤其在当今

---

① 李步青：《新制修身教本》（中学），第三册，中华书局 1914 年版，第 30—31 页。
② 李步青：《新制修身教本》（中学），第三册，中华书局 1914 年版，第 32—33 页。

社会,经济的作用越来越重要。他还认为,资产不仅是个人及国家发展的物质基础,而且还影响到"人之品性"的养成,"资产关系于人之品性者甚大,人欲保相当之分位,不可不谋相当之资产,所谓衣食足而后礼义兴也。彼因游惰无能,而陷于可恶之境者,勿论矣。若夫勤于职业,只以不善积蓄之故,至事变之来,不能不依人以生活,宁非可耻之事。"因此,不可不重视储蓄资产。但又指出,储蓄资产要取之有道,不可"背道德以求资产"。①

(三)《新体修身讲义》

1918 年贾丰臻在其《新体修身讲义》中也指出,自立是人格修养的核心。他说:"完成人格,当知维持人格之道,维持贵乎自重。自重者,富贵不淫,贫贱不移,威武不屈,虽至牺牲其生命财产,亦所勿惜",而要"自重",则"不可不自立",即"恃自己之能力而生存,不甘受他人之救助",②因此,自立是人格修养的基础与核心,自立当以职业和财产为依据。

首先,要经营职业。他认为,职业的种类很多,"有关于生活上物质生产之聚散者,有关于教育文化者,有关于社会秩序公安者,有劳心者,有劳力者"等,因此,经营职业的第一步,就是要慎重的选择职业。选择时,要综合考虑自身能力、境遇和社会的需要等几个因素,"先考己之能力适否,次考修得方法,适于己之境遇否,社会上究属需要否",所选职业既不可超出自己的能力与条件许可,也不可危害社会。而选定职业之后,对待职业,首先要"忠实",即忠实于职务,尽其当尽之责任;其次要"勤勉",不可怠惰;再次要"绵密";最后要遵守"秩序",严守时间,凡事物都能放置有序。③

其次,要置理财产。他认为,财产为"生存所必要",也是自立的物质基础,因此,置理财产与经营职业同样重要。他指出,财产一定要取之有道,不可以不正当手段获取,而应该是"勤劳之结果",不应该通过"诈伪欺骗"等手段得来。同时,他还指出,财产要注重"整理",要养成记账的好习惯,还要根据生活与事业的各项需要有计划的开支,更重要的是要"节俭",即"不

① 李步青:《新制修身教本》(中学),第三册,中华书局 1914 年版,第33—34 页。
② 贾丰臻:《新体修身讲义》(师范讲习科用),上卷,商务印书馆 1918 年版,第10 页。
③ 贾丰臻:《新体修身讲义》(师范讲习科用),上卷,商务印书馆 1918 年版,第6—7 页。

陷于奢侈，不流于吝啬，贮其所余，以备不时之需"。①

小　结

清末民初是近代中国社会转型的关键时期，前后修身教科书的个人修身思想既有一定的连续性，又有一些新变化。

就同的方面而言，主要表现在两个方面：首先，都重视人的身体、精神与道德的全面修养，体现了体、智、德全面发展的修身思想，也体现了清末民初人们对人的体质、知识的重视。这与古人重视德性修养、轻视人的身体与知识修养的片面的个人修身思想相比无疑是一个重大进步。其次，都极为重视人的道德修养，将高尚德性的培养作为个人修身的目标。这点又与古人的修身思想一脉相承，体现了古代修身与近代修身的连续性。

就异的方面而言，主要表现在：虽然都重视人的全面修养，但清末修身教科书则更为重视个人的德性修养，以德性修养为个人修身的目标，以身体与精神的修养作为德性修养的手段。如1907年蔡元培在《中学修身教科书》中指出，"道德之教，虽统各方面以为言，而其本则在乎修己"②，"体力也，知能也，皆实行道德者之所资，然使不率之以德性，则犹有精兵而不以良将将之，于是刚强之体力，适以资横暴，卓越之知能，或以助奸恶，岂不惜欤？"③即认为，身体与知识的修养都是为了道德的修养，是道德修养的必要手段而已。1910年陆费逵在其《修身讲义》中也指出，个人是责务的主体，因此，修身应从修己开始。"道德者，本己与他人之关系而生，然己也者，行为之主体，且家族社会国家之所由立也，故欲尽对家族社会国家之责务，必先修己之一身，于是对己之责务以生，盖积身而成家，积家而成社会国家，道德之方面虽多，而行之无不在己，此所以修身为齐家治国平天下之本也。"④

---

① 贾丰臻：《新体修身讲义》（师范讲习科用），上卷，商务印书馆1918年版，第7—8页。
② 蔡元培：《中学修身教科书》，第一册，商务印书馆1907年版，第3页。
③ 蔡元培：《中学修身教科书》，第一册，商务印书馆1907年版，第60页。
④ 陆费逵：《修身讲义》（师范讲习科用），商务印书馆1910年版，第3页。

　　民初修身教科书虽然也重视人的德性的发展,但更加重视人的自立、生计问题。这首先表现在他们对自立问题的格外重视上,其次还表现在,他们频繁使用一些个人化的词汇,如"己"、"个人"、"独立"、"自立"、"自存"、"自由"、"自放"、"自谦"、"自重"等等。这些词语的频频出现,不仅为民初修身教科书增添了新气息,而且反映出民国初年人们的修身观已发生质的转变。

第三章　以孝为核心的家庭修身思想

家庭修身主要是指人们在家庭中的道德修养问题。家庭是个人生活的重要领域，是构成社会的基本单位，家庭和谐不仅关系个人幸福，而且事关社会与国家的富强与稳定。因此，家庭修身问题是古今中外人们无法回避的主要话题。家庭修身问题是清末民初修身教科书探讨的基本问题，是其修身思想体系的重要组成部分。以维持家庭和谐与家庭秩序为目的，清末民初修身教科书的家庭修身思想，主要探讨了每个家庭成员在家庭中如何扮演好各自的角色，应该对家庭中的其他成员尽什么责任的问题，主要包括亲子之道、兄弟姊妹之道、夫妇之道、主仆之道等内容。由于家庭往往超然于社会政治变革之外，因此，人们的家庭修身观往往也超级稳定，变革缓慢，这一特点也同样反映在修身教科书的家庭修身思想上，具体表现为其家庭修身思想更多的是对传统家庭修身思想的继承，而鲜有大的突破。

第一节　家庭修身的意义

家庭是社会的基本构成单位，从某种程度上讲，家庭的兴衰不仅事关个人幸福，而且关系到社会国家的强盛。因此，家庭修身不仅是个人幸福的重要保障，而且是社会修身与国民修身的基础。

一、家庭修身是社会修身与国民修身的基础

修身教科书认为，家庭健全是社会与国家健全的基础，家庭道德是社会道德与国民道德的门径，因此，家庭修身是社会修身与国民修身的基础。

1907 年蔡元培在其《中学修身教科书》中说道："家族者,社会国家之基本也。无家族,则无社会、无国家。故家族者,道德之门径也。于家族之道德,苟有缺陷,则于社会国家之道德,亦必无纯全之望,所谓求忠臣必于孝子之门者此也。彼夫野蛮时代之社会,殆无所谓家族,即曰有之,亦复父子无亲,长幼无序,夫妇无别。以如是家族,而欲其成立纯全之社会及国家,必不可得,蔑伦背理,盖近于禽兽矣。吾人则不然,必先有一纯全之家族,父慈子孝,兄友弟悌,夫义妇和,一家之幸福,无或不足。由是而施之于社会,则为仁义,由是而施之于国家,则为忠爱。故家族之顺戾,即社会之祸福,国家之盛衰,所由生焉。"①

1910 年陆费逵在《修身讲义》中也指出,家族为"社会国家成立之基础,社会之文野,国运之盛衰,无不视家族之状态如何,此所以齐家为治国平天下之本也","家族不惟为社会国家成立之基础,又社会国家道德之源泉也。父慈子孝,兄友弟恭,夫义妇和,则家道齐,由是施之社会,则为仁义,由是施之国家,则为忠爱,推亲族交际之道,则可为团体协同之基础,推尊崇祖宗、希望家族繁荣之念,则可谓尊爱祖国,图国家隆盛之基。"②

1914 年李步青在其《新制修身教本》中也指出:"家族之制,为公共生活之始基。同饮食,同居处,同作同息,是公共心之见端也;家长有命,无敢抗违,是守法之见端也;一人有疾,举家不宁,是同情之见端也;扶老携幼,是秩序之见端也;男外女内,是分工之见端也。本此义扩而充之,视社会国家如一家族然,则可以尽健全国民之本务,反之而薄行凉德,即为家族中不肖之人。孟子所谓推恩足以保四海,不推恩无以保妻子也,是以先哲垂训,知人情之对于亲近者,易知易行也,故曰施由亲始,知私于所亲者之足,以妨公也,故曰善推其所为"③,即认为,家族道德是公共心、守法、同情、分工等一切社会道德与国家道德的根源。

---

① 蔡元培:《中学修身教科书》,第二册,商务印书馆 1907 年版,第 5—6 页。
② 陆费逵:《修身讲义》(师范讲习科用),商务印书馆 1910 年版,第 29 页。
③ 李步青:《新制修身教本》(中学),第三册,中华书局 1914 年版,第 3—4 页。

二、家庭修身是个人幸福的重要保证

在修身教科书看来,家庭幸福是人生幸福的源泉,家庭修身是个人幸福的保证。家是感情的港湾,是灵魂的栖息地,是精神的乐园。这是现代人们对家的赞颂。修身教科书也如此赞美家庭。1910 年陆费逵在《修身讲义》中指出:"家族为爱情团结之所,人生幸福所聚之处也。天下之最亲爱者,莫过于是,天下之和乐者,莫过于是,天下之最可以安慰心身,使人忘疲劳者,亦莫过于是。"①1914 年李步青在《新制修身教本》中也说:"家族又为人生幸福之原,所谓天伦之乐也。盖常人相处,每以利害为分合,朋友虽良,不能同聚于一室,惟佳人终身不离,休戚之谊,息息相关,至于忧患方深,谋宽慰之方,操作既毕,求安息之所,亦以家庭为最宜。西儒有言:得和乐之家庭,勿论国王与野人,皆为最有幸福之人。孟子曰:父母俱存,兄弟无故,一乐也。诗曰:妻子好合,如鼓琴瑟,此其幸福非可偶然致也。非然者,伶仃孤苦,入室而无与告语,骨肉乖离,随在而皆生荆棘,家庭以内,既不胜其隐痛,则对于人世之事业,非自消磨其进取之精神,即不足以博社会之信用,家族之幸福,关系于吾人者,岂浅鲜哉。"②二人都认为,家庭是爱的聚合体,是充满温情的地方,没有家庭幸福,就没有人生幸福可言。

三、家庭修身的层面及要求

修身教科书认为,父慈子孝、兄友弟悌、夫义妇和为家庭道德修养的主要内容和追求目标。清末民初修身教科书多将家庭伦理关系分为六种,包括亲子关系、兄弟姊妹关系、夫妇关系、祖先与后代的关系、亲族关系及主仆关系,而家庭道德就是这六种伦理关系的相处之道。如何相处呢? 依然是传统的父慈子孝、兄友弟悌、夫义妇和。1907 年蔡元培在其《中学修身教科书》中提到,欲成立一"纯全之社会及国家",必先有一"纯全之家族",而他对"纯全之家族"的理解就是"父慈子孝,兄友弟悌,夫义妇和"的家族。③

---

① 陆费逵:《修身讲义》(师范讲习科用),商务印书馆 1910 年版,第 29 页。
② 李步青:《新制修身教本》(中学),第三册,中华书局 1914 年版,第 4 页。
③ 蔡元培:《中学修身教科书》,第二册,商务印书馆 1907 年版,第 5—6 页。

1910年陆费逵在其《修身讲义》中也同样指出，"父慈子孝，兄友弟恭，夫义妇和，则家道齐"①。在家庭修身要求的表述上，清末民初修身教科书与传统的家庭伦理思想基本无异，但在实质内容上，又与传统的父权至上、夫权至上有所不同，一定程度上肯定了子女和女性在家庭中的独立地位和自由权利。这种不同，后文将详尽论述。另有1912年缪文功在《中华中学修身教科书》中，从治家的角度考察了家庭修身问题，从家庭经济、家庭教育、家庭事务、家庭风气等方面论述了治家之道。这种思路是对多数修身教科书的可贵突破。

第二节　家庭和谐之道（一）：幼仆之道

幼仆之道是对子女之道、弟妹之道、妻道、仆道的总体概括，主要讲子女对父母、弟妹对兄姊、妻子对丈夫、仆人对主人应尽什么责任的问题，是相对于家长之道而言的。

一、子女之道：孝

父母与子女之间不仅有着亲密的血缘关系，而且父母对子女的恩情是人世间最大的恩情，因此，亲子关系是家庭人际关系中最为重要的关系，亲子之道是家庭修身的根本与核心。对此，清末民初的修身教科书也有明确的认识。1907年蔡元培在《中学修身教科书》中指出，"凡人之所贵重者，莫身若焉，而无父母则无身"，②因此，子女孝顺父母天经地义。1910年陆费逵在《修身讲义》中则讲到："天下之人，最有恩于我者，莫如父母。"③1913年周日济在《讲习适用修身教科书》中则说道："生我、抚我、教育我，父母之恩，实为罔极。"④1914年李步青在其《新制修身教本》中则指出，"事

---

① 陆费逵：《修身讲义》（师范讲习科用），商务印书馆1910年版，第29页。
② 蔡元培：《中学修身教科书》，第二册，商务印书馆1907年版，第8页。
③ 陆费逵：《修身讲义》（师范讲习科用），商务印书馆1910年版，第31页。
④ 周日济：《讲习适用修身教科书》，中华书局1913年版，第35页。

亲宜孝,待子宜慈,此一定不易之道也"①。

清末民初修身教科书认为,亲子之间互有一定的责任与义务,因此,亲子之道包括子道与亲道两部分。在叙述的先后顺序上,修身教科书都先论子道,后论亲道。这种安排说明,他们都认为二者以子道最为重要。

子道,即子女对父母之道,也就是子女对父母应尽什么责任的问题。对此,各种修身教科书的认识略有差异。1907 年蔡元培在《中学修身教科书》中指出,"事父母之道,一言以蔽之,则曰孝"②。孝又分为"亲在之时"之孝与"亲没以后"之孝两部分。而"亲在之时"之孝,最重要的有四点:"曰顺、曰爱、曰敬、曰报德。""报德"则包括"养其体"与"养其志"两方面③。而"亲没以后"之孝则为:"葬之以礼,祭之以礼,父母之遗言,没身不忘,且善继其志,善述其事,以无负父母,更进而内则尽力于家族之昌荣,外则尽力于社会国家之业务,使当世称为名士伟人,以显扬其父母之名于不朽,必如是而孝道始完焉"④,概言之,以礼葬祭、继志、述事、显扬父母。1910 年陆费逵在《修身讲义》中,则将事亲之道分为,"一曰奉养,二曰敬爱,三曰保身,四曰慎行",奉养则又分为"养体"与"养志"。⑤ 1914 年李步青在《新制修身教本》中则指出,报父母之恩,主要应从三方面着手:"奉养"、"敬"、"顺从",并认为,"奉养"以"养志"为上,"养体"为下,"二者不可偏废"。⑥ 而1916 年李步青在《实用修身讲义》中则强调说:"然事亲如何而尽其孝,此其最要之道:一曰敬亲,二曰顺亲","至于奉养服劳,以报亲恩,犹其余事也",即认为,事亲之道中,最重要的是"敬亲"与"顺亲",其次才是"奉养服劳"。⑦

虽然各书的理解有差异,但它们基本都认为,子道可以概括为"孝"字,而孝道则包括了顺从、爱敬、奉养(包括养体与养志)三方面。虽然各书对

① 李步青:《新制修身教本》(中学),第三册,中华书局 1914 年版,第 6 页。
② 蔡元培:《中学修身教科书》,第二册,商务印书馆 1907 年版,第 10 页。
③ 蔡元培:《中学修身教科书》,第二册,商务印书馆 1907 年版,第 13 页。
④ 蔡元培:《中学修身教科书》,第二册,商务印书馆 1907 年版,第 20 页。
⑤ 陆费逵:《修身讲义》(师范讲习科用),商务印书馆 1910 年版,第 31 页。
⑥ 李步青:《新制修身教本》(中学),第三册,中华书局 1914 年版,第 6—7 页。
⑦ 李步青:《实用修身讲义》(师范讲习所用),中华书局 1916 年版,第 13 页。

三者的轻重主次理解有偏差,但基本都认为,精神之孝高于物质之孝,但物质之孝又为精神之孝的前提与基础。同时,孝还有父母生前与身后之分。由于子孙对祖先之道,与孝道中的"亲没以后"之孝相同,因此,本节将子孙对祖先之道纳入到孝道之中来讲。而"亲没以后"之孝,又是"亲在之时"孝的延续,所以,两者又有很多重合的内容。因此,将"亲在之时"之孝、"亲没以后"之孝、子孙对祖先之道合并处理,概括为三个层面:物质奉养、内心顺从与爱敬、保身与慎行,其中前两方面与父母的关系比较直接,而保身与慎行,则与自己关系比较密切。

(一)物质奉养

物质奉养,即眼、耳、鼻、舌、身等口体之养,满足父母在衣、食、住、行、用等方面的物质需要。1907 年蔡元培在其《中学修身教科书》中指出,父母对子女恩情深重,因此,子女要报答父母的恩德。而报德之道有二,即"养其体"和"养其志"。"养其体"即是对父母的物质奉养。他认为,养体就是"为父母调其饮食,娱其耳目,安其寝处,其他寻常日用之所需,无或阙焉而后可",若子女成年后,还不能给父母提供较好的物质生活,"缺口体之奉于其父母",或自己比父母过得还好,或根本不赡养父母,都是不孝。① 他还指出,奉养父母要尽可能的亲力亲为,不可由他人代劳。"人子苟可以自任者,务不假手于婢仆而自任之","父母有疾,苟非必不得已,则必亲侍汤药"。② 并认为,对父母的物质之养,不仅在父母生前,还在父母身后,即"葬之以礼,祭之以礼"。③ 1910 年陆费逵在其《修身讲义》中指出,尽孝的第一步就是要"奉养",以"报父母之恩"。而"奉养"又以"养体"为先,"养志"为后。"养体",就是"奉养父母之身体衣食住三者,务求安适,悦其耳目,安其身体,有病则求医诊视,亲视汤药"。④ 他还认为,"人本乎祖,物本乎天",祖宗对于我们就如"木之有本,水之有源",不仅我们的体内有祖宗的血脉,并且祖宗还是"父母之身之所自出",因此,敬事祖宗也是孝亲之道的重要

---

① 蔡元培:《中学修身教科书》,第二册,商务印书馆 1907 年版,第 20 页。
② 蔡元培:《中学修身教科书》,第二册,商务印书馆 1907 年版,第 21 页。
③ 蔡元培:《中学修身教科书》,第二册,商务印书馆 1907 年版,第 26 页。
④ 陆费逵:《修身讲义》(师范讲习科用),商务印书馆 1910 年版,第 31 页。

内容。而敬事祖先最基本的要求就是，"岁时祭祀，省视坟墓，此礼节之表见也"。①

1913 年周日济在其《讲习适用修身教科书》中也提出，孝亲的一个重要方面就是养亲，而养亲的第一层面就是"养亲身"，即"衣食住三者，必求其安适。父母有疾，则为之求医诊视，侍奉汤药"。② 1914 年李步青在其《新制修身教本》中也指出，孝亲首先要"奉养"，而"奉养"以"养体"为先务。"养体"，就要对父母的衣、食、住、行、疾病都照顾周到，使父母过得安适。③他还认为，祖先是我们的本源，也是父母之父母，或父母之父母之父母，因此，当以"事父母之道事其祖先"。具体就是在祖先还在世时，尽"侍养之责"，不在世时，"或祠祭、或扫墓、或瞻像膜拜，岁时饗祀，必致其诚"。④

（二）内心顺从、爱敬

古人讲修德，相对重视精神与内心的修养，而不甚重视物质与外在的修养。同样，清末民初修身教科书在谈论孝道时，也比较重视内心层面的孝，包括对父母要"顺从"、"爱敬"等。

1907 年蔡元培在其《中学修身教科书》中指出，孝道有多端，而最重要的有四点，"曰顺、曰爱、曰敬、曰报德"⑤。可见，他对"顺"、"爱"、"敬"极为重视。关于"顺"，他指出，"顺"就是"谨遵父母之训诲及命令也"，即顺从父母的命令，并且这种顺从，不是勉强为之的顺从，而是"诚恳欢欣"的顺从。为什么呢？因为父母的训诫必然是"适于德义"，"出于慈爱"的，遵从父母之命，必然可以"增进吾身之幸福"。⑥ 他还指出，人在幼年和成年时期都要对父母顺从，但又有所不同。人在幼年时，知识经验不足，因此，幼时对父母之命要绝对的服从，"婉容愉色"的听从，不可以有"异辞"、"抗言"和"不满之色"。⑦ 待到子女成年后，子女的知识经验渐渐丰富，也具有了辨别

---

① 陆费逵：《修身讲义》（师范讲习科用），商务印书馆 1910 年版，第 38 页。
② 周日济：《讲习适用修身教科书》，中华书局 1913 年版，第 35 页。
③ 李步青：《新制修身教本》（中学），第三册，中华书局 1914 年版，第 6 页。
④ 李步青：《新制修身教本》（中学），第三册，中华书局 1914 年版，第 16 页。
⑤ 蔡元培：《中学修身教科书》，第二册，商务印书馆 1907 年版，第 13 页。
⑥ 蔡元培：《中学修身教科书》，第二册，商务印书馆 1907 年版，第 13 页。
⑦ 蔡元培：《中学修身教科书》，第二册，商务印书馆 1907 年版，第 14 页。

是非的能力,但论到阅历经验,仍然没有父母丰富,因此,还要对父母之言虚心听取,父母不问,还要主动向父母咨询和汇报,"凡事必时质父母之意见,而求所以达之",不能"自恃其才,悍然违父母之志而不顾"。① 但他也认为,成年子女也有向父母表达异议的权利,如果父母不对,也有"谏阻"父母,不遵从父母的权利,但是,"谏阻"之时,应"和气怡色而善为之辞,徐达其所以不敢苟同于父母之意见",而不能强硬地忤逆父母。② 他又指出,在子女远离父母,或子女身居官职时,可以不用事事向父母请命。并强调,顺从父母,"不能以私情参预公义","今使亲有乱命,则人子不惟不当妄从,且当图所以谏阻之,知其不当为,以父母之命而勉从之者,非特自罹于罪,且因而陷亲于不义,不孝之大者也"。③ 他又强调,如果父母有失德之举,要为父母"隐",并"秘图补救",不可"辄暴露之"。④ 关于"爱"与"敬",他认为,"爱"与"敬"是"孝之经纬","非爱则驯至于乖离,非敬则渐流于轻狎。爱而不敬,禽兽犹或能之,敬而不爱,亲疏之别何在?二者失其一,不可以为孝也"。⑤

1910 年陆费逵在《修身讲义》中也认为,爱与敬是"孝之经纬","不爱则情疏,不敬则轻狎,爱而不敬,禽兽犹或能之,敬而不爱,天性之情何在?"他还指出,没有敬爱,对父母的奉养就无法做到,因为没有爱的奉养,"心不能诚",没有敬的奉养,与"犬马之养"无异。进而指出,顺从是"敬爱之表见者也",因此,敬爱父母,还要顺从,因为"凡父母之命令,敬之则自然服从,爱之则不忍拂其意"。但他又强调,顺从与盲从不同,"然如父母或有乱命,则不能盲从",不盲从不代表无所作为,而是要积极劝谏,纠正父母的过失。劝谏时,还要讲究方式方法,"必下气怡色,柔声以谏,谏若不入,起敬起孝,悦则复谏",既要坚持是非原则,又不能忤逆父母。⑥

1913 年周日济在其《讲习适用修身教科书》中提出,孝敬父母,当"爱

---

① 蔡元培:《中学修身教科书》,第二册,商务印书馆 1907 年版,第 14—15 页。
② 蔡元培:《中学修身教科书》,第二册,商务印书馆 1907 年版,第 15 页。
③ 蔡元培:《中学修身教科书》,第二册,商务印书馆 1907 年版,第 16 页。
④ 蔡元培:《中学修身教科书》,第二册,商务印书馆 1907 年版,第 17 页。
⑤ 蔡元培:《中学修身教科书》,第二册,商务印书馆 1907 年版,第 17 页。
⑥ 陆费逵:《修身讲义》(师范讲习科用),商务印书馆 1910 年版,第 32 页。

之"、"敬之"、"顺从",不能停留于口体之养。① 1914 年李步青在其《新制修身教本》中则指出,孝亲的第二步就是要"敬亲",再次要"顺从"。关于"敬亲",他指出,敬亲首先要"出必告,反必面",并且,应对时,要"下气怡声,柔色以温之",还要"不谓之进不敢进,不谓之退不敢退,不问不敢对",一切行动都得听从父母的指挥。其次,要以父母的喜好为喜好,"父母之所爱亦爱之,父母之所敬亦敬之"。关于"顺从",他认为,不仅年幼时要顺亲,成人之后也要顺亲。由于父母的阅历经验比子女丰富,因此,子女长大后,也要"时请命于父母"。他还指出,顺亲不仅可以"悦亲心",而且还"有当于事理"。他还强调,顺亲不仅是"言色间"的顺,更重要的是行为上的顺从,"亲有命而毅然行之,亲有戒而翻然改之","始以和顺之容承其意,继以龟勉之心力于行"。他还认为,顺亲还不能违背大义,不能不辨是非,当父母所命"不衷于理"时,就不能顺从。但又强调,即使不顺,也要做到名顺实不顺,"当婉言愉色以受之,不可持之过激,致伤父母之心",即口头上答应,不付诸行动就是了,万不可激烈的反对,让父母伤心。② 1916 年他又在其《实用修身讲义》中提出,"事亲如何而尽其孝,此其最要之道:一曰敬亲,二曰顺亲","至于奉养服劳,以报亲恩,犹其余事也"。③

（三）立身行道,显扬父母

古人孝亲,以物质之养为最低层次,以精神之养为第二层,以修德慎行、立身行道为最高层次。这点清末民初修身教科书也极为赞同。立身行道,就是要一言一行、一事一物都要尽心尽力,符合道义,通过成就自我来荣耀父母。

1907 年蔡元培在《中学修身教科书》中指出,养体仅仅是让父母口体有养,却不能让父母内心安适,因此,养体之外,还要养志。而养志的关键在于"安其心而无贻以忧",即让父母安心,没有忧虑。在他看来,养体容易,养志就很难。因为只要有财力,就能养父母之体,给他们提供较好的生活条件,但要让父母安心而无忧,就不仅仅是财力所能办到的,还需要德行的修

---

① 周日济:《讲习适用修身教科书》,中华书局 1913 年版,第 36 页。
② 李步青:《新制修身教本》(中学),第三册,中华书局 1914 年版,第 7 页。
③ 李步青:《实用修身讲义》(师范讲习所用),中华书局 1916 年版,第 13 页。

养,要"一发言一举足而不敢忘父母"①,即时时处处都要注意自己的言行,不使父母蒙羞和忧虑,因此,"养体,末也,养志,本也"②。那么具体如何"养志"呢? 他认为有三:首先,要注意"卫生",让自己身体康强。"父母之爱子也,常祝其子之康强。苟其子孱弱而多疾,则父母重忧之。故卫生者,非独自修之要,而亦孝亲之一端也。若乃冒无谓之险,逞一朝之忿,以危其身,亦非孝子之所为……我身者,父母之遗体。父母一生之劬劳,施于吾身者为多,然则保全之而摄卫之,宁非人子之本务乎? 孔子曰:身体发肤,受之父母,不敢毁伤,孝之始也。此之谓也",因此,不可不重视"卫生"。③ 其次,要移孝作忠,为社会国家尽本务。他认为,孝亲"不限于家族之中,非于其外有立身行道之实,则不可以言孝。事君不忠,莅官不敬,交友不信,皆不孝之一"。因此,"至若国家有事,不顾其身而赴之,则虽杀身而父母荣之。国之忠臣,即家之孝子。父母固以其子之荣誉为荣誉,而不顾其苟生以取辱者也"。④ 再次,要"翼赞父母之行为,而共其忧乐","不问其事物之为何,苟父母之所爱敬,则己亦爱敬之,父母之所嗜好,则己亦嗜好之"。⑤

1910 年陆费逵在其《修身讲义》中也认为,奉养父母,不仅要"养体",还要"养志"。"养志"即"顺父母之心意,毋令稍有所忤,推父母之心,以为己心"⑥。唯有"养体"与"养志"兼备,才算是真孝。他认为,"养志"之道有二:首先,要"保身",即保养、爱惜自己的身体健康。其次,要"慎行",即一言一行都要合乎道义。"无论何事,苟有丝毫不衷于道,皆可谓之不孝,而行善言善,无一而非孝也"。⑦ 他还指出,对祖先也要"养志",即要"修德慎行,守其遗训,续其遗志。若有遗产遗业,不惟保守之,勿令废坠,更能发挥而增益之"。1914 年李步青在其《新制修身教本》中则指出,"养体不如养志","养志"就是"体父母之心,一出言一举足,不敢忘父母,立身行道,扬名

---

① 蔡元培:《中学修身教科书》,第二册,商务印书馆 1907 年版,第 22 页。
② 蔡元培:《中学修身教科书》,第二册,商务印书馆 1907 年版,第 22 页。
③ 蔡元培:《中学修身教科书》,第二册,商务印书馆 1907 年版,第 22—23 页。
④ 蔡元培:《中学修身教科书》,第二册,商务印书馆 1907 年版,第 24—25 页。
⑤ 蔡元培:《中学修身教科书》,第二册,商务印书馆 1907 年版,第 25 页。
⑥ 陆费逵:《修身讲义》(师范讲习科用),商务印书馆 1910 年版,第 31 页。
⑦ 陆费逵:《修身讲义》(师范讲习科用),商务印书馆 1910 年版,第 33 页。

于世，以显父母"，即要时时处处注意自己的言行，让父母欢心，不让他们担忧。① 他还提出，要移孝作忠，为社会国家奉献。他认为，与孝亲相比，自己的私利，朋友间的私义，都是私，不可为了自己的名利、朋友的情义而不孝亲。但与国家相比，国家为公，父母为私，因此，在国家与父母之间，当以为国家尽忠为第一，为父母尽孝为第二，不可以本末倒置。他还认为，为国家尽忠，是最大的孝。② 他还注意到对祖先的"养志"问题。他认为，对祖先尽孝，除了要物质上的葬与祭外，还要"修德慎行，勿坠遗业，更发挥而光大之，以振家声而扬祖德"。③

二、弟妹之道：敬爱、顺从

在修身教科书看来，兄弟姊妹之道分为适应于所有兄弟姊妹的相处之道、弟妹对兄姊的责务、兄姊对弟妹的责务三部分。而适应于所有兄弟姊妹的相处之道包括互爱、互往、互助，在此先作以介绍。1907 年蔡元培在其《中学修身教科书》中指出，适应于所有兄弟姊妹的本务主要有三点：互爱、互往和互助。首先，要互爱。因为兄弟姊妹之间的感情是出于天性的，不夹杂任何利害得失的，"实人生之至宝，虽珠玉不足以易之"，因此不可以忽视而放弃，要培养和保存。当兄弟姊妹之间有"不情之举"时，"我必当宽容之，而不遽加以责备"，否则就会损伤手足之情。④ 其次，要互往、互助。兄弟姊妹是要相伴终生的，因此应该无事互相往来，有事互相帮助，"一生之间，当无时而不以父母膝下之情状为标准者也，长成以后，虽渐离父母，而异其业，异其居，犹必时相过从，祸福相同，忧乐与共，如一家然，即所居悬隔，而岁时必互通音问"。⑤

1910 年陆费逵在其《修身讲义》中也认为，兄弟姊妹之间也应互相亲睦，而亲睦之道，可概括为一个"悌"字，具体就是友爱、扶助、宽容三方面。

---

① 李步青：《新制修身教本》（中学），第三册，中华书局 1914 年版，第 6 页。
② 李步青：《新制修身教本》（中学），第三册，中华书局 1914 年版，第 8 页。
③ 李步青：《新制修身教本》（中学），第三册，中华书局 1914 年版，第 16 页。
④ 蔡元培：《中学修身教科书》，第二册，商务印书馆 1907 年版，第 42 页。
⑤ 蔡元培：《中学修身教科书》，第二册，商务印书馆 1907 年版，第 43 页。

首先，要"友爱"。他认为，父母只能与我们相伴半生，而兄弟姊妹则是与我们相随终生的亲人，因此，兄弟姊妹间更应该"互相友爱"，即使长大之后，"异业异居"，也当"爱乐与共，音问往来不绝"。并且认为，这种友爱应该是终生不渝的，不能以"职务之差异"与"年岁之壮幼"而"变其爱情"。其次，要"扶助"，包括物质上与道义上的扶助两方面。最后，要"宽容"。如果兄弟姊妹之间有矛盾冲突，有"不情之举，或致失礼"，应当"互相宽容，勿遽加责备，即使再三相犯，亦当婉劝，不可厉色诘责，致伤手足之情"。还指出，财产为身外之物，兄弟姊妹乃手足之情，不能因争财产而有伤手足情谊。①

而兄弟姊妹之道，同样也可以延伸到对族戚之道上，即族戚之间应互爱、互往、互助、平等视之。1907 年蔡元培在其《中学修身教科书》中讲到："由夫妇而有父子，由父子而有兄弟姊妹，于是由兄弟之所生，而推及于父若祖若曾祖之兄弟，及其所生之子若孙，是谓家族"，而"兄弟有妇，姊妹有夫，其母家婿家，及父母以上凡兄弟之妇之母家，姊妹之婿家，皆为姻戚焉"，溯其本源，都是"同出一家"，有着血缘或婚姻关系，因此，对他们也有一定的本务。如何做呢？应当"视若家人，岁时不绝音问，吉凶相庆吊，穷乏相振恤"，应以真情实意相对待，不能斤斤计较于利害得失。② 1910 年陆费逵在其《修身讲义》中也认为，"凡宗族及姻戚，皆亲族也"，族戚可以分为三类，"父族、母族、妻族（女子则为夫族，然夫族关系与父族等，非男子之妻族可比）"。认为我们要对父母、妻子、兄弟尽本务，就要对他们的家族尽本务。而对亲族的责务具体就是："互相往来，休戚相共，吉凶相庆吊，穷乏相救恤，尊卑长幼，相敬相爱，俨如一家之人，协力以谋彼此之幸福"，不能以贫富贵贱之见，破坏亲族之间的感情，也不能厚此薄彼，尤其是不能"厚于姻戚而薄于宗族"。③ 1916 年李步青在其《实用修身讲义》中则指出，宗族是由"祖先之血系"而出，"由一家之蕃衍而分出"，因此，都是一家之人，皆"共一本之谊"。姻戚是"异姓而与我有骨肉连系之缘者"。他们与我们都有密切的关系，因此，对待亲族，应该"无论戚之贫富贵贱如何，而待之之道

---

① 陆费逵：《修身讲义》（师范讲习科用），商务印书馆 1910 年版，第 35—36 页。
② 蔡元培：《中学修身教科书》，第二册，商务印书馆 1907 年版，第 49—50 页。
③ 陆费逵：《修身讲义》（师范讲习科用），商务印书馆 1910 年版，第 39 页。

无殊,要不外于共往来,通有无,危难相救,穷困相恤,吉凶相庆吊而已"。他还说道:"建宗祠,订谱系,立族规,置义庄,皆我国固有之良风,宜扩充而光大之"①。

而弟妹之道,包括顺从、尊敬。1907 年蔡元培在其《中学修身教科书》中指出,弟妹对于兄姊,一要顺从,"遵其教训指导而无敢违",②二要尊敬,不能怠慢。父母过世后,要视兄姊"如父母"。③ 1910 年陆费逵在其《修身讲义》中也提出,弟妹也"当敬事兄姊,听兄姊之言"。④ 1916 年李步青在其《实用修身讲义》中亦指出,弟妹之道,"当致敬尽礼,兄姊有所训诫,必从命惟谨,即言不中理,亦当谅其爱弟妹之心而顺受之",即包括敬和顺两层。⑤

三、妻子之道:辅助、顺从

在修身教科书看来,夫妇之道是人伦之开始,风化的源头,关系到个人幸福、家庭和睦,也关系到社会与国家的富强。1907 年蔡元培在其《中学修身教科书》中指出,夫妇之道为"人伦之始,风化之源",夫妇虽非骨肉关系,但结合之后,"苦乐与共,休戚相关,遂为终身不可离之伴侣",因此,夫妇好合与否,关系人的一生幸福极大。进而指出,国家的根本在于家庭,家庭的根本在于夫妇,"夫妇和","小之为一家之幸福,大之致一国之富强",夫妇之道不尽,不仅"一家之道德失其本",而且"一国之道德,亦由是而颓废矣"。⑥ 1910 年陆费逵在其《修身讲义》中也认为,夫妇为人伦之始,家庭的根本,而社会、国家以家庭为单位,因此,夫妇又是"社会国家之基础"⑦,所以,夫妇之道至关重要。1914 年李步青在其《新制修身教本》中也提出,"一国之本在家,一家之本在夫妇",因此,夫妇之道为"人伦之大本"。⑧

① 李步青:《实用修身讲义》(师范讲习所用),中华书局 1916 年版,第 14—15 页。
② 蔡元培:《中学修身教科书》,第二册,商务印书馆 1907 年版,第 44 页。
③ 蔡元培:《中学修身教科书》,第二册,商务印书馆 1907 年版,第 48 页。
④ 陆费逵:《修身讲义》(师范讲习科用),商务印书馆 1910 年版,第 36 页。
⑤ 李步青:《实用修身讲义》(师范讲习所用),中华书局 1916 年版,第 13 页。
⑥ 蔡元培:《中学修身教科书》,第二册,商务印书馆 1907 年版,第 35 页。
⑦ 陆费逵:《修身讲义》(师范讲习科用),商务印书馆 1910 年版,第 35 页。
⑧ 李步青:《新制修身教本》(中学),第三册,中华书局 1914 年版,第 12 页。

关于夫妇之道的内容,清末修身教科书将之分为适应于双方的责务、妇道与夫道三部分。而民初修身教科书则不再强调妻道与夫道的不同,而强调了夫妇互相的平等责务。

关于夫妇互相的平等责务,清末教科书强调了"互爱"与"互贞"两方面。蔡元培强调了"互爱"。1907年蔡元培在《中学修身教科书》中指出:"爱者,夫妇之第一义也"。并认为,夫妇之间的感情,是"人生最贵之感情"之一。这种爱不仅表现在婚姻生活中要"互致其情,互成其美",更重要的是在困苦中能够"互相慰藉",互相支持。① 而要尽"互爱"之道,首先,要从婚前的择婚做起。他指出,"婚姻之始,必本诸纯粹之爱情",而要保证这一基础,在择婚时,当以对方的"品性"为标准,而不应以财色为尺度。② 而具体以怎样的品性为上呢? 他认为,"男子之择妇也,必取其婉淑而贞正者,女子之择夫也,必取其明达而笃实者"。并指出,唯有以"品性"、"爱情"为基础,才能建立"良善之家庭"。③

而陆费逵强调"互爱"的同时,又强调了"互贞"。1910年陆费逵在其《修身讲义》中提出,夫妇互相之道,除了要互爱,还要互相忠贞。而为了保证互爱,首先,择婚要慎重。他认为,择婚时应考察对方的"人品、性情、家法",而不应以财产的多寡和容貌的美丑为标准。④ 其次,婚后要互爱和保养爱情。就是要求夫妇要"苦乐与共,休戚相关",相依相伴到终生。这就要求要"保其爱情",如何保养呢? "牢记忍之一字,不以细故反目,无疑无嫉,无诈无虞"。⑤ 而关于互相忠贞,他指出,夫妇要各守节操,不要轻言离婚。他认为,离婚会给人生造成巨大的痛苦,因此,他主张夫妇都应坚守节操,彼此忠贞不渝,避免离婚。也因此,他对欧美的离婚之说极不赞同,他说:"迩来欧风东渐,青年男女,习闻欧美离婚之说,恒诋节操为迂腐,不知夫妇之间,当以信义为主,女不可以轻弃其夫,男亦不可轻弃其妇,即使万不

---

① 蔡元培:《中学修身教科书》,第二册,商务印书馆1907年版,第36页。
② 蔡元培:《中学修身教科书》,第二册,商务印书馆1907年版,第37页。
③ 蔡元培:《中学修身教科书》,第二册,商务印书馆1907年版,第38页。
④ 陆费逵:《修身讲义》(师范讲习科用),商务印书馆1910年版,第37页。
⑤ 陆费逵:《修身讲义》(师范讲习科用),商务印书馆1910年版,第37页。

得已,而致离婚,彼此精神界,必留一终身不忘之痛苦,人生不幸之事,无过于此。以视节操贞固者,虽茹苦含辛,而中心无愧,人人敬仰者,其荣辱不可以道里计矣"①。而且他的节操观,不仅仅是对女性的要求,也是对男性的要求,"我国妇女,夙重节操,任女子教育者,固当提倡,然男子亦当注意节操,古人云:贫贱之交不可忘,糟糠之妻不下堂。又云:富不易妻。皆男子之节操也"②。

至民国时期,修身教科书不仅提出夫妇要"互爱"、"互贞",还提出要"互勤"、"互劝"等。1914年李步青在其《新制修身教本》中,不仅提到了夫妇应互爱、互贞,还提出要互敬、互勤、互劝。首先,要互爱。"夫妇之道,以维系其爱情为主"③,没有爱情的婚姻是不会幸福的。因此,他主张婚姻自由和父母主婚相结合,既不主张完全模仿欧美的婚姻自由,也不主张完全按照古制的父母之命。他认为中西婚制无分优劣,各有上下,"我国婚礼,向由家长主婚。自欧化输入,或鉴于夫妇道苦,有主张自由结婚者,二者皆原于风俗习惯之殊尚,得失可不具论",因此,应各取其长,互补其短。子女到了婚嫁之时,还是应由父母做主,"兴媒妁之议",但父母也要听取子女的意见,不可"拂子女之意"。④ 其次,要互敬、互勤、互劝。他认为,爱情到了极致,"易流于狎",因此,互爱之余,还要互相敬重,并提倡向梁鸿举案齐眉的做法学习。⑤ 只有互相勤勉,家业才能兴隆。⑥ 夫妇之间有矛盾,应互相"婉言相劝",尤其是丈夫要"修德明行,以身作则",做妻子的模范。⑦ 最后,要互贞。他认为,不仅女子要守贞操,男子也要守贞操。男子大肆蓄妾,不仅为"法律道德所不许",并且会导致夫妇反目,"室家乖离",因此,主张废除蓄妾陋俗。⑧

---

① 陆费逵:《修身讲义》(师范讲习科用),商务印书馆1910年版,第38页。
② 陆费逵:《修身讲义》(师范讲习科用),商务印书馆1910年版,第38页。
③ 李步青:《新制修身教本》(中学),第三册,中华书局1914年版,第13页。
④ 李步青:《新制修身教本》(中学),第三册,中华书局1914年版,第13页。
⑤ 李步青:《新制修身教本》(中学),第三册,中华书局1914年版,第14页。
⑥ 李步青:《新制修身教本》(中学),第三册,中华书局1914年版,第14页。
⑦ 李步青:《新制修身教本》(中学),第三册,中华书局1914年版,第15页。
⑧ 李步青:《新制修身教本》(中学),第三册,中华书局1914年版,第14—15页。

而关于妻道,清末修身教科书强调妻子有顺从、辅助丈夫的责任。1907年蔡元培在其《中学修身教科书》中指出,与男子相比,女子体力柔弱、心性温柔,比较擅长司理家务,因此,"为妻者,务整理内事,以辅其夫之所不及"①,"女子之本务,为辅佐,为谦让,为巽顺"②,并强调:"夫唱妇随,为人伦自然之道德"。③ 1910年陆费逵在其《修身讲义》中也提出,由于女子体力与智能较弱,因此,与丈夫尽心职业以赡养家庭相对,妻子则要"主持家务,或就才性所近,亦执一业",以"赞助其夫",还要"顺从其夫"。④

四、佣仆之道:忠顺、勤谨

由于现实家庭中仆役的长期存在,清末民初修身教科书也无法回避主仆之道问题。在修身教科书看来,仆人与主人各有其道,而仆人之道则在"忠"。1907年蔡元培在其《中学修身教科书》中指出,作为仆役,对主人要"忠实驯顺","宜终始一心,以从主人之命,不顾主人之监视与否,而必尽其职,且不以勤苦而有泱泱之状",即要听从主人的命令,尽忠职守,还要任劳任怨。还强调,仆人不可"挟诈慢之心"而执事,更不可揭发主人隐私。⑤ 1910年陆费逵在其《修身讲义》中也认为,佣仆要"尊敬主人,从其命令,忠于其职,始终不怠,不论主人监视与否,不萌丝毫不正之念,视公事如己事,不以私事而误主家之事",更不能"挟主家之威势,欺侮他人,刺主人之隐事,暴露同辈,或经手而中饱,或监守而盗窃"。⑥ 1914年李步青在其《新制修身教本》中也指出,仆人应对主人尽四项责务,"一、顺从命令,二、勤慎从事,三、操守必廉,四、不问监督之有无,当尽忠实之道",还应以"终身随侍"主人,或"值主家危难,挺身捍卫"以自勉。⑦

---

① 蔡元培:《中学修身教科书》,第二册,商务印书馆1907年版,第39页。
② 蔡元培:《中学修身教科书》,第二册,商务印书馆1907年版,第40页。
③ 蔡元培:《中学修身教科书》,第二册,商务印书馆1907年版,第39页。
④ 陆费逵:《修身讲义》(师范讲习科用),商务印书馆1910年版,第37页。
⑤ 蔡元培:《中学修身教科书》,第二册,商务印书馆1907年版,第51页。
⑥ 陆费逵:《修身讲义》(师范讲习科用),商务印书馆1910年版,第40页。
⑦ 李步青:《新制修身教本》(中学),第三册,中华书局1914年版,第19页。

第三节 家庭和谐之道(二):家长之道

家长之道即身为父母、兄姊、丈夫、主人对子女、弟妹、妻子、仆人应该尽什么责任的问题,包括了亲道、兄姊之道、夫道、主道等方面。由于这几个方面有很多相似之处,因此,本书将之合并于一处,以便体现几者的相联关系。

一、父母之道:慈爱、教养

亲道思想是解决如何去做父母长辈的问题,父母长辈应对子女尽什么责任的问题。子女与父母之间互有一定的责任与义务,子女有孝顺父母的义务,同样,父母也有教养子女的责任。

对于父母对子女尽道的必要性,修身教科书有深刻的理解。1907年蔡元培在其《中学修身教科书》中指出,亲道不讲方法,则会"贻害于家族社会国家"①。1910年陆费逵在其《修身讲义》中则强调,子女不是父母的"私有物"②,而是"祖宗之血胤,国家之未来国民"③。他说:"世有以子女为其私有物,可由己任意虐置,恃恩求报,强行非义,以子女供其牺牲,是大不可也。盖子女非仅为我之子女,实祖宗之子女,国家社会之子女,为亲者不惟对子女,当尽为亲之道,对祖宗对国家社会,尤不可不尽为亲之道。"④因此,主张从对祖宗尽孝、对国家与社会尽责的角度来行事亲道。1914年李步青在其《新制修身教本》中则提出,世上人尽亲道,往往不得其法,而害了子女,"其养也,恣口体之好,以坏其自立之基。其教也,或因期望之切,或而督责过严,致戕贼其身体,或因爱惜之深,而宽纵太甚,致自堕其学行。"⑤同时又强调,子女不是父母的"私有物",他们是"社会之一人,国家之一民",因此,父

---

① 蔡元培:《中学修身教科书》,第二册,商务印书馆 1907 年版,第 27 页。
② 陆费逵:《修身讲义》(师范讲习科用),商务印书馆 1910 年版,第 35 页。
③ 陆费逵:《修身讲义》(师范讲习科用),商务印书馆 1910 年版,第 33 页。
④ 陆费逵:《修身讲义》(师范讲习科用),商务印书馆 1910 年版,第 34—35 页。
⑤ 李步青:《新制修身教本》(中学),第三册,中华书局 1914 年版,第 8 页。

母"以私人之便利,而牺牲其子女","溺婴于河,弃儿于道,或子达学龄,不使就学,或驱幼儿使作苦工",即便是因为"迫于境遇之贫困",仍"不惟违背人道,亦国法所不容矣"。①

既然亲道如此重要,那么尽亲道的方法是什么呢? 清末民初修身教科书对亲道内涵的理解基本无异,都包括了养子、教子两方面,且以"慈"统领之。1907 年蔡元培在其《中学修身教科书》中认为,父母之道可概括为"慈",而"慈"又可分为"养"与"教"两方面。② 1910 年陆费逵在其《修身讲义》中则提出,父母之道主要包括"慈爱、养育、教训三者",且"不可缺一"。③ 1912 年缪文功在《中华中学修身教科书》中,将家庭事务分为"职业"、"财产"、"教育"、"婚嫁"、"丧祭"、"庶务之整理"、"家风之养成"七项,而"教育"子女即是其中重要的一项。④ 1914 年李步青在其《新制修身教本》中指出,亲对于子之责务,"不外乎教养二事"。他还强调,养子的关键在于"养成其自立之能力",教子的根本在于"完全其国民之修养"。⑤ 1918 年贾丰臻在其《新体修身讲义》中则认为,除了相处之道外,家庭之事还包括"教育子女"和"睦族"两大事,强调了"教育子女"的重要性。⑥ 具体分论如下:

(一)慈爱

慈爱是父母之道的总体概括。1907 年蔡元培在其《中学修身教科书》中指出,父母之道一言以蔽之为"慈"。并认为,慈爱"非溺爱",慈爱旨在"图其子终身之幸福",而溺爱则是对子女的骄纵,"不问其邪正是非而辄应之","任自然之爱情而径行之"。而要尽"慈"道,则要考察得失利害之所在,之后再决定是否答应子女的要求。⑦ 1910 年陆费逵在其《修身讲义》中也认为,亲道主要有"慈爱、养育、教训三者",而以"慈爱"为首。他认为,

① 李步青:《新制修身教本》(中学),第三册,中华书局 1914 年版,第 9 页。
② 蔡元培:《中学修身教科书》,第二册,商务印书馆 1907 年版,第 27—28 页。
③ 陆费逵:《修身讲义》(师范讲习科用),商务印书馆 1910 年版,第 34 页。
④ 缪文功:《中华中学修身教科书》,第二册,中华书局 1912 年版,第 41—66 页。
⑤ 李步青:《新制修身教本》(中学),第三册,中华书局 1914 年版,第 8—9 页。
⑥ 贾丰臻:《新体修身讲义》(师范讲习科用),商务印书馆 1918 年版,第 10—13 页。
⑦ 蔡元培:《中学修身教科书》,第二册,商务印书馆 1907 年版,第 27—28 页。

"慈爱"是父母对子女的第一本务。他还指出,慈爱与溺爱、偏爱不同。慈爱是真正为子女的终生幸福考虑,而溺爱则是娇纵子女,会"害其子"。而偏爱子女,厚此薄彼,"不惟爱者易骄矜,憎者易颓丧,兄弟姊妹或更以此启嫌隙,而来家庭之不和",危害甚大。①

（二）养子

养子是慈道的第一个方面。1907 年蔡元培在其《中学修身教科书》中指出,慈道可分为养子和教子两项内容。"养子教子,父母第一之本务也",而两者又以养子为第一务。养育子女主要是为子女提供较好的物质生活,保护子女身心健康,直到他们"能营独立之生计"为止。② 而"养子"之道:首先,要有一定水准的物质生活。他认为,如果父母不能给子女提供较好的生活,而使其"陷于困乏之中",就是"父母之失其职者也"。③ 其次,要保护子女的健康。他指出,子女幼年时,身体和智能都未发育完全,既不懂得卫生之理,也不会求助于人,离开父母的保护,就不能生存。因此,父母还要尽保护子女健康的责任。④ 1910 年陆费逵在其《修身讲义》中也认为,子女在成年之前,不能独立谋生,需要父母的养育,才能长大成人。因此,父母既然生了子女,就要养育他们,直到他们能自己谋生。他还强调,养育子女不仅是父母的道德责任,也是法定的义务。⑤ 1914 年李步青在其《新制修身教本》中指出,亲对于子之责务,"不外乎教养二事",而两者以"养"为先。他还看到,亲道虽然简单,但"能尽其道者甚鲜"。为什么呢? 父母养育子女,往往不得其法,而害了子女。因此,父母要尽亲道,还要懂得"养"子之法,而养子的关键在于"养成其自立之能力"。⑥

（三）教子

养子与教子为慈道的两个方面,二者不可偏废,但就层次而言,又以"教"为上,"养"为下。1907 年蔡元培在其《中学修身教科书》中指出,要尽

---

① 陆费逵:《修身讲义》(师范讲习科用),商务印书馆 1910 年版,第 34 页。
② 蔡元培:《中学修身教科书》,第二册,商务印书馆 1907 年版,第 28 页。
③ 蔡元培:《中学修身教科书》,第二册,商务印书馆 1907 年版,第 28 页。
④ 蔡元培:《中学修身教科书》,第二册,商务印书馆 1907 年版,第 28—29 页。
⑤ 陆费逵:《修身讲义》(师范讲习科用),商务印书馆 1910 年版,第 34 页。
⑥ 李步青:《新制修身教本》(中学),第三册,中华书局 1914 年版,第 8 页。

亲道,养子之外还要教子。他指出,家庭是"人生最初之学校也"①,父母是子女的第一老师。人的品性"大抵胚胎于家庭之中"②,"幼儿受于家庭之教训,虽薄物细故,往往终其生而不忘,故幼儿之于长者,如枝干之于根本然。一日之气候,多定于崇朝,一生之事业,多决于婴孩甚矣",③因此,家庭教育至关重要,不可忽视。他还认为,家庭教育之道,首先,要"善良其家庭"。他说:"盖幼儿初离襁褓,渐有知觉,如去暗室而见白日然,官体之所感触,事事物物,无不新奇而可喜。其时经验既缺乏,未能以自由之意志,择其行为也,则一切取外物而模仿之,自然之势也。"如果萦绕于周围的人、事、物都是"腐败"的,儿童"清洁之心地"就会受到"终身不磨之瑕玷",而如果家庭之中"悉为敬爱正直诸德之所充",幼儿就会受到美德的熏染。因此,要养成善良的家庭,做父母的就要"正其模范",身体力行,做好子女的典范。④ 其次,要给子女创造良好的生活环境,"或择其业务,或定其居所,及其他言语、饮食、衣服、器用,凡日用行常之间,无不考之于家庭教育之利害而择之",就像孟母三迁那样,选择一个有利于子女成长的环境。⑤ 再次,要不失时机地训诲子女。他指出,训诲子女,要宽严相济,"无失之过严,亦无过宽,约束与放任,适得其中而已",过严或过宽都不利于子女品性的养成。他还强调,父母对子女的训诲之责,不仅在子女幼时,还在其成人之后。他认为,虽然子女成人后,知识经验渐渐丰富,辨别是非善恶的能力也渐备,但各方面还未发育完善,随时都可能走向歧途,因此,父母"当监视而以时劝惩之,以坚其好善恶恶之性质",并根据其才能专长,为其"慎择职业"。⑥

1910 年陆费逵在其《修身讲义》中也认为,不教育子女,"则子终不能完全其人格"⑦,因此,父母在养子之外,还要教子。而教育子女,首先,父母

---

① 蔡元培:《中学修身教科书》,第二册,商务印书馆 1907 年版,第 31 页。
② 蔡元培:《中学修身教科书》,第二册,商务印书馆 1907 年版,第 30 页。
③ 蔡元培:《中学修身教科书》,第二册,商务印书馆 1907 年版,第 31 页。
④ 蔡元培:《中学修身教科书》,第二册,商务印书馆 1907 年版,第 31—32 页。
⑤ 蔡元培:《中学修身教科书》,第二册,商务印书馆 1907 年版,第 33 页。
⑥ 蔡元培:《中学修身教科书》,第二册,商务印书馆 1907 年版,第 33—34 页。
⑦ 陆费逵:《修身讲义》(师范讲习科用),商务印书馆 1910 年版,第 34 页。

要做好子女的典范，"示以善良模范"。①　其次，要训诲子女，要"随时随地，就其资性，扶其直而矫其曲，使其精神发达圆满"。训诲子女，要方法中正，"公平无私"，宽严相济，"不可过严，亦不可过宽"。②　最后，在子女达到学龄之时，还要送孩子上学。即使生活艰难，也要"竭力撙节，以充学费"，尽己所能地让孩子接受小学教育，因为"初等小学为义务教育，固人人所当受"，是每个国民对国家应尽的责任。小学毕业后，要尽可能地让子女接受更多的教育，"非万不得已，不可不令其深造，多受一日教育，即高尚一分人格，多一分自立之道"。③

1912 年缪文功在其《中华中学修身教科书》中提出，"学校非教育唯一之机关，辅学校所不及者。社会之教育，先学校而特施者，家庭之教育"。并指出，"家庭教育，视学校为难，而关系独大。盖学校可施严格，生徒在校，又不过数年，其系属较轻。若家庭，则毕生相依，尤有密切之关系"。家庭教育不良，则危害几代人，"有一不良子弟，则受其害者，上及于父母，中及于兄弟，下及于子女，盖三世被累矣"。④　家庭教育的责任者在家长，而家长进行家庭教育，首先，"宜自端其行为，以作一家之模范"。其次，"凡子未成立以前，一切教育之费用，均必由父母担负，则一家之支用，当以教育费为最重"。再次，还要注意"择邻"、"择佣仆"、"严往来之人"，使子女处于善良的人群之中，受到美德的陶染。⑤　1914 年李步青在其《新制修身教本》中则指出，教子的关键在于，"子未达学龄时，当注意于家庭教育，示以良善之模范，施以适当之教训，既达学龄，当使受学校教育，以完全其国民之修养"。⑥

二、兄姊之道：提携、教导

修身教科书认为，兄姊之道除了要尽互爱、互往、互助之责任外，还有保

---

① 陆费逵：《修身讲义》（师范讲习科用），商务印书馆 1910 年版，第 34 页。
② 陆费逵：《修身讲义》（师范讲习科用），商务印书馆 1910 年版，第 34 页。
③ 陆费逵：《修身讲义》（师范讲习科用），商务印书馆 1910 年版，第 34—35 页。
④ 缪文功：《中华中学修身教科书》，第二册，中华书局 1912 年版，第 46 页。
⑤ 缪文功：《中华中学修身教科书》，第二册，中华书局 1912 年版，第 47—48 页。
⑥ 李步青：《新制修身教本》（中学），第三册，中华书局 1914 年版，第 9 页。

护与劝诫弟妹的责任。1907 年蔡元培在《中学修身教科书》中指出,兄姊年龄稍长,知识经验较丰富,对弟妹当"助其父母提撕劝戒",不能挟其年长,"以暴慢恣睢之行施之",以欺凌弟妹。① 如果不幸而父母早逝,当"立于父母之地位,而抚养其弟妹"。② 又因兄姊的行为往往为"弟妹所瞩目而模仿",因此,兄姊还要端正其言行,做弟妹的模范。③ 1910 年陆费逵在《修身讲义》中也认为,不论年龄,还是知识经验,兄姊都胜于弟妹,因此,身为兄姊不仅"当谨言慎行,为弟妹之模范",更应该"保护而教训之"。④ 1916 年李步青在《实用修身讲义》中则指出,兄姊之道则包括保护、劝导两方面。兄姊"当尽保护劝导之责,尤宜以身作则,为弟妹之表率",如果父母早故,还有"代父母而负教养之责"。⑤

三、丈夫之道:赡养、保护、指导

清末修身教科书认为,作为丈夫,除了要尽互爱之责务外,对妻子还有赡养、保护与指导的责任。1907 年蔡元培在其《中学修身教科书》中指出:"男女性质之差别,第观于其身体结构之不同,已可概见。男子骨骼伟大,堪任力役,而女子则否;男子长于思想,而女子锐于知觉;男子多智力,而女子富感情;男子务进取,而女子喜保守"⑥,"男子体力较强,而心性亦较为刚毅,女子则体力较弱,而心性亦毗于温柔"。⑦ 这些不同都导致男子长于社会事务,而女子长于司理家务,因此,"为夫者,必勤业于外,以赡其家族;为妻者,务整理内事,以辅其夫之所不及,是各因其性质之所近而分任之者"⑧。因此推出,丈夫"当尽力以护其妻,无妨其卫生,无使过悴于执业,而其妻日用之所需,不可以不供给之",并认为,"男子无养其妻之资力,则不

---

① 蔡元培:《中学修身教科书》,第二册,商务印书馆 1907 年版,第 44—45 页。
② 蔡元培:《中学修身教科书》,第二册,商务印书馆 1907 年版,第 48 页。
③ 蔡元培:《中学修身教科书》,第二册,商务印书馆 1907 年版,第 47 页。
④ 陆费逵:《修身讲义》(师范讲习科用),商务印书馆 1910 年版,第 36 页。
⑤ 李步青:《实用修身讲义》(师范讲习所用),中华书局 1916 年版,第 13 页。
⑥ 蔡元培:《中学修身教科书》,第二册,商务印书馆 1907 年版,第 40 页。
⑦ 蔡元培:《中学修身教科书》,第二册,商务印书馆 1907 年版,第 38 页。
⑧ 蔡元培:《中学修身教科书》,第二册,商务印书馆 1907 年版,第 39 页。

宜结婚"。① 1910 年陆费逵在其《修身讲义》中也认为,男子体力与智能较女子强大,因此,丈夫要"执业自立,赡养其妻",还要"保护其妻,指导其妻"。②

四、主人之道:仁慈、威严、慎择、教导

修身教科书还指出,主人之道要"择"、"慈"、"威"、"教"。1907 年蔡元培在《中学修身教科书》中强调了主人对仆人要"慈"、"择"与"督"。他指出,身为主人,对仆役要慈爱,仆役也是人,也有"自由之身体及自由之意志"③。主人对待他们要"常存哀矜之心,使役有度,毋任意斥责,若犬马然。至于仆役俸银,即其人沽售劳力之价值,至为重要,必如约而畀之"④,即对之心存怜悯,不可像对待犬马一样过度使唤、任意斥责,还要按时按约偿付工钱。进而认为,仆役会影响子女的品性,因此,不仅选择仆役要慎重,而且还要对仆役加以监督。⑤

1910 年陆费逵在《修身讲义》中不仅强调了主人对仆人要"慈"与"择",还要"教"与"恩威并用"。他认为,佣仆是"助劳力以博衣食者",但他们"亦人子也",由于贫困才役使于人。⑥ 因此,主人对待他们,首先,要慈爱。"时存矜怜之心,毋劳其体,毋任意斥责。至于佣仆工资,即其人沽售劳力之价值,必如约畀之。"⑦其次,要教育。主人"苟有余暇,更能授之以学问技艺,使其人格渐高,不特佣仆感良主人之恩,国家社会,实受其赐"。⑧第三,要慎重地选择仆役。他认为仆役的好坏不仅关系到家政,还关系到子女教育。如果仆役品性不良,会使子女不知不觉中"陷于邪僻",因此,选择佣仆应"取其忠实勤朴者"。第四,不可过多地让仆役参于家务,"令佐家中

---

① 蔡元培:《中学修身教科书》,第二册,商务印书馆 1907 年版,第 38 页。
② 陆费逵:《修身讲义》(师范讲习科用),商务印书馆 1910 年版,第 37 页。
③ 蔡元培:《中学修身教科书》,第二册,商务印书馆 1907 年版,第 51 页。
④ 蔡元培:《中学修身教科书》,第二册,商务印书馆 1907 年版,第 52 页。
⑤ 蔡元培:《中学修身教科书》,第二册,商务印书馆 1907 年版,第 52 页。
⑥ 陆费逵:《修身讲义》(师范讲习科用),商务印书馆 1910 年版,第 39 页。
⑦ 陆费逵:《修身讲义》(师范讲习科用),商务印书馆 1910 年版,第 39 页。
⑧ 陆费逵:《修身讲义》(师范讲习科用),商务印书馆 1910 年版,第 39 页。

庶务,敷用可矣,切不可过多"。第五,对待仆役应"恩威并用"。因为"无恩则常为所恨,无威则常为所侮"。最后,应革除买婢的陋习。他说:"我国旧有买婢之习,主妇残忍者,恒虐待之,惨无人理,是诚野蛮之尤者也。今者明诏禁止价买婢妾,吾人当敬遵之。"①

1914 年李步青在其《新制修身教本》中也指出,主人要对仆人慈爱、教育、少使。他认为,佣仆是助理家务的,因此,其与家庭关系重大,主人对之不可不慎重。首先,要对他们慈爱。他认为,仆役与我们一样都是"平等之人",有"身体意志之自由",②他们迫不得已才受人奴役,本身已极为可怜,因此主人要善待他们。"当存矜怜之心,勿过劳其体,勿任意斥责。且宜知受雇之人,以劳力而受雇,其身份非本贱也,又宜量其劳力,与以相当之值。苟有余暇,当使之习学问技艺,以修养其人格。若为习艺而来者,如徒弟之类,尤不可以仆役待之。至使用佣仆,当持大体而略小节,又当设身处地,分配以适宜之事务,更予以正当之指挥,斯措置悉得其当也。"③其次,要尽量少使用仆役。他认为,雇佣仆役是为了"节劳",但不是为了"己身之安逸"。那些富贵人家,仆役成群,专供伺候之用,"既贱使人类,复自逸其身,非治家之道也"。而少年人尤其当"习于勤劳,不可惯用仆役"。④ 最后,选择仆役要慎重,应"以勤能为要务"。⑤

第四节 家庭发展之道:治家之道

与其他教科书多强调家庭人际和谐相比,缪文功的《中华中学修身教科书》则不仅强调了家庭人际和谐,更强调了家庭的发展与治理。他不再局限于从家庭人伦相处之道的视角来探讨家庭修身问题,而是从家庭经济、

---

① 陆费逵:《修身讲义》(师范讲习科用),商务印书馆 1910 年版,第 40 页。
② 李步青:《新制修身教本》(中学),第三册,中华书局 1914 年版,第 18 页。
③ 李步青:《新制修身教本》(中学),第三册,中华书局 1914 年版,第 18 页。
④ 李步青:《新制修身教本》(中学),第三册,中华书局 1914 年版,第 18 页。
⑤ 李步青:《新制修身教本》(中学),第三册,中华书局 1914 年版,第 19 页。

教育、事务、家风等全面发展的角度来考虑家庭修身之道。虽然,缪文功的
治家思想基本上是对传统治家思想的继承,鲜有突破,但与众多的修身教科
书相比,仍表现出极为可贵的探索精神。

　　缪文功在书中指出,治家当从家庭"职业"、"财产"、"教育"、"婚嫁"、
"丧祭"、"庶务之整理"、"家风之养成"等七方面入手。从排列顺序可以看
出,缪文功对家庭经济、家庭教育的重视。本义将之合并为家庭经济(包括
职业与财产)、家庭教育、家庭事务(包括婚丧与庶务)与家庭风气四个方
面。下面分论之:

一、家庭经济

　　首先,家庭要谋职业。他认为,职业不仅是个人自立的基础,家庭免于
贫困的保障,也有利于社会的发展,因此,家庭不可不谋职业。家庭谋职业
需要注意三点:第一,不论家庭贫富,都要谋职业。"贫贱之家,生计艰苦,
固必以职业为本",而富贵之家,也要谋职业,以裨益社会。"人即富贵,亦
必自谋职业,其心方有所依据。况富贵不可常恃,唯有职业乃足以自存。"①
第二,无论男女,皆当有职业。他说:"男子固当有职业矣,女子亦不可无职
业",男子"必须有可操之职业",其职业除了务农外,还有"若工、若商、若军
事、若文学、若教育"等,都是"自立"的依据。而女子"虽不必尽出于织,而
必求不倚赖男子,方足自全"。女子可从事的职业有"优美之工艺,精密之
事理,教育及慈善之业务"等。② 第三,不论壮者,还是老弱,都应谋职业。
"壮者固当有职业矣,幼与老亦不可无职业"。幼者当"以学为职业之准
备","以养成自立之性质为本",而老者当以"导率子弟"为职任。③

　　其次,要置理财产。他指出,无财产,不仅不能"自存",而且不利于责
务的践行。而富者与贫者各有其理财之道。富者当"善守"、"善用"财产,
"善守"则财产"不致浪费,可免中落之患",而"善用"财产,用于积德行善,
则利己利人。贫者当"善创"、"善储"财产,"善创"则可以"勤俭起家",而

---

　　① 缪文功:《中华中学修身教科书》,第二册,中华书局1912年版,第41—42页。
　　② 缪文功:《中华中学修身教科书》,第二册,中华书局1912年版,第42页。
　　③ 缪文功:《中华中学修身教科书》,第二册,中华书局1912年版,第43—44页。

"善储"则可以备生活所需,不至于贫困。① 他还强调,共产主义"可以表公平",但会养成"依赖之习",而析产主义,"人各知自为谋,可养成独立之风",因此,他主张析产主义。②

二、家庭教育

缪文功认为,与学校教育相比,家庭教育难度更大,影响也较大。学生上学仅有几年,而与家庭要"毕生相依",如果家庭教育不良,就会连累几代人。他指出,家庭教育的责任在"家长",而家长要想教育好子女,首先要"自端其行为,以作一家之模范";③其次,在子女未成年之前,要承担"一切教育之费用",并且,家庭开支当"以教育费为最重"④;再次,还要"择邻"、"择佣仆"、"严往来之人",为子女创造一个良好的教育环境;⑤最后,要"渐积"。他认为,教育之效在于"渐积",没有"近效",因此,要谋取家庭幸福,当"平心静气以求之,矢之以毅力,贞之以恒心,忌责速效,忌用体罚"。⑥

三、家庭事务

在缪文功看来,婚丧是家庭事务中较重要的事情,因此,治家不可不重视婚丧大事。

关于婚姻,他认为,婚姻是"人生最大之事","既与一生利害有关,且与一家兴衰有关",⑦因此,不可不慎重。而婚姻大事,要注意三点:第一,要慎重择婚。他认为,"为子择偶,为女择婿",是父母"应尽之义务"。"择妇之道",首重"智德","不可重容貌,亦不可贪财帛"。"嫁女之道",首重"贤婿",而"不可贪家产"。⑧ 第二,要注重"婚礼"。他认为,今人的婚礼,不应

---

① 缪文功:《中华中学修身教科书》,第二册,中华书局1912年版,第45页。
② 缪文功:《中华中学修身教科书》,第二册,中华书局1912年版,第46页。
③ 缪文功:《中华中学修身教科书》,第二册,中华书局1912年版,第47页。
④ 缪文功:《中华中学修身教科书》,第二册,中华书局1912年版,第47页。
⑤ 缪文功:《中华中学修身教科书》,第二册,中华书局1912年版,第47—48页。
⑥ 缪文功:《中华中学修身教科书》,第二册,中华书局1912年版,第48页。
⑦ 缪文功:《中华中学修身教科书》,第二册,中华书局1912年版,第48页。
⑧ 缪文功:《中华中学修身教科书》,第二册,中华书局1912年版,第49页。

一味地追求"六礼",也不能盲目地仿效西式婚礼。"古云六礼,就士大夫家言之,庶人未能悉备。但得正当之匹偶,不在繁缛之虚文。西式婚礼行于寺院,证以牧师,我国不尽适也。"①第三,婚期要戒"幼订"、"早婚"。他认为,"人之贤否,难决于幼时,议婚太早,流弊实多。至于指腹为婚,更不可行矣。又宜戒早婚,早婚之弊,易失独立之气,易增家室之累,易陷夭折之患,青年宜早思之。"他还强调,子女成年之后,若能自立,"婚事可以自审",但仍然要按照我国婚俗,告诉父母,由父母主持,不可"不告而娶"。②

关于丧祭,他认为,家中之人,平日或"护持我",或"承事我",或与我"相助相辅",都是对我有恩情之人,因此,当家中有人去世,"为之营衣棺,营葬祭",不仅是义之所至,也是情之所归。他指出,丧祭要遵循礼仪,要考虑自身的经济状况。"顾丧祭须视死者及一己之地位,庶人而滥用上仪,固为非礼矣,贫寒而徒饰观瞻,情夺于文,亦无当于事理也。"他认为,丧期当有一定的长度,一般以"三年"为期,但他又强调,服孝不在"持服期长",而在"心不忘亲",因此,他不主张"终身持服"。③ 他还对古人刮骨疗亲的行为极为反对,认为"是愚而不得为孝者也"。他还指出,"丧礼甚繁"、"僧道之诵经"、"纸锭之焚化"的旧俗,是古人相信"死者灵魂不灭,死者可以复生"所致,是迷信的源头,都不应提倡。④

家庭庶务即家庭日常事务,关系家庭的发展甚大,因此,缪文功也极为重视。他认为,家庭庶务是万事的基础,若不养成"有条不紊"的"整一之风",则"百事废弃"。而家庭事务的整理,应注意五点:第一,"常时之整理",包括"整治居宅,保存储藏,清检什物,稽核簿籍"等事;第二,"变时之整理",即在灾难和疾病之时,亦当"保持秩序","精密详慎,细心理之";第三,"关于御防之事",如防火、防贼、防疫等事要注意;第四,"关于姻戚往来之事",包括吉凶相互"庆吊"与有事"慰问",而"慰问"又包括物质上的"赠遗"和礼数上的"接待";第五,"关于佣作仆役之事"。他认为,要尽量少用

---

① 缪文功:《中华中学修身教科书》,第二册,中华书局 1912 年版,第 50 页。
② 缪文功:《中华中学修身教科书》,第二册,中华书局 1912 年版,第 50 页。
③ 缪文功:《中华中学修身教科书》,第二册,中华书局 1912 年版,第 51 页。
④ 缪文功:《中华中学修身教科书》,第二册,中华书局 1912 年版,第 52 页。

仆役,能不用则不用,若"不得已而用之",当"待之有恩"。①

四、家风养成

在缪文功看来,家风好坏,关系家庭的兴亡,治家不可不重视家风之养成。他认为,家庭需要养成的美德有六种:"曰孝慈,曰和顺,曰公平,曰勤俭,曰整洁,曰秩序。"②其一,要"孝慈",即子孝亲慈。作为子女,深受父母之恩情,应对父母尽孝,"孝之大者,当善继善述,期扬父母之令名,即浅而至于饮食、衣服、寝处之常,亦人子所当尽心者也"。而身为父母,对子女则要尽"慈"道,即当"负养育、教诲之责任",以保其身体健康,养其健全人格。③ 其二,要"和顺"。他认为,"和则相亲,相亲则不相贼",治家尤贵"和顺"。而"和顺"之道,在于"礼让、忍耐及敦睦","大旨则不外相爱、相信"④。而"相爱"即要"疾病相扶持,患难相救恤",⑤"相信"则要"相见以诚",推心置腹,而不互相猜忌。⑥ 其三,要"公平",即对人对事要公平持正,不可偏私。⑦ 其四,要"勤俭",即勤劳持家,节俭用度,不可懒惰与奢侈。⑧ 其五,要"整洁"。他认为,不整洁会养成一种"懒散精神",而懒散是"万恶渊薮",要力戒。而整洁,"以勤洒扫为最要"。同时,还要"勤修葺","凡家中在临时特别修葺外,每岁宜在春秋各修葺屋宇一次,其最宜注意者在水道,夏日积潦在庭,冬日水坚于户,皆不适于卫生也"。⑨ 其六,要"秩序"。他所言的"秩序"包括对"时"、对"事"、对"物"之秩序。一要按时作息,"起卧、操作、食息之时间,亦必当预定也",不可"朝出而晚归",令家人担忧;二要按照轻重缓急的情况,来安排事情的先后;三要将各种物品分门

---

① 缪文功:《中华中学修身教科书》,第二册,中华书局 1912 年版,第 53—54 页。
② 缪文功:《中华中学修身教科书》,第二册,中华书局 1912 年版,第 55 页。
③ 缪文功:《中华中学修身教科书》,第二册,中华书局 1912 年版,第 56 页。
④ 缪文功:《中华中学修身教科书》,第二册,中华书局 1912 年版,第 57—58 页。
⑤ 缪文功:《中华中学修身教科书》,第二册,中华书局 1912 年版,第 58 页。
⑥ 缪文功:《中华中学修身教科书》,第二册,中华书局 1912 年版,第 59 页。
⑦ 缪文功:《中华中学修身教科书》,第二册,中华书局 1912 年版,第 59 页。
⑧ 缪文功:《中华中学修身教科书》,第二册,中华书局 1912 年版,第 60 页。
⑨ 缪文功:《中华中学修身教科书》,第二册,中华书局 1912 年版,第 61—62 页。

别类地安置,还要经常稽核。①

小　结

由上述可知,清末与民初修身教科书的家庭修身思想表现出较多的相似之处,但也存在着一些差异。

二者的相通之处表现为:

其一,他们都重视家庭人伦道德的修养,重视家庭的人际关系问题,强调亲子、兄弟姊妹、夫妇、祖孙、主仆之间互有一定的责任与义务,并致力于家庭和谐的目标。比如他们都强调父慈子孝、兄友弟悌、夫义妇和,强调幼对长、妇对夫的敬爱与顺从,强调长对幼、夫对妇的物质供养或帮助,道义上的教育、指导与劝诫,并强调互爱、互助、互劝、互往等相互之间的亲爱互助。这些道德要求,显然都有利于家庭的和谐与稳定。这点与传统的家庭道德极为接近,这既体现了清末民初修身教科书对传统伦理道德思想的甚多继承,也反映了这些思想本身具有某些超历史的普遍意义,是古今人类共同追求的一种基本道德。

其二,他们都重视家庭教育问题,包括亲对子、兄姊对弟妹、夫对妻、主对仆的教育责任,尤其是认识到,家长对子女除了有家庭教育的责任外,还有送子女接受国民教育的义务。这是清末民初修身教科书对传统思想的突破,不仅反映了修身教科书对教育的重视,也反映了近代教育救国思潮对修身教科书的深刻影响。

其三,他们将家庭中的每个成员,尤其是子女、仆人,视为社会之一员、家庭之一分子,视为具有自由意志的人。并从对社会与国家尽责任的角度,来理解父母对子女、主人对仆人尽责务的必要,从而将家长对幼仆尽责务的意义,由私人恩情的小私范围,提高到了对社会、对国家尽责务的大公领域,无疑是一种认识上的巨大进步。如 1910 年陆费逵在其《修身讲义》中强

---

① 　缪文功:《中华中学修身教科书》,第二册,中华书局 1912 年版,第 64—65 页。

调,子女不是父母的"私有物",而是"祖宗之血胤,国家之未来国民"。他指出:"盖子女非仅为我之子女,实祖宗之子女,国家社会之子女,为亲者不惟对子女,当尽为亲之道,对祖宗国家社会,尤不可不尽为亲之道"。1914 年李步青在其《新制修身教本》中则又提出,子女不是父母的"私有物",他们是"社会之一人,国家之一民",因此,父母不尽对子女教养的责任,"不惟违背人道,亦国法所不容矣"。① 而同样,仆人也是有自由意志之人。1907 年蔡元培在其《中学修身教科书》中指出,仆役也是人,也有"自由之身体及自由之意志"。1914 年李步青在其《新制修身教本》中也指出,仆役与我们一样都是"平等之人",有"身体意志之自由",②因此,主人应对仆人尽慈爱与教育的责务。

二者的差异又表现为:

其一,二者虽然都强调幼仆对家长的忠孝、顺从,但民初修身教科书在一定程度上还承认了幼仆的独立人格与自由权利。比如在婚姻问题上,民初教科书强调,子女成人后有一定的婚姻自主权利。如 1912 年缪文功在其《中华中学修身教科书》中指出,子女幼年时,婚姻当由父母做主,成人之后,"婚事可以自审",但仍然要按照我国婚俗,告诉父母,由父母主持,不可"不告而娶"。③ 1914 年李步青在其《新制修身教本》中,既不主张完全模仿欧美的婚姻自由,也不主张完全按照古制的父母之命,主张子女到了婚嫁之时,应由父母做主,"兴媒妁之议",但父母也要听取子女的意见,不可"拂子女之意"。④ 再如在夫妇之道上,民初修身教科书不再着意强调男女在生理、体质、智能、心性、职业上的差异,而更多强调夫妇相互的平等义务,如互助、互劝、互勤、互贞,尤其是强调了夫妇在性道德上的平等,主张互相忠贞,废除蓄妾制度。

其二,与清末教科书从家庭人际相处之道立论相比,民初的某些教科书开始尝试从治家的角度来论述家庭修身问题。如第四节提到的缪文功的

---

① 李步青:《新制修身教本》(中学),第三册,中华书局 1914 年版,第 9 页。
② 李步青:《新制修身教本》(中学),第三册,中华书局 1914 年版,第 18 页。
③ 缪文功:《中华中学修身教科书》,第二册,中华书局 1912 年版,第 50 页。
④ 李步青:《新制修身教本》(中学),第三册,中华书局 1914 年版,第 13 页。

《中华中学修身教科书》,从职业、财产、教育、婚嫁、丧祭、庶务之整理、家风之养成等方面来探讨家庭修身问题。这种角度,将家庭道德列为家庭修身的一部分,而不是全部,在重视家庭道德的同时,还重视家庭经济、家庭教育、家庭事务等的发展,反映了他更为全面的家庭修身观。这显然是对清末教科书的一个较大突破。

第四章 以公德为核心的社会修身思想

　　社会修身主要指的是作为社会成员在社会生活领域中的修养问题。如果说清末民初修身教科书的家庭修身思想更多的是对传统的继承,那么,其社会修身思想则更多的是对传统的突破,主要表现为与传统修身相比新增了公义、公德、公益、公礼等新的社会道德要求上。这种突破不是无源之水,而是近代"社会"不断发育的必然结果。中国古代的社会结构是家国同构的社会结构,在这一结构中只有家庭、国家两个元素,而没有近代意义上的"社会"。"社会"是以职业、志趣、利益为纽带联系起来的,其中有"社会人"、"社会团体"、"社会公众"等各类主体。近代以降,随着近代城市群的渐渐形成,"城市社会"日渐发育,并在家庭与国家之间扮演着日益重要的角色。在近代"城市社会"中,产生了不同以往的社会人与社会人、社会人与社会团体、社会人与社会公众等全新的社会关系,新型社会关系的产生需要新的社会道德规范的调节,因此,社会修身问题日趋显示出其重要性。虽然,众多近代人士对于社会修身问题都曾作过探讨,但都不及修身教科书讲述得系统全面。

第一节 社会观及社会修身的意义

　　社会是什么,今天的人们并不陌生,然而对近代国人而言,社会是一个完全陌生的概念。因此,解释社会这个新概念,分析其内涵,成为近代修身教科书探讨社会修身问题的前提。近代人们对于社会和社会修身的认识与理解,多源自西方,但也加入了中国传统思想的元素。

一、社会观

"社会"一词,中国古已有之。在我国古籍中,"社"是指用来祭神的地方。《孝经·纬》记载:"社,土地之主也。土地阔不可尽敬,故封土为社,以报功也。"①"会"就是集会。两字连用意指人们为祭神而集合在一起。"社会"一词始于《旧唐书·玄宗本纪》,书中记载,十八年闰六月辛卯,"礼部奏请千秋节(唐玄宗钦定他的生日——八月五日为千秋节)休假三日,及村间社会,并就千秋节先赛白帝,报田祖。然后坐饮,从之。"②意思是说,从唐玄宗生日那天起,全国上下,直到农村,放假三天。规定首先祭祀西方之神,再祭神农,然后聚会畅饮,直到散会。古籍中有时也指"社"是志同道合者集会之所,如"文社"、"诗社",或指地区单位,如"二十五家为社"。我国古代关于"社"的三种含义,第一种"祭神之所"与第三种"地区单位",很早就不再使用了,唯有第二种"志同道合者集会之所",与今天人们对"团体"的理解相近。

而到了清末民初,随着西方社会学的传入,近代国人的社会观也发生了一些变化。清末民初修身教科书的社会观就是中西文化交融的产物。在修身教科书中,社会是一个内涵丰富的概念。各书对社会的界定也不尽相同,但也形成了以下共识:

首先,认为社会是由趋向相同的多数人聚集而成的团体。如1903年麦鼎华翻译的日人元良勇次郎著的《中等教育伦理学》一书所说:"以多数之人类,定居而相集,其间分业大行,有统一之而成团体者,谓之社会。"③1906年杨志洵在其编的《中等修身教科书》中指出,"社会者,吾人所居之天成之团体"④。1913年樊炳清在《共和国教科书修身要义》(初中)中指出,"凡趋向相同利害与共之人,集而为群,则谓之社会"⑤。

---

① 《孝经·纬》。
② 《旧唐书·玄宗本纪》。
③ [日]元良勇次郎著,麦鼎华译:《中等教育伦理学》,广智书局1903年版,第28页。
④ 杨志洵:《中等修身教科书》,文明书局1906年版,第30页。
⑤ 樊炳清:《共和国教科书修身要义》(初中),卷上,商务印书馆1913年版,第57页。

其次,认为社会的范围可大可小,广狭不一。1906 年杨志洵在《中等修身教科书》中指出,"以广义而言,全球人类为一社会。以狭义言之,全国人民,为一社会。以最狭言之,士农工商之群,各为一社会。"①在这里,社会大可指人类社会,小可指国家社会,最小可指各种职业人群。1912 年蔡元培在《订正中学修身教科书》中也认为,社会的范围"广狭无定,小之或局于乡里,大之则亘于世界,如所谓北京之社会,中国之社会,东洋之社会,与夫劳工社会,学者社会之属,皆是义也"②。1913 年王仁爵在其《师范讲习科用修身教科书》中也指出,"社会之范围,广狭不一,无一定之界限,小而家族,大而国家及人类团体,均可得而称之"③。可见,在修身教科书看来,或以职业、或以行政区域、或以民族国家、或以地理方位、或以全人类为单位,都可构成一社会。

其三,认为社会与国家有所不同。1903 年元良勇次郎在《中等教育伦理学》中指出,国家与社会关系密切,但又有不同。"国家者,为法律与权力所统一之人民之团体,有治人者,有治于人者,各人相互之间,皆有权利义务。社会者,本人情之自然,而为交际,以互相结合者也。"④即国家是靠法律及所规定的权利义务来维系的,而社会关系则更多的是靠自然人情来维系。1912 年蔡元培在《订正中学修身教科书》中也指出,"凡趋向相同利害与共之人,集而为群,苟其于国家无直接之关系,于法律无一定之制限者,皆谓之社会"⑤。蔡元培在这里,也意识到社会空间与国家空间的划分问题,认为社会空间是"于国家无直接之关系"、"于法律无一定之制限"的那部分。

其四,认为社会起源于人的人性与人类生存的需要。关于社会的起源,修身教科书认为主要是基于人的两种需要,一是人性的需要,二是生存的需要。1912 年蔡元培在《订正中学修身教科书》中指出,"人生而有合群之

① 杨志洵:《中等修身教科书》,文明书局 1906 年版,第 30 页。
② 蔡元培:《订正中学修身教科书》,上篇,商务印书馆 1912 年版,第 61 页。
③ 王仁爵:《师范讲习科用修身教科书》,卷下,中国图书公司 1913 年版,第 1 页。
④ [日]元良勇次郎著,麦鼎华译:《中等教育伦理学》,广智书局 1903 年版,第 28 页。
⑤ 蔡元培:《订正中学修身教科书》,上篇,商务印书馆 1912 年版,第 60—61 页。

性,虽其种族大别,国土不同者,皆得相依相扶,合而成一社会","人之性,厌孤立而喜群居,是以家族之结合,终身以之,而吾人喜群之性,尚不以家族为限,向使居处家庭之间,与家族以外之人,情不相通,事无与共,则此一家者,无异在穷山荒野之中,而其家亦乌能成立乎",①即认为人类组成家庭,进而组成社会,首先是为了满足人类的合群天性。而这只是其一,更重要的是为了谋生的需要。因为个人的能力有限,不能孤立生存,要想生存,就必须依仗于社会。"盖人类之体魄及精神,其能力本不完具,非互相左右,则驯至不能生存。以体魄言之,吾人所以避风雨寒热之苦,御猛兽毒虫之害,而晏然保其生者,何一非社会之赐? 以精神言之,则人苟不得已而处于孤立之境,感情思想,一切不能达于人,则必有非常之苦痛,甚有因是而病狂者。盖人之有待于社会,如是其大也。且如言语文字之属,凡所以保存吾人之情智而发达之者,亦必赖社会之组织而始存,然则一切事物之关系于社会,盖可知矣。"②

1913 年樊炳清在其《共和国教科书修身要义》中也指出,"社会者,人由其好群之天性,与生活之要求,而自然构成者也"③。1913 年王仁黉在其《师范讲习科用修身教科书》中也认为,"人若离群索居,其生存力即不能无缺,故必聚集多数之人,以谋共同生活,而后得以完全生存,此即社会所由起也"④,"社会之构成,原于人间之所必要者,一曰社交,一曰经济生活。有是二者,而社会中之个人,乃得自由活动而能生存,若一日离社会,即不能生存矣。"⑤即认为人类群居生活,是为了增强生存能力。不同的是,他没有从人性的角度着眼,而是直接抓住人类组织社会的主旨,即生存需要,来剖析社会的起源。1914 年李步青在其《新制修身教本》中也认为,人类之所以要协同组成社会,"一、源于人类之本性,好群而恶独……二、人类相处,必相需相助而生活。"⑥

---

① 蔡元培:《订正中学修身教科书》,上篇,商务印书馆 1912 年版,第 61 页。
② 蔡元培:《订正中学修身教科书》,上篇,商务印书馆 1912 年版,第 62 页。
③ 樊炳清:《共和国教科书修身要义》(初中),卷上,商务印书馆 1913 年版,第 57 页。
④ 王仁黉:《师范讲习科用修身教科书》,卷下,中国图书公司 1913 年版,第 1 页。
⑤ 王仁黉:《师范讲习科用修身教科书》,卷下,中国图书公司 1913 年版,第 2 页。
⑥ 李步青:《新制修身教本》(初中),第二册,中华书局 1914 年版,第 32 页。

最后,社会作为一个团体,不是一个无组织、无秩序的团体,而是各个部分之间互相依存、有机联系的有机体。1913 年王仁癯在其《师范讲习科用修身教科书》中即认为,"社会之成于个人必矣,譬诸有机体,个人盖社会之细胞也,其对于社会,有密切不离之关系,合无数之个人以集成社会,故人己相关之间,即有社会之意义"①,"个人者,社会之分子也,而社会之组织,则由其分子间之协同关系而成立者,故个人而离其协同关系,即不能完全其生存"②。1913 年樊炳清在其《共和国教科书修身要义》中也指出,"盖社会为有机体,则个人为一细胞,离乎全体,无所谓细胞也。欲维细胞之生存,必先谋全体之发达,而欲谋全体之发达,必先求细胞之健全,其相倚相助如此,故同处乎社会,即有共存之鹄。无论何人,当趋此鹄而行动,亦理势所必至也。"③以细胞与有机体为喻,强调了个人与社会相互依存的关系。

综上所述,在清末民初修身教科书看来,社会是一群人出于合群的天性和生存的需要组成的,广狭不定,与国家既有联系又有区别,各个体之间紧密联系、相互依存的有机体。修身教科书对社会的理解显然有一些对古人思想的继承,但更多的是对西方社会观的直接引进,如其对社会范围的大小、对社会与国家的不同、对社会的起源、对社会有机体特点的认识,都是古人思想中所没有的,而基本上是对西方社会观的直接借鉴。

二、社会修身的意义

基于对社会的有机体特点的认识,清末民初修身教科书指出,社会修身是保障个人生存与社会发展的基础。

首先,社会修身是保障个人生存的基础。在修身教科书看来,个人是国家与社会的一分子,社会不存,则个人无以生存。1906 年蒋智由在其《小学修身教科书》中指出,"人不能独立而存,故必相依相助,而后得谋生活者,此社会之所以必要也"④,社会利益不保,则个人利益也难保,"夫人既相合

---

① 王仁癯:《师范讲习科用修身教科书》,卷下,中国图书公司 1913 年版,第 2 页。
② 王仁癯:《师范讲习科用修身教科书》,卷下,中国图书公司 1913 年版,第 4 页。
③ 樊炳清:《共和国教科书修身要义》(初中),卷上,商务印书馆 1913 年版,第 58—59 页。
④ 蒋智由:《小学修身教科书》,卷二,东京:同文印刷社 1906 年版,第 17 页。

而成国家社会,以谋生活,故所谓我者,即国家社会中之一分子,未有不顾国家社会公众之利益,而我独能保其一己之利益者也"。① 1913 年王仁癯在《师范讲习科用修身教科书》中也指出,"人若离群索居,其生存力即不能无缺,故必聚集多数之人,以谋共同生活,而后得以完全生存,此即社会所由起也"②。1913 年樊炳清在其《共和国教科书修身要义》中也强调,作为社会之细胞的个人,"欲维细胞之生存,必先谋全体之发达"。③ 正是因为意识到社会对个人生存的巨大意义,所以,修身教科书认为社会修身是个人生存、社会发展的基础。

其次,社会修身是改良社会弊病、促进社会发展的重要手段。修身教科书认为,国人社会观念缺乏,公德意识不足,不利于社会发展。1913 年王仁癯在《师范讲习科用修身教科书》中提出,"夫世之不知此义者,动以等闲视之,一切共同之责任,每如与己无关,而怠其职务。举凡公家之品物,每如无主之物,而任意处置之。凡若此者,其不重公德明矣",并强调,"不重公德,为我国人之通病",因此,应加强社会修身,以"力去此弊"。④ 1913 年周日济在《讲习适用修身教科书》中指出,"我国数千年之习惯,私其家族,服其君主,而于社会一切事业,多不措意,故对于社会之观念甚薄"⑤,因此,当注意于社会修身,以改良此弊。1916 年李步青又在《实用修身讲义》中提出,"我国人公德之薄弱,协同心之缺乏,皆由社会道德不明之故。今世界进化,公共事业,日益发达,吾人之生活,必赖社会相需相助而成,则维持此公共生活之安宁,且增进其幸福,诚当务之急也"。⑥

最后,社会修身对其他层面修身具有普遍意义。修身教科书指出,社会可指大小不同的团体,小至家庭、大至国家与人类都可以称为社会。1906年杨志洵在《中等修身教科书》中指出,"以广义而言,全球人类为一社会。

---

① 蒋智由:《小学修身教科书》,卷二,东京:同文印刷社 1906 年版,第 19 页。
② 王仁癯:《师范讲习科用修身教科书》,卷下,中国图书公司 1913 年版,第 1 页。
③ 樊炳清:《共和国教科书修身要义》(初中),卷上,商务印书馆 1913 年版,第 58 页。
④ 王仁癯:《师范讲习科用修身教科书》,卷下,中国图书公司 1913 年版,第 3—4 页。
⑤ 周日济:《讲习适用修身教科书》,中华书局 1913 年版,第 56 页。
⑥ 李步青:《实用修身讲义》,中华书局 1916 年版,第 17 页。

以狭义言之，全国人民，为一社会。以最狭言之，士农工商之群，各为一社会。"①1913 年王仁羹在《师范讲习科用修身教科书》中也指出，"社会之范围，广狭不一，无一定之界限，小而家族，大而国家及人类团体，均可得而称之。"②他认为，"对于社会之道，即由对于家族之道而扩充之者也"③，即社会修身是由家庭修身推广而来。周日济在《讲习适用修身教科书》中也提到，现代人无不生活在社会之中。"太古之时，人民或老死不相往来，至文化日进，人事日繁，吾身与家，与社会之关系，日以密切，一切动作，必资共同生活。故由家族而推之社会，其交际往来之事，自邻里乡党，以至于世界，莫不包含在内。"④因此，社会修身对其他层面的修身具有普遍意义，是其他层面修身的重要基础。

三、社会修身的主要层面及内容

关于社会修身问题，清末民初修身教科书主要论述了个人对社会中的他人、公众、团体等的道义与责任，是一种相对于私人领域的社会公共生活领域的修身，具有突出的社会公共性特点，是一种适应于每一个社会人的道德要求，也是每一个社会人都应该具备的基本道德修养。

在清末民初的修身教科书中，社会修身占据了较大比重。下面举例说明：

（一）中学、师范修身、伦理类教科书

1906 年出版的杨志洵的《中等修身教科书》，除了前后的总纲与结论外，正文主要包括五部分，分别为"对国"、"对家"、"对人"、"对社会"、"对庶物"等，第四部分"对社会"，用了十个小节来论述，依次为公益、礼仪、信实、慈善、名誉、娱乐、博爱、经济、私产、公产等，共用了 24 页来叙述。

1906 年出版的蒋智由的《小学修身书》，分三卷，其中第二卷分三章，依次为"家族"、"国家社会"、"品行"。第二章"国家社会"下设五节，分别为

---

① 杨志洵：《中等修身教科书》，文明书局 1906 年版，第 30 页。
② 王仁羹：《师范讲习科用修身教科书》，卷下，中国图书公司 1913 年版，第 1 页。
③ 王仁羹：《师范讲习科用修身教科书》，卷下，中国图书公司 1913 年版，第 3 页。
④ 周日济：《讲习适用修身教科书》，中华书局 1913 年版，第 56 页。

"爱国"、"国民之义务"、"对于社会之人人"、"图公众之利益"、"尽一己之职任",关于社会修身的部分有三节,占有 8 页的篇幅。

1907 年蔡振的《中学修身教科书》,分 5 册,对己修身、家族修身、社会修身、国民修身与伦理学各占一册,每册分量无差,都有 60 页上下的篇幅。由于笔者只查到第 1—3 册,第 5 册,恰未见第 4 册,也就是社会修身的内容,故具体内容不详。

1910 年出版的陆费逵的《修身讲义》,包括绪论和五章内容,依次为"绪论"、"对己"、"对家"、"对社会"、"对国家"、"教育家之天职"。其中第三章为"对社会",分"朋友邻里"、"他人之人格生命财产名誉"、"公众"、"团体"等四节论述,占了 12 页的篇幅。

1912 年出版的缪文功编写的《中华中学修身教科书》,共 4 册,第三册分三章,依次为"对于社会之道"、"对于国家之道"、"对于自然界之道",第一章"对于社会之道",用了五节来论述,依次为:"须知社会大于个人"、"须知社会裨益于个人"、"社会之人类"、"社会之事业"、"社会之道德",第五节"社会之道德"下又用了八个小目来叙述,分别为:"保秩序"、"谋公益"、"端习尚"、"感同情"、"持正义"、"得信用"、"守礼仪"、"求进步"等内容。关于社会修身部分,共占用了 19 页的篇幅。

1913 年王仁矍的《师范讲习科用修身教科书》,分上下两卷,下卷分为"对于社会之责务"、"对于国家之责务"、"对于他人及人类万有之责务"共三章内容,第一章"对于社会之责务",又分为"总论"、"公众"、"团体"三节来叙述,第三章"对于他人及人类万有之责务",分为四节,依次为"总论"、"邻人朋友师长恩人"、"国人"、"人类及万有",相当于其他教科书中所指的对于社会他人之责务的部分。两章共占到 33 页。

1913 年出版的周日济的《讲习适用修身教科书》,全书分为"绪论"、"对于一己"、"对于家庭"、"对于社会"、"对于国家"、"教育家之天职"六章。第四章"对于社会",又分四节论述,分别为"社会总论"、"生命财产名誉"、"公众"、"团体",共占用了 25 页的篇幅。

1913 年出版的樊炳清编的《共和国教科书修身要义》(初中),分甲乙两篇,甲篇又分三章,依次是"论持躬处世待人之道"、"对国家之责务"、"对社会之责务",第三章"对社会之责务"下又分四节,分别是"社会总说"、"公义"、"公德"、"礼让",共占了近21页的篇幅。

1914年出版的谢蒙编的《新制修身教本》第二册分上下两编,下编即为"对社会之责务",下分"总论"、"对个人之责务"、"对公众之责务"、"对团体之责务"四章,章下又分小节分论。共用了20页的篇幅。

1918年出版的贾丰臻编的《新体修身讲义》(师范讲习科用)分上下两卷,上卷讲各种伦理道德,下卷为教师的修养等内容。上卷包括六章内容,分别为"道德"、"为己"、"家族"、"社会"、"国家"、"自然及文化"。第四章"社会",下又分五小节论述,依次是"师友"、"礼仪信"、"协同"、"进步"、"博爱",共占了6页的篇幅。

(二)蒙学、小学修身教科书

1912年商务印书馆出版的《共和国教科书新修身》(初小),共8册,基本都是按照学校、家庭、社会国家、人类万物道德这样一个顺序来排列内容的。以第二册为例,分18课,内容分别为:守时刻、好学、守秩序、诚实、整理、专心、勤劳作、亲恩、爱亲、敬老、敬客、公平、礼节、竞争、尚武、扶助他人、公德、爱生物。又如第八册,共20课,德目依次为:求学、改过、整洁、孝道(一)、孝道(二)、兄弟、慈幼、家范、尚义、宽厚、公益、不徇私、守法律、服兵役、纳税、教育、选举、尊重名誉、博爱、对外人。

1912年商务印书馆出版的《共和国教科书新修身》(高小)共6册,内容也基本如此。如第一册有20课,依次为:孝道、友爱、爱敬、念旧、高义、正直、不拾遗、公德、扶弱、救恤、慈善、公义、忠烈、义勇、果敢、自由、平和、爱众、人道、爱生物。

1912年中华书局出版的《新制中华修身教科书》(初小)共分12册,第三册、第七册都有公德、公义、博爱的德目,待人处世之道基本每册都有。

1913年中华书局出版的《新编中华修身教科书》(初小)共分8册,第一、三、五、七册注重个人修养,偏重学校、家庭修身部分;第二、四、六、八册则注重公德的培养,较多论及了对社会、国家、人类万物的责务。

1916年中华书局出版的《新式修身教科书》(初小),与"新编"初小的编写模式基本一样。

由上可以看出,不论从章节安排,还是所占篇幅上看,修身教科书的编者们对社会修身都相当重视。那么清末民初修身教科书何以会如此重视社会修身问题呢?原因除了上节提到的他们对社会的认识、对社会修身意义的认识外,还有一个重要的原因就是,他们在编辑修身教科书时有意识地模仿了日本修身教科书的编写框架。

甲午之后,中国上下掀起了学习日本的热潮,日本的教育制度与教科书传入中国,并开始对中国教育产生直接而深远的影响。具体到修身教科书,最初大多为日本教科书的翻译本。清末翻译自日本的修身伦理类教科书如下表:

清末翻译自日本的修身伦理类教科书一览表

书名	编者	译者	出版社	出版年
《伦理教科书》	井上哲次郎,高山林次郎	樊炳清	江楚编译官书局	1901,1903
《道德进化论》	户水宽人		广智书局	1902
《伦理学》	元良勇次郎	王国维	科学丛书本	1902
《伦理书》	日本文部省	樊炳清	科学丛书本	1902
《新世界伦理学》	乙竹岩造	赵必振	新民译印书局	1902—1904
《伦理学》(后改名《中等教育伦理学》)	元良勇次郎	麦鼎华	广智书局	1903
《伦理教科范本》	秋山四郎	董瑞椿	文明书局	1903—1905
《道德法律进化之理》	加藤弘之	金康寿等	广智书局	1903
《东西洋伦理学史》	木村鹰太郎	范迪吉	会文学社	1903
《伦理学》	中谷延治郎	王章述	四川学报本	1905
《伦理学》(师范教科丛书)	法贵庆次郎(讲授)	胡庸诰(记录)	湖北官书局	1905
《伦理学教科书》	中岛德藏	金太仁作	东亚公司	1907
《中学伦理学教科书》	服部宇之吉		商务印书馆	1908
《国民道德谈》	福泽谕吉	朱宗英	中国图书公司	1908

从上表可看出,清末翻译自日本的修身伦理类教科书为数不少,除了表中所列,还有一些由于原作者信息缺略,不能确定是哪国的教科书。表中所列书的出版年份相对较早,故留存下来的极少,今可查到的仅有两本:一本

是《中等教育伦理学》，另一本是《中学伦理学教科书》。数量虽少，但从这两本书也可推测到日本修身教科书编写的基本思路。前书分前后两编，前编包括 31 章，第一至六章为个人修身、第七至九章为家族修身，第十至二十一章为社会修身，第二十二至三十一章为国民修身。其中第十至二十一章的内容依次为：社会概论、公益论、礼仪论、信义论、慈善论、名誉论、诉讼论（上）、诉讼论（下）、娱乐论、献身论、生命论、财产论等，共 26 页篇幅。① 后书除序论、本论、结论外，正文分三章。其中第三章为"事实上准则论"，下分 6 个小节，分别是"对于自己之道"、"对于父母兄弟妻子之道"、"对于师友官长之道"、"对于普通世人之道"、"对于君主国家之道"、"对于业务之道"。从第三章的目次安排来看，社会修身即"对于师友官长之道"、"对于普通世人之道"、"对于业务之道"等，占用了较多节目，编者用了 13 页半的篇幅来叙述。② 可以看出，两书都是按照对己、对家族、对社会、对国家之责务的顺序来组织章节的，且用了不少笔墨来论述社会修身，说明编者对社会修身问题的较高重视。而此时及此后国人编写的修身伦理类教科书多是以日本教科书为蓝本编写的，因此，日本教科书注重社会修身的编写思想，对国人编写教科书产生了直接影响。

总之，由于对日本修身教科书编写框架的模仿，以及对社会修身重要性的高度认识，清末民初修身教科书用了相当大的篇幅来论及这一问题。但是，经分析又可以看出，修身教科书所谈论的社会修身问题，依然是将社会道德修养作为论述的重心与目的。至于社会现状、社会生活需要的基本常识与法律知识等内容，却只是其论述社会道德的一个注脚或陪衬。这也即 1922 年修身科被公民科、社会科所取代的重要原因。

1922 年新学制改革时，修身科被废除，代之以公民科和社会科，其被废除的一个重要理由就是其只注重道德修养，而轻视社会政治、法律知识的修养。《新学制小学学制纲要草案》曾指出："公民科的范围比修身科广得多。修身专注重个人修养；公民则重在研究社会环境的状况，把个人修养纳做是

① ［日］元良勇次郎著，麦鼎华译：《中等教育伦理学》，目录，广智书局 1903 年版，第 1—5 页。
② ［日］服部宇之吉著，商务印书馆编译所译：《中学伦理学教科书》，目录，商务印书馆 1908 年版，第 1—2 页。

人生适应社会的条件。"①还有人指出，"公民科除培植个人道德外，并能造成儿童法律之概念"②。丁晓先在《小学社会教学概要》中明确指出："旧制课程中的修身科，大部分是社会教材。个人修养的例话和说明，卫生常识和清洁做法，礼仪做法和社会上通行的各种惯例，都是社会教材。不过现代的社会科，多侧重在公民修养的教材。旧时的修身科，注重在个人的道德修养，着眼在个人方面，目的在修养成功一个矩步规行的循良佳子弟；虽也可算在人格修养上用工夫，但因其含有'各人自扫门前雪'的意味，只是人格上片面的修养。即使达到了期望的目的，也未必即可适合共和国民的资格。社会科的教学，要使儿童能够适应社会，能够维持社会，能够改造社会。"③这些批评都不约而同地认为，注重道德修养，忽视社会常识与法律教育是当时修身教育的最大失败。在他们看来，教育的目的应该是造就一个健全的共和国民，而这样的共和国民除了应该具有较好的德性修养外，还应该具有较高的社会政治与法律常识，以助其适应社会、改造社会。

从培养学生适应社会、改造社会的能力角度看，只重视道德修养的修身教科书，确实难以胜任这一重任。1922 年人们对它的批评也确实合理。然而，注重德性修养，到底是不是完全不对，完全没有必要呢？笔者认为，注重德性修养，不仅重要而且必须，它不仅对社会与国家的治理大有益处，而且对个人发展与修身极为有益。

第二节　消极道德之修养：维护社会秩序

清末民初修身教科书，将道德分为消极与积极两部分，消极道德即"不侵犯"他人、团体及公众的权益，而积极道德即"增益于"他人、团体及公众的权益。前者为道德修养的第一层次，以维持社会秩序与稳定为目的，后者为道德修养的第二层次，以维持社会和谐与发展为目的。在修身教科书看

---

① 《新学制小学学制纲要草案》，《教育杂志》第 15 卷第 4 号，1923 年 4 月。
② 教育杂志社编：《小学公民教育及教学法》，商务印书馆 1925 年版，第 9 页。
③ 丁晓先：《小学社会科教学概要》，《教育杂志》第 16 卷第 1 号，1924 年 1 月。

来,维持社会秩序的途径主要有三种:一为遵守公义,不侵犯他人、团体、公众之生命、财产与名誉;二为遵守秩序、风俗习惯、舆论及规约;三为遵守公共礼仪。其层次也是逐级增高的。

一、遵守公义

公义,即不侵犯他人、团体、公众的生命、财产与名誉,是社会公共生活领域最基本的道德要求。公义思想是清末民初修身教科书最重要的思想创新之一,是中国古代所没有的。

公义何以必要?修身教科书主要从天赋人权与人权平等的角度,以及维持社会安定秩序的角度,来论证公义的必要性。1910 年陆费逵在《修身讲义》中,借助西方天赋人权和人权平等的理论,推延出人权不可侵犯的观点,作为其待人之道的理论基石。他说,“人与人平等,各有天赋之权利”,侵人权利,“不惟其人受莫大之损失,社会之安宁秩序,或以不保焉”,故侵人权利之事不可为。而人的权利中,最重要的莫过于“人格、生命、财产、名誉”四端。① 1912 年蔡元培在《订正中学修身教科书》中提出了“公义”概念,他认为,“公义”即“不侵他人权利”。他还强调,“人我之权利,非有径庭。我既不欲有侵我之权利者,则我亦决勿侵人之权利。人与人互不相侵,而公义立矣”。而“吾人之权利,莫重于生命、财产、名誉”,即三者是人权中最重要的三个,且其重要性依序递减。生命,是人类生存的前提,一切权利之根本;财产,是人类赖以生存与生活的物质基础;名誉,是社会对人类行善积德的回报,是人类必要的精神资产。三者的得失,关系到社会秩序的维持。因此,尊重人权,不侵害他人人权,保护他人人权,既是社会道德的要求,也是国家法律的要求。② 1913 年周日济在《讲习适用修身教科书》中,也以天赋人权和人权平等思想,作为其公义思想的基础。“盖吾与人皆处于平等,各有其天赋之权利,苟侵害他人之权利,不惟其个人受莫大损失,即社会之安宁秩序,亦将不保焉。故侵人权利者,为社会之蟊贼。”③同时,他

① 陆费逵:《修身讲义》(师范讲习科用),商务印书馆 1910 年版,第 44 页。
② 蔡元培:《订正中学修身教科书》,上篇,商务印书馆 1912 年版,第 63—64 页。
③ 周日济:《讲习适用修身教科书》,中华书局 1913 年版,第 58 页。

还强调,公义不仅是待人之道,也是待己之道,要求人们既不能侵犯他人的生命、财产与名誉,也不能随意地毁伤自己的生命、财产与名誉。

从上可以看出,他们所指的公义,就是不侵犯他人的人格、生命、财产与名誉等人权。而这一思想,不仅适用于对人,也适用于对团体与公众,就是不可侵犯或破坏团体与公众的财产与名誉。具体分论如下:

(一)对个人

1.尊重人格

在众多修身教科书中,唯独陆费逵注意到了尊重他人人格的问题。他在其1910年出版的《修身讲义》中指出,对待他人,首先要尊重其人格。他认为,"人格者,人之所以为人,无论贵贱贫富长幼,皆所最重者也"。因此,每个人都应该推己及人,"尊重他人之人格",而不应该以强凌弱,"见人贫贱幼弱而轻蔑之","恃富贵而凌人,倚声望而欺人,弄权势而辱人","虐遇婢仆,欺慢劳动者"。正确的做法是,内心平等视人,行为遵依礼法,对人格低下者诱掖劝导,即"不论其人之贫富贵贱,我皆视同平等,言语动作,一依礼法,不敢丝毫损及他人之人格。如其人人格卑下,亦不当加以轻侮,必诱掖劝导,期高尚其人格。"并进而指出,人权都是受法律和人道保护的,依强势侵犯他人的人权,"不惟有背人道,抑亦违犯国法矣"。①

2.尊重生命

尊重他人的生命,是清末民初修身教科书都极为重视的内容。1910年陆费逵在《修身讲义》中指出,对待他人,除了不侵犯其人格外,还要尊重他人的生命。他说:"生命为人生之要素,得之则生,失之则死",人人都知道尊重自己的生命,也应该知道"重人之生命"。人的生命是受法律保护的,"国法定杀人抵罪之律"。尊重他人生命的第一义,就是不戕害他人性命。因此,除了战场杀敌之外,其他场合下都不可夺人生命,像复仇、暗杀、决斗等行为,都不可取,对待俘虏,也不可加害。人们有仇怨,当"诉之法庭,受法律之裁判",通过法律来解决冲突,而不是自行诉诸暴力。尊重他人生命的第二义,就是要行善救人。因为,人之所以为人,在于"有仁心",有仁心

---

① 陆费逵:《修身讲义》(师范讲习科用),商务印书馆1910年版,第44—45页。

者,不仅不害人,"且当见人危难,即义勇奋发,挺身往救,体上天好生之德,行自己恻隐之心"。唯有既不害人,又行善救人,才算是真正尊重他人的生命。①

1912 年蔡元培在《订正中学修身教科书》中指出,对待他人,首先要不伤害其生命。他认为,生命"为其一切权利义务之基本"②,生命一旦被伤,人的一切权利义务都将被破坏,因此,无故伤人生命,要受到法律程度不同的制裁,严重的还要以命相抵。因此,要求人们敬畏生命,尊重生命,更不能伤害他人的生命。基于敬畏生命的精神,他进而指出,个人生命受到侵犯时自我保护的两个正确方法,一是寻求国家法律的保护,一是正当防卫,且确立了以前者为首选的原则。他认为,个人只有自我保护的权利,没有伤害他人的权利,因此,"设有横暴之徒,加害于我者,我岂能坐受其害?势必尽吾力以为抵制,虽亦用横暴之术而杀之伤之,亦为正当之防卫。正当之防卫,不特不背于严禁杀伤之法律,而适所以保全之也。盖彼之欲杀伤我也,正所以破坏法律,我苟束手听命,以至自丧其生命,则不特我自放弃其权利,而且坐视法律之破坏于彼,而不尽吾力以相救,亦我之罪也"③。即认为,他人伤害我是破坏法律的行为,我之正当防卫,不仅仅是自保性命,更重要的是维护法律正义不受破坏。因此,正当防卫下的杀伤人,不仅不受法律制裁,还会受到法律的保护。进而将个人正当防卫之理引申到国家身上,认为战场杀敌是国家的正当防卫,"以国家之正当防卫而至于杀伤人,亦必为国际公法之所许。"④

但又指出,正当防卫之外,个人没有任何伤害他人生命的权利,像过度防卫、仇杀、决斗、杀害俘虏及不参与战争者等行为,都是不允许的。当别人对自己犯罪时,应寻求国家法律的保护,遵从国家法律的裁判。他认为,正当防卫的目的在于保全自我,这种情况下的杀伤人,是实属不得已,所以不受法律制裁。但是,如果在已保全自我的情况下,还要继续杀伤人,就是对

---

① 陆费逵:《修身讲义》(师范讲习科用),商务印书馆 1910 年版,第 45 页。
② 蔡元培:《订正中学修身教科书》,上篇,商务印书馆 1912 年版,第 66 页。
③ 蔡元培:《订正中学修身教科书》,上篇,商务印书馆 1912 年版,第 67 页。
④ 蔡元培:《订正中学修身教科书》,上篇,商务印书馆 1912 年版,第 68—69 页。

他人的犯罪。"使我身既已保全矣,而或余怒未已,或挟仇必报,因而杀伤之,是则在正当防卫之外,而我之杀伤为有罪。"①为什么呢? "盖一人之权利,即以其一人利害之关系为范围,过此以往,则制裁之任在于国家矣。犯国家法律者,其所加害,虽或止一人,而实负罪于全社会。一人即社会之一分子,一分子之危害,必有关于全体之平和,犹之人身虽仅伤其一处,而即有害于全体之健康也。故刑罚之权,属于国家,而非私人之所得与。苟有于正当防卫之外,而杀伤人者,国家亦必以罪罪之,此不独一人之私怨也,即或藉是以复父兄戚友之仇,亦为徇私情而忘公义,今世文明国之法律多禁之。"②即认为,个人只有正当防卫的权利,但没有刑罚的权利,刑罚的权利只属于国家,个人乱用刑罚之权,就要受到国家法律的制裁。并认为,决斗违背法治,也不可取。他说:"国家既有法律以断邪正,判曲直,而我等乃以一己之私愤,决之于格斗,是直彼此相杀而已,岂法律之所许乎? 且决斗者,非我杀人,即人杀我,使彼我均为放弃本务之人,而求其缘起,率在于区区之私情,如其一胜一败,亦非曲直之所在,而视乎其技术之巧拙,此岂可与法律之裁制同日而语哉?"③即认为,决斗的胜败,取决于技术的高低,法律的裁判,取决于正义所在,所以,当人们发生矛盾时,应当寻求法律的裁判,由法律来判断是非曲直,而不应该用决斗来解决。而对于战役中未参与战役者及俘虏,也不能伤害他们的性命,"惟敌人之不与战役,或战败而降服者,则虽在两国开战之际,亦不得辄加以危害,此著之国际公法者也"④。

　　1913 年周日济在《讲习适用修身教科书》中也指出,不侵犯生命,是对人之道的基本要求。他指出,生命是人生存的必要前提,是人的基本权利,并受法律保护,因此生命不可侵犯。他认为,对待生命之道,可分为对自己、对他人两义。对于自己的生命,人们有自主抉择的权利,可选择保护,也可选择舍弃或伤害,决定权在自己的手中,即使伤害,也不受法律的制裁。但是他又认为,生命极为可贵,人们即使对自己的生命也要心存敬畏和爱惜保

---

① 蔡元培:《订正中学修身教科书》,上篇,商务印书馆 1912 年版,第 67 页。
② 蔡元培:《订正中学修身教科书》,上篇,商务印书馆 1912 年版,第 67—68 页。
③ 蔡元培:《订正中学修身教科书》,上篇,商务印书馆 1912 年版,第 68 页。
④ 蔡元培:《订正中学修身教科书》,上篇,商务印书馆 1912 年版,第 69 页。

护,不可随意伤害,除非是为仁义而死。"己之生命,在社会当视义不义以为保舍。义苟当死,即牺牲一身,亦所不恤,所谓杀身成仁也。不义即舍生亦不足以成仁,所谓匹夫自经沟渎,而莫之知也,如死于非命,因短见自杀之类皆属之。"接着他又指出,珍重自己生命的同时,还要尊重他人的生命,侵害他人生命,"国法当抵死"。为此他主张,人们有矛盾时应当寻求法律解决,"至于复仇、暗杀、决斗诸事,在法律未完之时,激于义愤而为之,人或谅其苦心。今既为共和国家,则法律具在,苟有不平,可诉之法庭,俟正当之裁判,不得徒泄私愤,妄加戕害。"而两国交战之时,除了战场杀敌为不得已外,对于俘虏,"决不能加以戕害"。①

3. 尊重财产

尊重他人的财产权,也是修身教科书所强调的重要内容之一。1910 年陆费逵在其《修身讲义》中指出,对待他人的第三义,就是要尊重他人的财产。他指出,财产是"人所恃以生活者"。人们知道保护自己的财产,也当知保护他人之财产。侵害他人财产,要受到国法惩治和社会鄙夷,因此,尊重他人财产,首先就是不侵犯他人的财产,不干侵人财产之事,如盗窃,"贸易伪诈,以欺顾客,或经手款项,干没中饱,以及侵犯他人商标、专卖、著作等特权"等。进而指出,不侵人财产,"仅可不为罪人,若欲为有益于人,则当扶倾助危,周恤贫困,养一己之仁心,即所以全社会之幸福也",所以,不侵人财产之外,还要扶危济困,做有益于人之事。②

1912 年蔡元培在《订正中学修身教科书》中则认为,待人之道的第二个重要方面,就是尊重他人的财产。在书中,他对此问题进行了详尽的论述。他指出,财产是一个人生存生活的依靠,也是一个人获得独立自由和幸福快乐的前提。没有财产,人不仅生命不保,且会丧失个人自由,更谈不上幸福快乐。所以,"财产之可重,次于生命,而盗窃之罪,次于杀伤"③,因此,侵害他人财产之事决不可为。进而认为,财产是人的劳动所得,不侵人财产,也是为了尊重他人的劳动。他指出,财产的根本特点在于,其中有人的劳动,

---

① 周日济:《讲习适用修身教科书》,中华书局 1913 年版,第 59 页。
② 陆费逵:《修身讲义》(师范讲习科用),商务印书馆 1910 年版,第 45—46 页。
③ 蔡元培:《订正中学修身教科书》,上篇,商务印书馆 1912 年版,第 69—70 页。

离开了劳动的财产,不能称之为财产。他认为,人们获得财产的方式有两种,即先占与劳力,从根本上说,二者都是人的劳动所得。先占所得,如开辟的荒地、渔猎所得等,劳力所得,如耕种所得之粮食、制造的器物等,无一不需要耗费劳力,因此,"劳力即为一切财产权所由生焉"①。而那些非劳力所得之物,如空气、山中的山禽野兽,就不能称之为财产。正是因为财产是人的劳动产物,所以,不确立此权,不仅会紊乱社会秩序,更会"阻人民勤勉之心"。② 蔡元培又指出,肯定人的财产权,既是为了尊重人的劳动,也是为了满足人为己、为后代打算的私心。人们辛勤劳动、勤俭节约以积蓄财产,都是出于为己身、子孙后代打算的私心。并认为,这些都是"人情敦厚之一端",是值得肯定的。因为,唯有肯定人们的财产权,才能激励人们勤劳致富、造福社会。"苟无蓄积,则非特无以应意外之需,所关于己身及子孙者甚大,且使人人如此,则社会之事业,将不得有力者以举行之,而进步亦无望矣","盖人苟不为子孙计,则其所经营积蓄者,及身而止,无事多求,而人顾毕生勤勉丰取啬用。若不知止足者,无非为子孙计耳,使其所蓄不得遗之子孙,则又谁乐为勤俭者,此即遗赠财产之权之所由起"③。也就是说,唯有满足人们为子孙及亲戚朋友打算的私心,人们才会既辛勤致富又勤俭节约。

正因为人的财产权不论对个人还是社会都意义重大,所以要尊重他人的财产权,不可侵犯。如何做呢? 他认为主要从四个方面入手:第一,对于他人财产直接之本务。不可盗窃、诱骗、欺诈。④ 第二,关于贷借之本务。他指出,人们之间有时为了应急,需要相互借贷,借者与被借者之间就有一定的义务与责任。借者对于被借者有两项义务,一是按期偿还,并付利息,二是感谢。按期偿还,要求人们严守契约规定期限,不可拖延。因为拖延不仅会使借者失去信用,且会令被借者以后不再轻易借贷他人,既害己又害人。而利息,是被借者根据市场要求向借者索要的合理报酬,因此,偿还本金之外,借者有付利息的义务。"财者,生利之具。以财贷人,则并其贷借

---

① 蔡元培:《订正中学修身教科书》,上篇,商务印书馆 1912 年版,第 70 页。
② 蔡元培:《订正中学修身教科书》,上篇,商务印书馆 1912 年版,第 71 页。
③ 蔡元培:《订正中学修身教科书》,上篇,商务印书馆 1912 年版,第 71—72 页。
④ 蔡元培:《订正中学修身教科书》,上篇,商务印书馆 1912 年版,第 72 页。

期内可生之利而让之,故不但有要求偿还之权,而又可以要求适当之酬报。
而贷财于人者,既凭借所贷,而享若干之利益,则割其一部分以酬报于贷我
者,亦当尽之本务也。"至于感谢,是因为"有财之人,本无必应假贷之义务,
故假贷于人而得其允诺,则不但有偿还之责任,而亦当感谢其恩意"。而被
借者对于借者,也有一定的道德义务,一是不得索要过多的利息,二是感谢
借者之报酬。"惟利益之多寡,随时会有赢缩,故要求酬报者,不能无限。
世多有乘人困迫,而协之以过当之息者,此则道德界之罪人矣。至于朋友亲
戚,本有通财之义。在负债者,其于感激报酬,自不得不引为义务。而以财
贷之者,要不宜计较锱铢,以流于利交之陋习也。"① 第三,关于寄托之本务。
替人保管财物者与托人保管者,相互之间有一定的责任与权利。替人保管
财物,应当妥善保管,使其完好无损,"其当慎重,视己之财物为尤甚"。不
经物主之允许,不得擅自使用,更不能损坏。一旦损害,自然灾害破坏无法
挽救的情况除外,都要负赔偿责任。同时,替人保管财物者,又具有得到相
应报酬的权利,这也是"物主当尽之本务"。② 第四,关于市易之本务。蔡元
培认为,市场贸易是社会分工与人类进化的重要因素,故社会意义重大。但
贸易必须遵循一定的商业道德,才能利己利人。而商业道德的核心内容就
是讲信用。讲信用,就要求商人不能图占一时小利,而囤积居奇或欺诈
客人。③

1913 年周日济在《讲习适用修身教科书》中也提出,尊重他人的财产,
是待人之道的重要方面。他指出,对于他人或公共财产,"取不可以伤廉"。
交易物品时,应遵从等价交换的原则;赠与他人财产时,"如朋友亲戚,馈贶
周恤赙赠之属皆是,却之为不恭,取之当有义";借贷时,对于亲戚朋友要有
"通财之义",而借者"当以契约期限行之,不可自失信用"。④

4. 尊重名誉

修身教科书认为,尊重他人的名誉,是待人之道的较高层次。1910 年

①　蔡元培:《订正中学修身教科书》,上篇,商务印书馆 1912 年版,第 73 页。
②　蔡元培:《订正中学修身教科书》,上篇,商务印书馆 1912 年版,第 74 页。
③　蔡元培:《订正中学修身教科书》,上篇,商务印书馆 1912 年版,第 74 页。
④　周日济:《讲习适用修身教科书》,中华书局 1913 年版,第 61 页。

陆费逵在其《修身讲义》中指出,名誉是人"行善所得之报酬,而无形之财产也,有时较生命财产尤为贵重",毁损他人名誉,"其罪恶亦最大",所以,与人相处,不可毁损他人的名誉。为此,就不能"信口訾议,捏造谣言,以行谗诬诽谤之手段",来毁坏他人的名誉。还指出,对待他人名誉,不仅不能损害,还要维护。如何做呢?就要"为他人守秘密",不"探人秘密,讦人隐私"。① 1912 年蔡元培在《订正中学修身教科书》中也指出,人类在肉体欲望得到满足后,还有进一步的精神需求,而名誉就是人的精神欲望之一。名誉之所以珍贵,一因其获得之艰难。"名誉之所由得,或以天才,或以积瘁。其得之之难,过于财产,而人之爱护之也,或过于生命。"②二因其具有永恒不朽之特点。"豹死留皮,人死留名,言名誉之无朽也。人既有爱重名誉之心,则不但宝之于生前,而且欲传之于死后,此即人所以异于禽兽。而名誉之可贵,乃举人人生前所享之福利,而无足以尚之。"③名誉珍贵如此,所以,对待他人之名誉,不仅不能损害,还要尊重保护。具体而言就是:不能谗诬、诽谤、揭人隐私;对于他人的过失及隐私,应从爱护他人名誉出发,"成人之美而救其过",替人严守隐私,不可四处张扬,毁人名誉;评论人事,应"平心以判之",不可"嫉恶太严"、"过甚其词"、"恶意断定"。但又强调,替人隐私和隐恶也有限度,不能与社会利益相冲突。④ 若他人行为"有害于社会",则又不能不"尽力攻斥",以"去社会之公敌"。⑤ 1913 年周日济在《讲习适用修身教科书》中也指出,名誉是人的"第二性命","无形之财产",损害人的名誉,就等于害人性命,夺人财产,因此,对于名誉要尊重,不可损害。⑥

(二)对团体与公众

清末民初修身教科书还认为,身处社会,不仅对个人的财产与名誉有不侵犯的义务,而且对团体及公众的财产或名誉也有不侵犯的义务。

首先,作为团体之一员,要维护团体的财产与名誉。1910 年陆费逵在

---

① 陆费逵:《修身讲义》(师范讲习科用),商务印书馆 1910 年版,第 46 页。
② 蔡元培:《订正中学修身教科书》,上篇,商务印书馆 1912 年版,第 75 页。
③ 蔡元培:《订正中学修身教科书》,上篇,商务印书馆 1912 年版,第 75 页。
④ 蔡元培:《订正中学修身教科书》,上篇,商务印书馆 1912 年版,第 76—77 页。
⑤ 蔡元培:《订正中学修身教科书》,上篇,商务印书馆 1912 年版,第 78 页。
⑥ 周日济:《讲习适用修身教科书》,中华书局 1913 年版,第 61 页。

《修身讲义》中指出,团体中的成员,对团体之资产,要协力保管,不可"中饱窃取,或任其妄费"。对团体之名誉,要维护爱惜。同时,还应视团体之名誉为"个人之名誉"那样爱护,不可毁损,因为"若团体蒙污名,不惟一己之辱,举凡团体中人,皆蒙其辱矣"。① 1913 年王仁堥在《师范讲习科用修身教科书》中也指出,团体的财产,是团体赖以活动的资本,无财产,团体的工作将陷于瘫痪。因此,对于团体之财产,团员负有保管、增殖之责,应"协力以贵重之,更进而思有以整理之利用之增殖之",不可任意窃取或破坏。而对于团体之名誉,也当"各自尊重",倍加维护,当团体蒙恶名时,应有"恶名加于己"之感,并"力求昭雪"。②

其次,作为社会公众之一员,要维护公共财物。1910 年陆费逵在《修身讲义》中指出,道路、桥梁、会馆、公所、道旁之树木、公园之花草都是公共之物,对之"当保护爱惜,不可任意毁损,犹不可据为己有"。公共之物,"当公众享之,不惟现在之人享之,后来之人亦可享之",故"当视若自己之物,不可以其非己有而忽视之"。③ 1912 年蔡元培在《订正中学修身教科书》中指出,公共财产是前人或他人举办的公益事业,与人人都关系密切,因此,人人都应该爱护,不应该破坏。不应认为与己无关,而任意毁坏,一旦毁坏,就要赔偿。"凡人于公共之物,关系较疏,则有漫不经意者,损伤破毁,视为常事,此亦公德浅薄之一端也。夫人既知他人之财物不可以侵,而不悟社会公共之物,更为贵重者,何欤? 且人既知毁他人之物,无论大小,皆有赔偿之责。今公然毁损社会公共之物,而不任其赔偿者,何欤?"④并号召国人向欧美各国学习,培养公德心。"欧美各国,人人崇重公共事物,习以为俗,损伤破毁之事,始不可见。公园椅榻之属,间以公共爱护之言,书于其背,此诚一种之美风,而我国人所当奉为圭臬者也。国民公德之程度,视其对于公共事物如何,一木一石之微,于社会利害,虽若无大关系,而足以表见国民公德之

---

① 陆费逵:《修身讲义》(师范讲习科用),商务印书馆 1910 年版,第 51 页。
② 王仁堥:《师范讲习科用修身教科书》,卷下,中国图书公司 1913 年版,第 13—14 页。
③ 陆费逵:《修身讲义》(师范讲习科用),商务印书馆 1910 年版,第 50 页。
④ 蔡元培:《订正中学修身教科书》,上篇,商务印书馆 1912 年版,第 84—85 页。

浅深，则其关系，亦不可谓小矣。”①

二、遵守秩序

在清末民初修身教科书看来，遵守秩序与规约，是个人对团体与公众应尽的重要责任之一。

首先，作为社会公众之一员，要遵守公共秩序。1910 年陆费逵在《修身讲义》中指出，对公众之道的第二义，就是要遵守秩序。他所指的秩序是指“风俗习惯舆论”②，守秩序就是要求人们尊重或服从风俗习惯和舆论。他认为，风俗习惯和舆论，是维持社会秩序的手段，“社会之秩序，非一朝一夕所能成，亦非三数人所能成，必经长久之岁月，为多数人所遵行，方克确然成立”③。因此，秩序具有一定的历史必然性和代表多数人意志的合理性。所以，人们置身社会，就必须“尊重其风俗习惯舆论，而服属之”，“若异言异服，纷乱秩序，则必为社会所不容，而不得社会之信用矣”④。接着他又指出，秩序也是与时俱进不断发展变化的，旧的风俗习惯和舆论，“若与时势不合”，就有必要对其进行“改良”和“变易”。但他又强调，改良旧习“不可不慎之又慎”，“必趁适当之机会，采稳善之方法”，还必须等到新的更好的风俗习惯出现之时，才能改良，“破坏旧习，必胸有成算，预定一新组织，务较旧习为善。若破坏旧习而无新组织，或虽有新组织而反不如旧习，则社会蒙其害矣。”如果不具备条件，就贸然变革，势必会给社会带来更大的危害。并认为，对于外国的风俗习惯，也不能盲目仿效，如果“不审度其适合己国与否，贸贸然效之，其弊不可胜言，徒破坏秩序而不能获丝毫之益”。⑤

1913 年王仁夔在《师范讲习科用修身教科书》中也认为，遵守秩序，是个人对公众之道的第二要求。他所说的秩序与陆费逵相同，也是指社会风俗习惯及舆论。守秩序就要“尊重”风俗习惯和舆论，而不应标新立异，有

---

① 蔡元培：《订正中学修身教科书》，上篇，商务印书馆 1912 年版，第 85 页。
② 陆费逵：《修身讲义》（师范讲习科用），商务印书馆 1910 年版，第 48 页。
③ 陆费逵：《修身讲义》（师范讲习科用），商务印书馆 1910 年版，第 48 页。
④ 陆费逵：《修身讲义》（师范讲习科用），商务印书馆 1910 年版，第 48 页。
⑤ 陆费逵：《修身讲义》（师范讲习科用），商务印书馆 1910 年版，第 49 页。

"反常之言行"。他也认为，风俗习惯和舆论会随着时势的发展而变化，但变更旧习必须慎重，"须有适当之机会及方法，不可轻举妄动以破坏之"。在新的风俗习惯未出现之前，对旧的习惯还要继续遵守。"凡欲破坏旧习，不可不有新组织之成算存于胸中。若胸无成竹，而徒以破坏旧习为能事，则其危险之现象，更甚于守旧焉"。同样，对于他国的风习，也不能轻率仿效。"见他国社会之模样而率行效法，不问其事之合于我国与否，将举数千年风俗习惯之秩序，一扫而破坏之，则事关重大，所最宜谨慎者也"。① 1916 年李步青在其《实用修身讲义》中也提出，对于公众，个人当养成"秩序之习惯"，就是要遵守"礼俗"，言行不可违反"公意"。主要从两方面做起，一是从消极方面，"不妨碍"他人，一是从积极方面，对于他人"尽礼让之道"，合起来就是要学习欧美各国的"自治之精神"。②

其次，作为团体之一分子，应遵守团体规约。1910 年陆费逵在《修身讲义》中提出，团员要遵守"团体规约"。他认为，团体规约关系到团体的安宁幸福，必须人人共同遵守，才能维持团体的秩序，也才能将分散的力量汇成一股合力，去完成一项任务。因此，要维持团体秩序和发展团体事业，团体中人就必须"尊重规约而实行之"③。当团体目的与个体目的相冲突时，个体当服从团体，"屈一己而伸团体"。因为，"团体之利益，关系公众，一己之利益，仅关系个人，若屈团体而伸一己，则蒙其害者多矣，彼以一己之私而害团体者，诚公众之罪人也"。④ 1913 年王仁爨在《师范讲习科用修身教科书》也指出，团体的安宁幸福，全靠规约来维持，因此，团员要自觉遵守规约，"以团体之目的为目的，协力一致以图其发达，苟有意见，则以团体为前提，涣然冰释，以合乎团体之大目的焉。设不幸而有害于己，则虽牺牲一己之利益，亦所不惜。"不可先私后公，以私害公，"若以私欲为前提，视团体之规约为不足守，以私害公，靡所底止，则对于团体，不德甚矣，可不戒乎"⑤。

---

① 王仁爨：《师范讲习科用修身教科书》，卷下，中国图书公司 1913 年版，第 8—9 页。
② 李步青：《实用修身讲义》，中华书局 1916 年版，第 18 页。
③ 陆费逵：《修身讲义》（师范讲习科用），商务印书馆 1910 年版，第 51 页。
④ 陆费逵：《修身讲义》（师范讲习科用），商务印书馆 1910 年版，第 52 页。
⑤ 王仁爨：《师范讲习科用修身教科书》，卷下，中国图书公司 1913 年版，第 13 页。

1914 年李步青在《新制修身教本》中也提出，对于团体的规约，团员要共同遵守，"不可假团体之名以便其私图，不可恣意妄行以损团体之信用与名誉"。团员集合时，应"守公同之秩序，从多数之意志规律，如不适用，当以公意修改，宁屈一己而伸团体，不可以私废公也"。①

三、遵守礼仪

关于遵守礼仪，蔡元培进行了特别强调。他在 1912 年出版的《订正中学修身教科书》中指出，与人相处，不仅要讲理，更要讲情，只有情理兼顾，才能有利于社会和谐与进步。而礼是"本乎感情而发为仪节"②，其要在"不伤彼我之感情，而互表其相爱相敬之诚"③，"以爱敬为本"④，即以情感为根本，因此，与人相处讲情感，就是要讲礼仪。他认为，一方面，礼仪是人们长期生活积累的习惯，"不宜辄以私意删改之，盖崇重一国之习惯，即所以崇重一国之秩序也"⑤。另一方面，各国的礼仪不同，对外国礼仪也应予以尊重。"爱敬之情，人类所同也，而其仪节，则随其社会中生活之状态，而不能无异同。近时国际公私之交，大扩于古昔，交际之仪节有不可以拘墟者，故中流以上之人，于外国交际之礼，亦不可不致意也。"⑥

蔡元培所讲的礼的核心内容是礼让，即谦让。他认为，日常交际中，只有互相谦让，才能少生冲突，不伤感情。但是，他又指出，谦让也要有限度，要有所让，有所不让，而不是处处都让。其一，在日常交际中，要以谦让为美德。"至于日常交际，则他人言说，虽与己意不合，何所容其攻诘，如其为之，亦徒彼此忿争，各无所得已耳。温良谦恭，薄责于人，此不可不注意者。"⑦其二，在思想与信仰上，不能谦让。"排斥他人之思想与信仰，亦不让之一也。精神界之科学，尚非人智所能独断，人我所见不同，未必我果是而

① 李步青：《新制修身教本》（初中），第二册，中华书局 1914 年版，第 41—42 页。
② 蔡元培：《订正中学修身教科书》，上篇，商务印书馆 1912 年版，第 86 页。
③ 蔡元培：《订正中学修身教科书》，上篇，商务印书馆 1912 年版，第 86 页。
④ 蔡元培：《订正中学修身教科书》，上篇，商务印书馆 1912 年版，第 87 页。
⑤ 蔡元培：《订正中学修身教科书》，上篇，商务印书馆 1912 年版，第 86 页。
⑥ 蔡元培：《订正中学修身教科书》，上篇，商务印书馆 1912 年版，第 87 页。
⑦ 蔡元培：《订正中学修身教科书》，上篇，商务印书馆 1912 年版，第 88 页。

人果非,此文明国宪法,所以有思想自由信仰自由之则也。苟当讨论学术之时,是非之间,不能并立,又或于履行实事之际,利害之点,所见相反,则诚不能不各以所见,互相驳诘,必得其是非之所在而后已……至于宗教之信仰,自其人观之,一则为生活之标准,一则为道德之理想,吾人决不可以轻侮嘲弄之态,侵犯其自由也。"①即认为,人们有思想和信仰的自由,所以,遇到与自己思想及信仰不同的人,就不能一味谦让与之苟同,而应该坚持自己的立场。但又指出,与人争辩,要讲求礼仪,"宜平心以求学理事理之关系,而不得参以好胜立异之私意"②。其三,不仅对于个人要礼让,对于社会全体也要礼让。他将对于社会全体之礼让,称为威仪。"威仪者,对于社会之礼让也。"③他认为,人们在生活中往往能做到对亲戚朋友的礼让,对社会全体则缺乏礼让。因此,人们更应该于此特别注意,要认识到威仪的重要性。"同处一社会中,则其人虽有亲疏之别,而要必互有关系,苟人人自亲故以外,即复任意自肆,不顾取厌,则社会之爱力,为之减杀矣。有如垢衣披发,呼号道路,其人虽若自由,而使观之者不胜其厌忌,可谓之不得罪于社会乎? 凡社会事物各有其习惯之典例,虽违者无禁,犯者无罚,而使见而不快,闻而不慊,则其为损于人生之幸福者为何如耶? 古人有言:满堂饮酒,有一人向隅而泣,则举座为之不欢。言感情之相应也。乃或于置酒高会之时,白眼加人,夜郎自大,甚或骂座掷杯凌侮侪辈,则岂非野蛮之遗风而不知礼让为何物者欤? 欧美诸国士夫,于宴会中,不谈政治,不说宗教,以其易启事端,妨人欢笑,此亦美风也。凡人见邀赴会,必豫审其性质如何,而务不失其相应之仪表。如会葬之际,谈笑自如,是为幸人之灾,无礼已甚。凡类此者,皆不可不致意也。"④即要求人们在各种公众场合,如道路、宴会、葬礼等场合,都要懂得礼让,遵循一定的礼仪,在某些方面还要向欧美各国学习。

1913 年樊炳清在其《共和国教科书修身要义》中也强调了礼让的重要性。他指出,身处社会,要想"联人我之情,完交际之道,使社会之间,能蔼

---

① 蔡元培:《订正中学修身教科书》,上篇,商务印书馆 1912 年版,第 88 页。
② 蔡元培:《订正中学修身教科书》,上篇,商务印书馆 1912 年版,第 87—88 页。
③ 蔡元培:《订正中学修身教科书》,上篇,商务印书馆 1912 年版,第 88 页。
④ 蔡元培:《订正中学修身教科书》,上篇,商务印书馆 1912 年版,第 88—89 页。

然而调和"，就有赖于"礼让"。他还形象地比喻："人之有礼让，犹车辖之脂，非此者，欲社会动作之所如无阻，难矣"，来强调礼仪对社会交往的重要性。① 他还指出，礼让是为了表示"尊重他人之人格"，"凡人各有感情、意志、思想、信仰等，以别于他人，其独立而具备人格，无殊于我。故吾之所以尊重之者，非以其地位故，又以其人为一人之故而爱敬之，此即尊重人格之谓也。"②但他又强调，虽然人格平等，对人礼让与否，与其地位、势利并无关系，但对不同人之礼节又有所差别。"社会之间，既以智德不齐、职守不同之故，而构成等级，则其形之于礼也，即不能无差别。故必从习尚、应时宜，各如其人，而与以相当之待遇。其既著为礼节者，即公众意见之所默认，自不得以私意改变之。苟有悖乎习尚、反乎时宜之举动，人以为失礼矣。"③同时，他又指出，礼应"以爱敬为本"，不能内心不爱敬，而徒以追求形式之虚礼。④ 他还进一步强调，对人讲礼仪，还要做到谦"让"。他认为，礼是为了表亲爱，但仅有礼，而没有让，非但不能表亲爱、促和谐，反而会与人产生冲突。"人苟以礼相处，则他人之言动行为，虽与吾意未协，而不得为无谓之争执，以召人憎厌，此让之说也。使人人互不相让，则日常言论，辄生意见，亲友交际，动致龃龉，社会间尚能有协力合谋之事乎？"但他又强调，谦让是要求人不在无谓的事情上感情用事、意气用事、逞强好胜，不是所有的事情都要谦让，如思想信仰、真理、公道、宗教信仰等，就不能让步。"人之思想信仰，各有自由，非他人所当排斥者。大抵天下事理，其是非利害，皆有两面。人之所信，不能强我相从，犹我之所信，不能强人相从也。人于论学、于治事，固不妨各执所信，互相驳诘。然当知所争者真理耳、公道耳，于个人之交际何与焉？如徒挟感情，而怒争激辨，或妄逞私见，而立异矜奇，甚或酿成嫌衅，损及私交，则失之矣……果何为乎？若夫宗教之信仰，自其人观之，乃据以为道德之鹄，行为之准者，我纵不信仰之，然不能以是非相攻诘，从而轻侮之、嘲弄之，则侵犯其自有矣。世有假破除迷信为名，而欺凌异教者，不可

① 樊炳清：《共和国教科书修身要义》（初中），卷上，商务印书馆 1913 年版，第 74 页。
② 樊炳清：《共和国教科书修身要义》（初中），卷上，商务印书馆 1913 年版，第 75 页。
③ 樊炳清：《共和国教科书修身要义》（初中），卷上，商务印书馆 1913 年版，第 75 页。
④ 樊炳清：《共和国教科书修身要义》（初中），卷上，商务印书馆 1913 年版，第 75 页。

不力戒也。"①

他又进一步指出,对人内心礼让,还要求在"言辞容色"上讲"礼仪",要"谦恭和蔼"。即使责人之过,也要"婉转之语气",不能"直斥人过",还要"加以相当之称谓",不能"径呼姓名",更不能对人有"傲慢之态"、"轻蔑之色"。他还强调,对人讲礼仪,还不可"妨害他人感情",这就要求与人交往时,"不可作忧郁悲哀之容,而引人不快。其在稠人广众之间,不可有喧哗争斗之举,而令人生厌。又必随众人之忧乐,以为忧乐,赴盛筵而述悲伤之词,居丧家而作嬉笑之态,是妨害公众感情,而有悖于礼者也。"②

第三节　积极道德之修养(一):促进社会和谐

在修身教科书看来,身处社会,仅仅践行消极道德,遵守公义、法律、风俗习惯及礼仪,只能使个人独善其身,使社会之基本秩序得以安定,却不能兼善天下,也不利于社会之和谐亲爱。因此,在履行消极道德之后,还要行使积极道德。而他们所指代的积极道德,又分为两个层次,一为博爱与慈善,即道德层面之公益,二为发展社会教育文化、经济、公共建设等事业,即道德之外的社会公益。在此,先从道德层面论起。

不论是清末还是民初的修身教科书,都注意到了对他人友爱的必要。1906 年蒋智由在《小学修身教科书》中指出,人不能独立而存,必须与他人"相依相助,而后得谋生活",因此,不论是对邻里,还是社会中人,都有相助的责务。他指出,邻里与我们关系"最相亲密",一旦事有缓急,"有待于邻里者正多",因此,对邻里,"不可不相扶相助而共矢敦厚之风"。并进而指出,除了友爱邻里外,对于社会中之贫者、病者,也当"怜之悯之而救恤之",对于年幼之人,当"保卫提携,而矢其惠幼之心",即使对于有罪之人,也"当怜其迷妄过误,为之劝导诱掖,使归于正"。③ 1906 年杨志洵在其《中等修

---

① 樊炳清:《共和国教科书修身要义》(初中),卷上,商务印书馆 1913 年版,第 76 页。
② 樊炳清:《共和国教科书修身要义》(初中),卷上,商务印书馆 1913 年版,第 76—77 页。
③ 蒋智由:《小学修身教科书》,卷二,东京:同文印刷社 1906 年版,第 17—18 页。

身教科书》中,则从慈善与竞争对立统一关系的角度,论证了慈善的必要。在书中,他在肯定竞争的基础上,论述了慈善与竞争既矛盾又统一的关系,进而引用经济学家、教育家乃至孟子的言论,来论证慈善的重要性。他认为,"慈善者,与竞争反对者也,竞争主优胜劣败,慈善主助弱扶危",然而因为"竞争有数种:曰食物之竞争,曰名誉之竞争,曰权力之竞争。是三者,非必集于一人之身也,争名誉权力者,未必争衣食权力,争衣食权力者,未必争名誉权力",所以,两者又"必非矛盾也"。虽然,经济学家认为慈善会造成人的依赖心,有害于社会,但教育家、孟子都认为,不管是执政,还是与人相处,都应该有悲天悯人的情怀。因此他提出,慈善也是人们对社会应尽的一份责任。① 1910 年陆费逵在其《修身讲义》中,在强调不可侵犯他人的生命与财产的同时,又指出,对危难之人,有救助和帮助的责任。他指出,尊重他人生命的第二义,就是要行善救人。因为,人之所以为人,在于"有仁心",有仁心者,不仅不害人,"且当见人危难,即义勇奋发,挺身往救,体上天好生之德,行自己恻隐之心"。唯有既不害人,又行善救人,才算是真正尊重他人的生命。并指出,不侵人财产,"仅可不为罪人,若欲有益于人,则当扶倾助危,周恤贫困,养一己之仁心,即所以全社会之幸福也",所以,不侵人财产之外,还要扶危济困,做有益于人之事。②

民初修身教科也提出了"博爱"的问题。1912 年秦同培在其《共和国教科书新修身教授法》(初小)第二册第十六课,专门讲到了"扶助他人",并列举了具体做法:"(一)见瞽者及跛躄者,勿笑侮之,可引导或扶掖之处,则引导扶掖之;(二)遇有饥寒可怜之人或乞丐等,可周济者周济之;(三)于同居之邻里亲友,尤宜彼此相助,或通有无,或共患难,视力之所及以辅助之;(四)凡年老者,无论识与不识,见其危急,必当扶助,此外同学及不认识之幼稚,与夫婢仆等,皆当以和厚待之。"③

1912 年蔡元培在其《订正中学修身教科书》中也指出,对于同类,除了

---

① 杨志洵:《中等修身教科书》,文明书局 1906 年版,第 33 页。
② 陆费逵:《修身讲义》(师范讲习科用),商务印书馆 1910 年版,第 45—46 页。
③ 秦同培:《共和国教科书新修身教授法》(初小,秋季),第二册,商务印书馆 1912 年版,第 19 页。

有不侵害之法律义务,还有爱护帮助的道德义务。原因主要在于,人与动物一样都有同类相恤的本性。"凡动物之中,能历久而绵其种者,率皆恃有同类相恤之天性。人为万物之灵,苟仅斤斤于施报之间,而不恤其类,不亦自丧其天性,而有愧于禽兽乎?"①他进而提出了博爱行善的几个原则。其一,以为爱而善为上,以为名利而善为下。他认为,那些为名利而善者,不是真善,而是假善。因此,行善贵在"施而不望报",不可"斤斤于施报之间",②也不可沽名钓誉,更不可借公益的名义赚取名利。其二,由近及远,由爱家人,到爱国人,再到爱整个人类。"人之于人,不能无亲疏之别,而博爱之道,亦即以是为序。不爱其亲,安能爱人之亲? 不爱其国人,安能爱异国之人? 如曰有之,非矫则悖,智者所不信也"③。其三,以图永久之利为上,以图一时之利为下,不可养成受者的依赖心。"盖爱人以德,当为图永久之福利,而非使逞快一时,若不审其相需之故,而漫焉施之,受者或随得随费,不知节制,则吾之所施,于人奚益? 世固有习于荒怠之人,不务自立,而以仰给于人为得计,吾苟堕其术中,则适以助长其倚赖心,而使永无自振之一日。爱之而适以害之,是不可不致意焉。"④除了私人之间的友爱互助外,蔡元培还提到了举办社会慈善事业,"设育婴堂、养老院等,亦为博爱事业之高尚者"。⑤

1913 年樊炳清在其《共和国教科书修身要义》中也指出,"忘一己之利害而为他人谋者",即为博爱,博爱是"至高至大之德"。而博爱起源于对他人的"同情",正是因为"同情",才能"见人之忧而忧,见人之乐而乐"。他认为,"同情"出自"天性",人对人同情就像动物能"同类相爱"一样。他还指出,"扩此同情,而著之行事,则见人之危难而拯救之,见人之穷困而周恤之,见人之颠沛流离而慰藉之、扶持之,或助人以力,或济人以财,是即所谓慈善事业也"。他还指出,虽然人人都有"恻隐之心",但由于"蔽于一己之

---

① 蔡元培:《订正中学修身教科书》,上篇,商务印书馆 1912 年版,第 78—79 页。
② 蔡元培:《订正中学修身教科书》,上篇,商务印书馆 1912 年版,第 78—79 页。
③ 蔡元培:《订正中学修身教科书》,上篇,商务印书馆 1912 年版,第 79 页。
④ 蔡元培:《订正中学修身教科书》,上篇,商务印书馆 1912 年版,第 81 页。
⑤ 蔡元培:《订正中学修身教科书》,上篇,商务印书馆 1912 年版,第 83 页。

利害"或"无奋勉为善之勇",而使其"爱人之念,遂渐薄弱",因此,人的恻隐之心,需要"涵养"。① 进而,他指出了人在行善时的注意事项:首先,要出自"真情之流露,求我心之所安",不可为名利计,也不可求回报。他指出,欲图虚名的慈善,"虽散财千万,而衡以道德,固毫无价值矣",而念念希望回报的慈善,"谓之市恩,将使受者难堪",都不是真正的慈善。但又强调,行善者不可求回报,但受恩者不可不心存回报,受人之恩而不回报,是"不德"的表现。其次,要博爱有序、博爱有方。有序,即博爱要由近及远。因为对身边的人不博爱,就难以对更远的人博爱。"盖人之于人,不能无亲疏之别,不爱其亲,安能爱人之亲? 不爱同国之人,安能爱异国之人? 如曰有之,非伪则妄"。博爱有方,即"宜图永久之福利,非仅取一时之施与",要审其切实需要,不可"助长其倚赖心,将使陷身贪惰,永无自立之日"。②

1918 年贾丰臻在其《新体修身讲义》中也提到了"博爱"的必要,可贵的是,他的视野更加宽阔,将博爱由国内扩展到了整个人类。他指出,随着人类交往越来越频繁密切,人们之间的相爱之念也必越来越发达,因此对同类当有"人道"情怀。"凡为人类,当然有相亲相爱之情况,以交通机关进步之故,致感情思想之交换愈盛,同类相爱之念愈发达,几乎不能不有四海皆兄弟之感,故吾人对于人类社会宜以博爱之精神相交,以互全其生存为务,此所谓人道也"。③ 他还对红十字会的博爱事业极为盛赞:"博爱事业,为今日所大著名者,红十字会是也。此会事业为世界文明各国所赞同,于战时,并救护敌国之负伤者,殊足表人文之进步。非直此也,平时如遇天灾地变,各国能互相救恤,尤为适于人道主义,同类相怜之状,实古人所梦想不到者也。"④他还指出,人道与爱国并不冲突,而是相互统一的,"人道或与爱国之道,有冲突之点,然此大都拘泥爱国之字义,但知有国家而不知有人类,不过偏见者之迷想而已。吾人一面知国家之当尊,而同时又当知人类之宜爱,盖

---

① 樊炳清:《共和国教科书修身要义》(初中),卷上,商务印书馆 1913 年版,第 70 页。
② 樊炳清:《共和国教科书修身要义》(初中),卷上,商务印书馆 1913 年版,第 70—71 页。
③ 贾丰臻:《新体修身讲义》(师范讲习科用),上卷,商务印书馆 1918 年版,第 19 页。
④ 贾丰臻:《新体修身讲义》(师范讲习科用),上卷,商务印书馆 1918 年版,第 19 页。

必遵守国法者,始能对于人道而尽忠实也。"①

第四节　积极道德之修养(二):推进社会发展

上节对修身教科书所论的积极道德的第一层面进行了探讨,本节将对积极道德的第二层面进行考察,即道德层面之外的社会教育文化、经济、公共建设等层面的公益事业。笔者且将之概括为"推进社会发展"的责务,而此方面包括各谋职业、谋求团体进步、谋取社会公共事业发展三部分。

一、各谋职业

清末民初修身教科书都认为,职业本身具有为己与为社会的双重意义,因此,人们各谋职业本身,就具有推进社会发展的意义。

1906 年蒋智由在其《小学修身教科书》中指出,职业本身具有裨益社会的功能,因此,人们欲谋社会之进步,当从谋职业做起。他指出,职业的意义,绝不仅仅是为"一己生活之必要",还在于职业是"社会发达进步之资"②。他强调,为"保其一己之生命"而谋职业,"虽禽兽犹且能之",而人之所以为人而为万物之灵,就在于人不仅有"保其一己之责任",还有"保其社会全体之责任"③。他还指出,实质上,职业都是为了他人而存在的。"夫所谓职业者,试一思之,何一非为人者乎?若无人,则我之职业,且消灭而归于乌有。例如若为工,若无用器之人,虽日出其制造之品,不且废弃而属诸无用乎,知夫制器在我,用器在人,则知我之职业,实无一不与人类之全体,有相关系之故,如此岂可徒为一己之利益计,而不为社会之利益计乎?则非能知职业之本性矣。"④因此,人们对待自己的职业,既要"为一己之利益计",同时"又不可不为社会之利益计",唯有如此,"则彼此各为其职业,而

---

① 贾丰臻:《新体修身讲义》(师范讲习科用),上卷,商务印书馆 1918 年版,第 19—20 页。
② 蒋智由:《小学修身教科书》,卷二,东京:同文印刷社 1906 年版,第 22 页。
③ 蒋智由:《小学修身教科书》,卷二,东京:同文印刷社 1906 年版,第 22 页。
④ 蒋智由:《小学修身教科书》,卷二,东京:同文印刷社 1906 年版,第 23 页。

各能互收其利益。社会之幸福,于是乎全,而一己之幸福,亦寓乎其中矣"①。所以,人们对于"其所分定之职业",不论大小,都不可以"苟且视",而当以"神圣视之",各尽其职,为己谋生计,也为社会谋进步。② 1906年杨志洵在其《中等修身教科书》中也指出,作为社会的一分子,人们不应"只计一人之私",而应该同时为社会与国家的利益考虑,为之谋公益。并指出,为社会谋公益的第一步,就是要各谋职业,"各自量其才力,择政治实业教育之上之事,而为终身之业务,以增社会之进步是也"。③ 1910年陆费逵在其《修身讲义》中也提出,社会越发展,"分业愈细",只有"人人尽其职分所当为",社会之安宁秩序才能保证。"协力之中有分业,分业之中有协力,二者既为自营之方法,又为社会组织之要素矣。"④

1912年蔡元培在其《订正中学修身教科书》中指出,人们谋取社会公益的一个重要方面,就是各谋士、农、工、商、文艺、学术等职业。因为在他看来,各种职业都是社会发展所必需的,都是有益于社会的公益事业,所以,人人各尽其职就是兴公益。由此他主张,人们走出家庭,举办各种正当事业,"随分应器,各图公益"⑤。他尤其强调了文艺学术等文化事业的深远价值,"所谓公益者,非必以目前之功利为准也。如文学美术,其成效常若无迹象之可寻,然所以拓国民之智识,而高尚其品性者,必由于此。是以天才英绝之士,宜超然功利之外,而一以发扬国华为志,不蹈前人陈迹,不拾外人糟粕,抒其性灵,以摩荡社会,如明星之粲于长夜,美花之映于座隅,则无形之中,社会实受其赐。有如一国富强,甲于天下,而其文艺学术,一无可以表见,则千载而后,谁复知其名者? 而古昔既墟之国,以文学美术之力,垂名百世,迄今不朽者,往往而有,此岂可忽视者欤?"⑥

1913年王仁鐄在其《师范讲习科用修身教科书》中也提到,社会组织是由个人组成的,社会事业的发展也需要人们分工合作,因此,协同是人们对

---

① 蒋智由:《小学修身教科书》,卷二,东京:同文印刷社1906年版,第24页。
② 蒋智由:《小学修身教科书》,卷二,东京:同文印刷社1906年版,第24页。
③ 杨志洵:《中等修身教科书》,文明书局1906年版,第30页。
④ 陆费逵:《修身讲义》(师范讲习科用),商务印书馆1910年版,第48页。
⑤ 蔡元培:《订正中学修身教科书》,上篇,商务印书馆1912年版,第82页。
⑥ 蔡元培:《订正中学修身教科书》,上篇,商务印书馆1912年版,第82—83页。

公众应尽的第一义务。在他看来,协同有分业与合业两种,而他所指的分业协同之意就是各谋职业。他指出,"农、工、商、军人、政客、医士等,当各分其业而营之,分业愈密,斯专攻愈熟,而艺能愈精"①。协同与分业是交相为用的关系,"分业之中,有协力焉,协力之中,有分业焉"②,因此,人们要贡献社会,首先要干好本职工作,"各勉励其业务"③。1914 年李步青在其《新制修身教本》中也认为,公益之事,分"独立为之"与"合群力为之"两类,而他所指的第一类就是各谋职业。④ 1918 年贾丰臻在其《新体修身讲义》中也说道:"勉励职业,不仅为自立之根本,即足以负担社会共同生活之一部也。人人各择其所长,以发挥才能,即为对于社会共同生活之要务,如教育事业,为文化之根本,其影响最为远大,故责任尤为重要。"⑤在此,他强调了各谋职业的社会意义。

二、谋求团体进步

修身教科书认为,团员有谋求团体进步的责务。1910 年陆费逵在其《修身讲义》中指出,个体是团体的一分子,团体的兴衰,"视其团体中人之品行、学识、热心如何",因此,个体要有团体意识,在团体中"尽其责任,相戒相励,以巩固其组织,维持其安宁秩序,以图其繁荣发达"。他强调,团体之事务需要各成员分工合作,共同完成,因此,作为团体之一员,应该"热诚勤勉,尽心职务,切不可贪名利,弄权势"。⑥ 1913 年王仁鏊在其《师范讲习科用修身教科书》中也提出,团体是"社会中之一部分,有一定之目的而互相结合者"⑦。团体的形式多样,有省、县、市、乡等团体,有农、工、商、宗教、政治、学艺、交际等团体,又有公司、政党、学会、俱乐部等团体,人们无时无刻不处于一种或数种团体之中。而团体的兴衰取决于团员的努力,因此,团

---

① 王仁鏊:《师范讲习科用修身教科书》,卷下,中国图书公司 1913 年版,第 6 页。
② 王仁鏊:《师范讲习科用修身教科书》,卷下,中国图书公司 1913 年版,第 7 页。
③ 王仁鏊:《师范讲习科用修身教科书》,卷下,中国图书公司 1913 年版,第 9 页。
④ 李步青:《新制修身教本》(初中),第二册,中华书局 1914 年版,第 37 页。
⑤ 贾丰臻:《新体修身讲义》(师范讲习科用),上卷,商务印书馆 1918 年版,第 17 页。
⑥ 陆费逵:《修身讲义》(师范讲习科用),商务印书馆 1910 年版,第 51—52 页。
⑦ 王仁鏊:《师范讲习科用修身教科书》,卷下,中国图书公司 1913 年版,第 11 页。

员应当"力任其共同之责任,而以一致之精神相戒勉,以巩固其组织,维持其安宁秩序,力图其繁荣发达之永久"①。团体的发展需要每个团员的努力,因此,团员当"本于热诚勤勉以完其职务"②。1914 年李步青在其《新制修身教本》中也强调,团体事业的发展,需要所有团员分工协作,齐心协力,只有每个职员都尽忠职守,各尽其责,团体事业才能发展壮大,因此,团员"对于所负之责,必尽其职",这是团员对团体"应尽之义务"③。

三、谋求公共事业的发展

在修身教科书看来,除了各谋职业、为团体谋发展外,人们还要进一步谋求社会公共事业的发展。1910 年陆费逵在其《修身讲义》中指出,欲图社会之进步,就必须为"人群谋幸福",为社会"谋公益"。他指出,谋公益就是"谋公众之利益,而使社会进步也",凡是可以"去危害而谋幸福者",如兴学校、讲卫生、备灾救火、改良风俗等,都是公益之事,对此都应该"竭力图之"。④ 1912 年蔡元培在其《订正中学修身教科书》中也指出,除了各尽职业谋公益外,人们还要谋取公共事业的发展,"例如修河渠,缮堤防,筑港埠,开道路,拓荒芜,设医院,建学校皆是,而其中以建学校为最有益于社会之文明。又如私设图书馆,纵人观览,其效亦同……社会文明之程度,即于此等公益之盛衰而测之矣。"⑤1914 年李步青在其《新制修身教本》中指出,对社会公益,除了分业外,还有需要合群力为之的公益,即公共事业。而此类公共事业,又分为"消极、积极二方面"。消极方面,"以防危害为主","危害起于天然者,如天灾地变之类,必设法以预防之,若备荒、消防、防疫等事是也。危害起于人为者,如内乱外患之起,必谋所以勘定之,若办民团,组织义勇队等事是也"。而积极方面,"以求幸福为主",此类则范围很广,"为人类健全上求幸福,必从事于公众卫生;为人类经济上求幸福,必以扩张实业、

① 王仁薲:《师范讲习科用修身教科书》,卷下,中国图书公司 1913 年版,第 11 页。
② 王仁薲:《师范讲习科用修身教科书》,卷下,中国图书公司 1913 年版,第 14 页。
③ 李步青:《新制修身教本》(初中),第二册,中华书局 1914 年版,第 41 页。
④ 陆费逵:《修身讲义》(师范讲习科用),商务印书馆 1910 年版,第 49 页。
⑤ 蔡元培:《订正中学修身教科书》,上篇,商务印书馆 1912 年版,第 83 页。

交通为务；为人类精神上求幸福，必设图书馆、博物馆、宣讲所等，以灌输文明，而图教育之普及；为人类便利上求幸福，如道路、桥梁、水道、路灯等，必谋完全之修置。"①1918 年贾丰臻在其《新体修身讲义》中说道："公共事业，如学术技艺之进步，风俗之改良，变灾之防止，公众之卫生，各种之慈善事业等，又谓之公益事业。此等事业，断非一人之力所能及，或助人成其事业，固可，或计划一事而假他人之力以成，亦可。"②即认为，除了慈善事业外，还要谋取社会学术文化、风俗、卫生等事业的进步。

小　结

综上所述，清末与民初修身教科书的社会修身思想既有相通之处，亦有微小差异。其共同点主要表现在：

首先，不论清末还是民初修身教科书的社会修身思想，都致力于社会稳定与和谐的目标。如它们都强调了遵守公义、秩序、礼仪等的重要性，也都强调了对人友爱、博爱的必要性，并重视各尽其职的重要意义。这点在第二、三、四节已详尽论述，此处不再赘言。除了友爱、礼仪思想之外，修身教科书的公义思想和职业思想，都是对传统的重大突破。

其次，前后两个阶段，都重视朋友、邻里等私人伦理关系。对此，文中并没有详尽展开，在此略作补充。1910 年陆费逵在其《修身讲义》中，专门论述了对朋友、邻里之道，强调了朋友、邻里之间当互相照应帮助，并对择友之道和待友之道进行了详细论述。他指出，择友当择善友，即"德行高尚，学识优长，心术正大者"③。关于待友之道，他指出，首先，要讲信义。即要"言行一致，诚实无伪"，"不以利害而变"，要共患难、共安乐。其次，要礼让。他认为，朋友多为年龄相近之人，年龄相若就易"相狎"，即容易态度轻佻、不庄重，互相戏弄，如此就会闹得不欢而散。因此，朋友之间，应该"尊重敬

---

① 李步青：《新制修身教本》（初中），第二册，中华书局 1914 年版，第 36 页。
② 贾丰臻：《新体修身讲义》（师范讲习科用），上卷，商务印书馆 1918 年版，第 17 页。
③ 陆费逵：《修身讲义》（师范讲习科用），商务印书馆 1910 年版，第 42 页。

礼,不敢存丝毫轻慢之心",即在心里要尊重朋友,在言行上要待之以礼。具体而言,就是"人与我语,必正答之,人或礼我,必敬报之",对朋友"爱而不狎,让而不疏,执义而不陷于争,协力而不依赖他人,友胜我而不忌,不及我而不骄,敬礼信义,始终如一"。① 再次,要"责善",即朋友相交,应该互相"以道义相期,过则规之,毋令陷于罪恶"。对于那些直言忠告我们的朋友,当悔悟听从,敬之亲之,不可疏远之。最后,不因私害公,即不以朋友之小义害国家之大义。他指出,朋友固然当相助,"然如执掌所在,则当公而忘私,不可徇友谊而有所假借。事关国家,尤当持守正道,不可有所阿好",因为,"朋友之交,个人之私也,国家之事,一国之公也,以私谊而害公务,则国家之罪人矣"②。1914 年李步青在其《新制修身教本》中,也专门论述了交友之道。他指出,对待朋友,当"信"、"敬"、"劝善归过"。"以信为体,能信则相约之言,久要不忘,缓急相需,忧乐可共","以敬为用,能敬则不相狎侮,无隙末凶终之虚","以劝善规过为责任,能劝善规过,则互相匡正,于立身行事,时有裨益"。③ 并强调,朋友相处,"不可有不正当之行为",不可"徇私废公"。④ 1918 年贾丰臻在其《新体修身讲义》中则指出,选择朋友当选择"友直、友谅、友多闻"的"益友",不可选择"友便辟,友善柔,友便佞"的"损友"。与朋友相处,当友有过时,应"尽忠告善道之责",当关系到社会、国家利益时,则不可"顾私情而忘大义"。⑤ 可以看出,前后修身教科书的择友之道和待友之道大致相同,基本继承了我国传统的交友思想。

其差异主要表现在:与清末修身教科书更加重视社会稳定与和谐相比,民初修身教科书虽然也重视社会稳定与和谐,但更加重视社会教育、文化、公共工程等公共事业的发展。如 1912 年蔡元培在其《订正中学修身教科书》中指出,人们要谋取公共事业的发展,"例如修河渠,缮堤防,筑港埠,开道路,拓荒芜,设医院,建学校皆是,而其中以建学校为最有益于社会之文

①　陆费逵:《修身讲义》(师范讲习科用),商务印书馆 1910 年版,第 42—43 页。
②　陆费逵:《修身讲义》(师范讲习科用),商务印书馆 1910 年版,第 43 页。
③　李步青:《新制修身教本》(初中),第二册,中华书局 1914 年版,第 26 页。
④　李步青:《新制修身教本》(初中),第二册,中华书局 1914 年版,第 27 页。
⑤　贾丰臻:《新体修身讲义》(师范讲习科用),上卷,商务印书馆 1918 年版,第 15 页。

明。又如私设图书馆。"①1914 年李步青在其《新制修身教本》中指出,发展
公共事业,分为"消极、积极二方面"。② 总之,不论是在笔墨上,还是在所论
及的社会事业的层面上,民初修身教科书都超过了清末修身教科书。

---

① 蔡元培:《订正中学修身教科书》,上篇,商务印书馆 1912 年版,第 83 页。
② 李步青:《新制修身教本》(初中),第二册,中华书局 1914 年版,第 36 页。

第五章 以爱国为核心的国民修身思想

国民修身,顾名思义,即作为国民应当对国家尽什么责任与义务的问题。对于近代中国而言,国民修身是一个至关重要的命题。近代历史是中华民族不断遭受列强欺凌的百年屈辱史,救亡图存,争取民族独立与国家富强,是近代国人孜孜以求的奋斗目标和最美好的共同心愿。在屈辱与抗争中,国民当如何修身,如何对国家尽一份责任和义务,不仅关乎个人荣辱,更关乎国家的前途命运,因此,忧国、为国、爱国无不成为近代仁人志士最强烈的呼声。这一点在修身教科书上也得到集中体现,国民修身无不是近代修身教科书的必讲内容,并居于重要位置。

第一节 国家观及国民修身的意义

对国民修身意义的认识,是清末民初修身教科书国民修身思想的理论前提,而国家观则是国民修身观的思想前提,因此,对修身教科书国民修身思想的考察,有必要从对其国家观及国民修身观的探讨开始。

一、国家观

随着现实政治的变迁及人民认识的发展,清末与民初修身教科书的国家观也在发生变化,但两者之间仍然存在着一些共性认识,比如在国家的构成要素、国家的职能、国民的共性、民权平等等问题上的认识相近。

其一,都认为国家由土地、人民、主权三个基本要素构成,三者缺一不可,且以主权为枢机。1906 年杨志洵在其《中等修身教科书》中指出,国家的构成要素有三,"一曰定土,二曰众民,三曰主权",缺一而不可成其为国。"有沃野千里,而居民之迁徙不常,不可为国;有亿兆人民,而版图之隶属无定,不可为国;有土矣,有众矣,然而无统治之主权,政令有所不行,则仍不可为国。是故国也者,定土、众民、主权,缺一不可者也。"三者之中,又以主权为"国之枢机",因为主权为统御全国的关键。"盖主权者,挟无上威力,以号召人民,人民遵奉而步武之,整齐严肃,其运动始终如一人,夫而后其国乃得以独立之意想,建独立之事业。"①1907 年蔡元培在其《中学修身教科书》中,也强调了主权在三要素中的至高地位,"国也者,非徒有土地有人民之谓,谓以独立全能之主权,而统治其居于同一土地之人民者也"②。1910 年陆费逵在其《修身讲义》中也说道,"人口、土地、主权,为国家之三要素","缺一即不可以为国矣"③。1913 年周日济在其《讲习适用修身教科书》中指出,"有一定之人民,一定之土地,且统治于一定之主权,其团体即名之为国家"④。1913 年王仁薆在其《师范讲习科修身教科书》中这样界定:"占有一定之土地,而所附丽于土地者,有人民之团体及一定之主权者,是之谓国家。是故国家云者,占领一定之土地,而由一定之主权,以统治人民之集团者也。"⑤1913 年樊炳清在其《共和国教科书修身要义》中也指出,"国所与立,非徒有土地、有人民之谓,又必有独立全能之主权,以辖制之,而后可谓之国,土地、人民、主权,是谓国家之三要素"⑥。1914 年李步青在其《新制修身教本》中也提出,"国家者,人民集合于一定之土地,统治于最高主权者也"⑦。1918 年贾丰臻在其《新体修身讲义》中也指出,"有一定之人民,一定之土地,且统治于一定之主权,其团体即名之为国家"⑧。

其二,认为国家具有对内维持安定,对外保全国家独立的职能。1906

---

① 杨志洵:《中等修身教科书》,文明书局 1906 年版,第 3 页。
② 蔡元培:《中学修身教科书》,第四册,商务印书馆 1908 年版,第 1 页。
③ 陆费逵:《修身讲义》(师范讲习科用),中华书局 1910 年版,第 53 页。
④ 周日济:《讲习适用修身教科书》,中华书局 1913 年版,第 81 页。
⑤ 王仁薆:《师范讲习科用修身教科书》,卷下,中国图书公司 1913 年版,第 16 页。
⑥ 樊炳清:《共和国教科书修身要义》(中学),卷上,商务印书馆 1913 年版,第 43 页。
⑦ 李步青:《新制修身教本》(中学),第二册,中华书局 1914 年版,第 1 页。
⑧ 贾丰臻:《新体修身讲义》(师范讲习科用),商务印书馆 1918 年版,第 20 页。

年杨志洵在其《中等修身教科书》中指出,国家所以"安内攘外",主要是为了给人民提供"藏身之固"①。1907年蔡元培在其《中学修身教科书》中提出,一国犹如一家,代表主权的元首为家主。"国为一家之大者,国人犹家人也,于多数国人之中而有代表主权之元首,犹于家人之中而有代表其主权之家主也",而家主的责任就是要"保护家人之权利,而使之各尽其本务"②。1910年陆费逵在其《修身讲义》中指出,立国首先是为了人们有效的生存,"人不能孤立生活,于是群居而成社会。然徒有人群而无统御之主权,与夫一定之土地,则社会仍无大效益。盖无统治之主权,则社会之事不举,而秩序不能保,无一定之土地,则不过逐水草而迁移,不能尽营生之道也。"③他进而指出,国家的效用,有内外之分,"内而维持国内之安宁秩序,外而保全独立,图国威之伸张",并指出,国家发挥这些效用的途径就是,"发布法律命令,经营百般事业,又与外国立条约,以相往来,结和好"④。与陆费逵如出一辙,1913年王仁藻在其《师范讲习科修身教科书》中也认为,国家之目的,"在内则图国内之安宁秩序,在外则保全独立,以谋伸张其国威",而为了达到这些目的,国家"当颁布法律,宣布命令,经营百般之事业,又与外国缔结条约,以交通和亲为本旨"⑤。1914年李步青在其《新制修身教本》中也指出,国家之本务,"对内在保持人民之安宁,且增进其幸福,对外在发展国力、伸张国威,此而期目的之能达"⑥。1918年贾丰臻在其《新体修身讲义》中也提出,国家之目的,"内则增进人民之安宁幸福,外则对于万国而完独立自主之权,并进而助人道之发达"⑦。

其三,他们对国体、政体的界定基本无异。1910年陆费逵在其《修身讲义》中,对"国体"与"政体"进行了界定。"主权之所在,各国不一。主权在人民之全体,公举总统,以统治国家者,曰民主国体;主权在特定之一人,而

① 杨志洵:《中等修身教科书》,文明书局1906年版,第12页。
② 蔡元培:《中学修身教科书》,第四册,商务印书馆1908年版,第1—2页。
③ 陆费逵:《修身讲义》(师范讲习科用),中华书局1910年版,第53页。
④ 陆费逵:《修身讲义》(师范讲习科用),中华书局1910年版,第53页。
⑤ 王仁藻:《师范讲习科用修身教科书》,卷下,中国图书公司1913年版,第16页。
⑥ 李步青:《新制修身教本》(中学),第二册,中华书局1914年版,第1页。
⑦ 贾丰臻:《新体修身讲义》(师范讲习科用),商务印书馆1918年版,第20页。

其人之位世世传授者,曰君主国体。故国体即以主权之所在而分。主权者运用主权,为统治之作用者,各国亦不一。立法、行政、司法三权,由一机关行之者,曰专制政体;三权各有独立之机关(即议院立法、审判院司法、行政官行法)者,曰立宪政体。故政体即以主权运用之形式而异。"①1913年周日济在其《讲习适用修身教科书》中讲道:"国体以国家主权之所在而异,奉唯一之君主,为主权之所在,则君主国体也;若主权在人民,总统特人民之公仆,则为民主国体,若法若美,其最著者也……国体与政体,不相混同。国体者,定主权之所在;政体者,主权行动之形式,即依统治机关之性质而决定者也。"②1913年王仁麒在其《师范讲习科修身教科书》中也指出,"主权之所在,征诸列国,不一其法也。主权属于特定之一人者,谓之君主国体;主权属于人民全体者,谓之民主国体。国体即由主权之所在而分也。主权者运用其主权,即为统治之作用,征诸列国,亦不一其法也。立法、行政、司法三权,由同一机关行之者,是谓专制政体,三权分立,各有独立之机关者,是谓立宪政体。政体即运用主权之形式而殊也。"③1913年樊炳清在其《共和国教科书修身要义》中指出,"主权者,国家行动之中枢也。因主权所在不同,而国体异焉。主权在人民全体者,曰民主国体,主权在一人者,曰君主国体。又因其主权行动之形式不同,而政体异焉。由君主或国会,专揽立法、司法、行政之三权者,曰专制政体。使立法、司法、行政三权,各自保其独立,而相倚为用者,曰立宪政体。"④

其四,都反对专制政体,崇尚民主立宪政体。1903年李嘉谷在其《蒙学修身教科书》中,对"立宪之国"极为推崇。"立宪之国,法律为国民所共认,不守法律,即为叛民,叛民岂可为耶?"⑤1910年陆费逵在其《修身讲义》中,对专制与立宪的优劣进行了对比,"民主国悉为立宪政体,无待言矣。君主之国,则立宪专制皆有之。立宪之国,有宪法而君民共守之间,有议院以监

---

① 陆费逵:《修身讲义》(师范讲习科用),中华书局1910年版,第53—54页。
② 周日济:《讲习适用修身教科书》,中华书局1913年版,第82页。
③ 王仁麒:《师范讲习科用修身教科书》,卷下,中国图书公司1913年版,第17页。
④ 樊炳清:《共和国教科书修身要义》(中学),卷上,商务印书馆1913年版,第43页。
⑤ 李嘉谷:《蒙学修身教科书》(初小),文明书局1903年版,第34页。

督政府,司法独立,不容行政者之任意枉法,人民权利,保障稳固,斯国家基础,不致动摇。虽非民主,而民得预闻政事,人民爱国之心,与民主无异也。专制之国,则反是,法律仅以保障君主之权利,生杀予夺之权,皆君主握之,人民不惟不能监督政府,并无术自保其生命财产。故专制国之人民,谨愿者束身自好,视国事与己若不相涉,狡桀者则乘乱起事,冀争得主权而代之。故专制国之人民,无爱国之心,而大乱频仍也",言辞之间流露出对立宪制的憧憬与向往。① 1913 年王仁夑在其《师范讲习科修身教科书》中指出,"吾中华民国,民主立宪政体也。前清末运之政体,将由专制而趋于立宪,然君主立宪,不适于世界大势,今则改为民主矣。民主立宪者,世界最高尚之政体也。"②

　　然而与众多教科书都反对专制、崇尚立宪不同,1913 年樊炳清在其《共和国教科书修身要义》中则提出,专制与立宪各有优劣,应彼此取长补短,互为补充。"国于世界者,以数十计,其国体与政体,各因国情与时代而殊。自政治哲学观之,终古无绝对完善之国体,各有所长,亦各有所短。犹是君主国也,而有三代之治,有五季之乱。犹是民主国也,而法美不失为富强,墨葡无救于衰弱。政体亦然,令辟专政,其鞭策天下而进之于道,也易为力,而非所语于私天下者也。立宪之国,主权分寄,若足以济专制之失,为长治久安之策,然不善运用之,则相牵掣,相轧轹,而国事转益扰攘,不然,则仍流于一方之专制,无他,惟其人不惟其名也。"③

　　其五,认为一国之民在种族、言语、习惯、历史等方面具有共性。1906 年杨志洵在其《中等修身教科书》中,强调了国民在宗教、种族上的共性。他说:"国之所以为国者,必有同一之宗教、混同之人种","宗教为组织民族之一大要素,盖原始国家,惟奉同一之宗教者,乃能成一社会,至信仰不同者,则以为外国人而峻拒之","有共通之精神、性质、言语、习惯,是为一民族,一民族所造之国,其团结力必大于多民族所造之国"④。1907 年蔡元培

---

①　陆费逵:《修身讲义》(师范讲习科用),中华书局 1910 年版,第 54 页。
②　王仁夑:《师范讲习科用修身教科书》,卷下,中国图书公司 1913 年版,第 18 页。
③　樊炳清:《共和国教科书修身要义》(中学),卷上,商务印书馆 1913 年版,第 43—44 页。
④　杨志洵:《中等修身教科书》,文明书局 1906 年版,第 13 页。

在其《中学修身教科书》中也从侧面指出，国民在国土、民族、言语、风俗习惯等方面的共性。"彼其国土同，民族同，言语同，习惯风俗同，非不足以使人民有休戚相关之感情，而且政府同，法律同，文献传说同，亦非不足以使人民有协同从事之兴会。"①清末修身教科书对国民共性的认识，主要是受到日本教科书的影响。1903 年麦鼎华在其翻译的日人元良勇次郎著的《中等教育伦理学》中说道："夫国民之资格，或因国法而定，或起于自然……国民自然之资格为何？同一人种、同一言语、同一风俗，且同过去若干年之历史是也。"②1913 年周日济在其《讲习适用修身教科书》中也指出，"人民之隶于本国，统治于一定之主权者，称之为国民，就其本有之风俗、历史、语言、宗教，而同为一国之民"③。

其六，认为民有权，且民权平等。虽然，清末立宪试验以失败告终，但比之以往，社会上有了几分宽松的民主气氛，因此，清末修身教科书中会有一些关于民权的言辞。1906 年杨志洵在其《中等修身教科书》中指出，"凡非疯癫及犯刑辟者，皆属公民。对于其国，有应得之权利。"④而这些权利有哪些呢？他认为，国民所享有的"公权"有："参与公务之权、居住移徙之权、对于逮捕监禁审问处罚之权、受裁判所裁判之权、住所安全之权、书信秘密之权、所有权安全之权、信教自由之权、发表意思及集会结社之权、请愿之权。""私权"分"人权"与"物权"两类，"人权"包括"户主及家族之权利、亲权、夫权、相续权"等"亲族权"，"名誉、身体、财产"等"人身权"。"物权"包括"占有权、所有权、地上权、地役权、留置权、先取特权、质权、抵当权、债权"等。⑤ 1907 年蔡元培在其《中学修身教科书》中也认为，人民权利平等，"人之权利，本无等差，以其大纲言之，如生活之权利、职业之权利、财产之权利、思想之权利，非人人所同有乎？"⑥1910 年陆费逵在其《修身讲义》也指出，国民不仅人权平等，且公权平等。"人之权利，本无差等。生活之权

---

① 蔡元培：《中学修身教科书》，第四册，商务印书馆 1908 年版，第 20 页。
② ［日］元良勇次郎著，麦鼎华译：《中等教育伦理学》，广智书局 1903 年版，第 58 页。
③ 周日济：《讲习适用修身教科书》，中华书局 1913 年版，第 84 页。
④ 杨志洵：《中等修身教科书》，文明书局 1906 年版，第 6 页。
⑤ 杨志洵：《中等修身教科书》，文明书局 1906 年版，第 6—7 页。
⑥ 蔡元培：《中学修身教科书》，第四册，商务印书馆 1908 年版，第 3 页。

利,职业之权利,财产之权利,思想之权利,言论之权利,固人人所同有也"①,"公权者,自公法上发生之权利,选举权、被选举权、诉讼权及任职官之权利,皆是也。公权所以维持国家之秩序,增进人民之幸福,极为重要。吾人当各自尊重其公权,不可妄自放弃,亦不可任意滥用。如有放弃滥用,则不惟毁损自己之人格,抑亦背国民之道也。"②

到了民国之后,政体变革,民主的空气也更加浓厚,所以,民初修身教科书对民权问题探讨也更加大胆。1913 年周日济在其《讲习适用修身教科书》中说道:"权利之别,曰公权,曰私权。公权为对于国家所有之权,最重者惟参政权、选举权。得有此权,须知宝贵,固不可以放弃矣……私权为国民相互间之权利,大要有居住权等。"③1913 年王仁镶在其《师范讲习科修身教科书》中也指出:"公权云者,由公法上所生之权利,即选举权、被选举权、诉讼权以及官吏、公吏、军人等所得之权利也。公权所以维持国家之秩序,增进人民之幸福,一极重要之物也。故凡吾国民,当各尊重其所享之权利,不可放弃,又不可滥用焉。"④1913 年樊炳清在其《共和国教科书修身要义》中也认为,"人之权利,可括以三大端,身体、财产、名誉是也",而立宪国民所享有的公权"有任官权、选举权、被选举权、受审判权、请愿及陈诉权等","公权者,一国秩序之所存,个人福祉之所关,可不郑重视之乎?"⑤1918 年贾丰臻在《新体修身讲义》中也说道:"权利则分公权、私权,公权为对于国家所有之权,如参政权、选举权是也……私权为国民相互之权,如居住、言论、出版、集会、信教等,均有自由权。国民之享此权者,必须有普通知识、公共道德,未可专以权利自矜也。"⑥

然而,虽然清末与民初修身教科书的国家观有诸多相同,但在认识的深度上,民初修身教科书则更胜一筹,比如在对国家的有机体特征、国家与社会的区别、崇尚的国体、国民政治地位的认识上又有新的见地。

---

①　陆费逵:《修身讲义》(师范讲习科用),中华书局 1910 年版,第 55 页。
②　陆费逵:《修身讲义》(师范讲习科用),中华书局 1910 年版,第 59 页。
③　周日济:《讲习适用修身教科书》,中华书局 1913 年版,第 87 页。
④　王仁镶:《师范讲习科用修身教科书》,卷下,中国图书公司 1913 年版,第 30 页。
⑤　樊炳清:《共和国教科书修身要义》(中学),卷上,商务印书馆 1913 年版,第 45 页。
⑥　贾丰臻:《新体修身讲义》(师范讲习科用),商务印书馆 1918 年版,第 22—23 页。

首先,民初修身教科书不仅认识到国家是由人民、土地、主权三要素构成的,并且进一步意识到三者之间有机联系,构成一个有机体。他们认为,国家犹如一有机体,人民犹如有机体之细胞,土地犹如形体,统治机关犹如神经组织,而主权就如神经之中枢。1912 年缪文功在其《中华中学修身教科书》中,则对人民、土地、主权在国家组织中的地位作出形象的比喻。"国家比诸一有机体,人民如有机体组成之细胞,土地同于形体,而统治机关同于神经之组织,神经组织之中枢为脑髓,是为一国之主权。"①与缪文功的表述基本无异,随后的周日济与贾丰臻也如此比喻。1913 年周日济在其《讲习适用修身教科书》中说道:"国家比诸一有机体,人民如有机体组成之细胞,土地同于形体,而统治机关,同于神经之组织,神经组织之中枢为脑髓,是为一国之主权,故国家者,有其意思、目的及人格。"②1918 年贾丰臻在其《新体修身讲义》中也指出,"国家如一有机体,人民有如有机体组成之细胞,土地等于形体,而统治机关等于神经之组织,神经组织之中枢为脑髓,即等于一国之主权"③。

其次,对国家与社会的联系与区别有进一步的认识。1913 年周日济在其《讲习适用修身教科书》中指出,社会与国家有一共同目的,就是"保全人类之生命,增进其福利者也",就一国之内而言,"则国内之各团体,皆在国家一大团体中",因此,"国家又大于社会"。因此,欲图社会之生存,必当先"求国家之隆盛"。④ 1913 年樊炳清在其《共和国教科书修身要义》中进一步指出,社会与国家虽然同为团体,但国家有主权,社会无主权,国家能够更好地谋取人们的安宁与幸福。"社会之为多人结合之团体,虽与国家同,而不得名国家为社会者,以国家有一定之土地、人民、主权,异乎社会故也。"⑤

再次,崇尚民主国体。随着民初民主制度的确立,人们由崇尚君主立宪,改而颂扬民主立宪制。1913 年周日济在其《讲习适用修身教科书》中,

---

① 缪文功:《中华中学修身教科书》,第三册,中华书局 1912 年版,第 30 页。
② 周日济:《讲习适用修身教科书》,中华书局 1913 年版,第 81 页。
③ 贾丰臻:《新体修身讲义》(师范讲习科用),商务印书馆 1918 年版,第 20 页。
④ 周日济:《讲习适用修身教科书》,中华书局 1913 年版,第 81—82 页。
⑤ 樊炳清:《共和国教科书修身要义》(中学),卷上,商务印书馆 1913 年版,第 43 页。

将民初的民主之制比为美国之制,言辞中表达了对民主之制确立的欣喜与珍爱。"我国新定民主国体,由于欧美学术之输入,因得以独立自尊之气概,推翻专制,示与天下为公。实经学者之思潮,与武士之义烈,牺牲精神,牺牲生命,而后始获此效果。吾人之享有此幸福,固非易事。特欲巩固此国体,俾其理常伸于天下,不致有毫末阻碍者,实吾人共有之责任,而不容淡漠视之也。昔美利坚独立,脱英人之羁绊,当英将华理斯降附日,美之十三州,纷传捷音,懽忭雀跃曰:不图目见此一大盛事。费勒特费之民祝胜,有一老门卒闻之,喜极而死,盖过喜伤情之所致也,然可见其共和成功之盛。我国政体新改,欢呼腾于道路,其情亦略如美,特美利坚之继续进行,有再蹶再振、百折不回之国民,乃能国权日张,列于上国,我国人之于国体,既有以开其始,仍宜有以善其后,此非他人任,而我国人同有之任也。无上之荣誉,必当有法之承之。"①1913 年王仁黻在其《师范讲习科修身教科书》中,则对中华民国的民主国体给予了更高赞誉。"吾中华民国,民主国体也。溯自武汉起义,各省响应,不数月而清帝逊位,南北统一,将数千年专制之余毒,一扫而空之,由是五族共和,而国体即为民主。民主国体者,世界最荣誉之国体也。吾中华民国,民主立宪政体也。前清末运之政体,将由专制而趋于立宪,然君主立宪,不适于世界大势,今则改为民主矣。民主立宪者,世界最高尚之政体也。国体改革之际,必抛掷无数之生命财产,此皆出于爱国之热诚。凡吾国民,不可不知所感而奋发有为也。"②1918 年贾丰臻在其《新体修身讲义》中,也对民国民主制度极为褒扬,"若主权在人民,总统特人民之公仆,则为民主国体。吾国与法美,其最著者也。"③

最后,对国民政治地位的认识有所加深,已具有朦胧的人民为国家主人的思想。1912 年秦同培在其《共和国教科书新修身教授法》中说道:"国家之大,本积国民而成,直可谓国民之国家,而国民全体,不啻即为国家之主人

---

① 周日济:《讲习适用修身教科书》,中华书局 1913 年版,第 82—83 页。
② 王仁黻:《师范讲习科用修身教科书》,卷下,中国图书公司 1913 年版,第 17—18 页。
③ 贾丰臻:《新体修身讲义》(师范讲习科用),商务印书馆 1918 年版,第 20 页。

焉,有身为国家之主人,而不知自爱其国家者"①,即认为国民是"国家之主
人"。1913 年周日济在其《讲习适用修身教科书》中指出,"国民为国家之
主体,无人民不得为国家……盖国家之主体,不在君而在民"②,他还道出了
清末国民无权、民初国民有权的差别,即"昔居专制政体之下,人民唯服从
命令,于政治上初无权力之可言,遂亦无责任之可尽。今则共和国体成立,
吾民乃得保持其权利矣"③。1914 年李步青在其《新制修身教本》中明确指
出,"共和政体之国,主权在人民全体,故必人民之智德日进,而后国家可期
健全之发达",并强调了国民发展对国家强盛的根本意义,即"国家之成立,
由于国民,我为国民之一人,即为成立国家之一分子,我之一分子能完其责
务,则国家即蒙一分之益,我而不能完其责务,则国家亦即受一分之损,反而
言之,国家而强盛,则分子中之我必蒙其利,国家而衰弱,我亦必受其害,利
害至切,休戚与同"④。

二、国民修身的意义

以国家观为基础,清末民初修身教科书认为,国民修身是国家保发展、
个人享权利的重要前提。

首先,国民修身是国家保发展的重要条件。

1903 年李嘉谷在其《蒙学修身教科书》中说道:"国以民立,民以国存,
我生中国,宜以爱中国为己任,同心协力,先公后私,则国之强盛,可立而待
也"⑤,即认为,唯有国民爱国,国家才能强盛。1906 年杨志洵在其《中等修
身教科书》中也指出,国民品行的高下直接关系到国家主权的安固。"人民
之志行恶劣,虽有优美之政,久必降杀。人民之志行优美,虽有恶劣之政,久
必隆盛。是人民与国政,其美恶优劣之本位,实居同等,而无可偏胜者也。
故力争上游之人民,必统治以至荣之国政,甘居下流之人民,必统治以至辱

---

① 秦同培:《共和国教科书新修身教授法》(初小,秋季),第八册,商务印书馆 1912 年版,第 28
页。
② 周日济:《讲习适用修身教科书》,中华书局 1913 年版,第 84 页。
③ 周日济:《讲习适用修身教科书》,中华书局 1913 年版,第 87 页。
④ 李步青:《新制修身教本》(中学),第二册,中华书局 1914 年版,第 1 页。
⑤ 李嘉谷:《蒙学修身教科书》(初小),文明书局 1903 年版,第 38 页。

之国政。惟统其国之男女长幼尊卑贵贱，各砥其行，各修其业，以有荣无辱之人民，成有荣无辱之国政，而国之主权始得永固。"①

1913年王仁黻在其《师范讲习科修身教科书》中也讲道："爱国之精神，国运隆替之所关也。全国人民，均有炽盛之爱国心，则其国必富强，反是则不免于衰亡。爱国心为国家之元气，凡国运之勃兴，即爱国精神所横溢而发生者也。在昔闭关时代，划境而治，人民不能爱国，其国运或不至于衰替。今则五洲交通，万国比邻，生存竞争，于斯为烈，其所恃以立国者，惟此国民之爱国心耳。是故国民须全国一致，以富国强兵为目的，一旦国难当前，则虽牺牲一己之财产生命，亦所不惜，能如是，方不愧为大国民也。"②在其看来，爱国心就如国家的元气，元气越盛国家越富强，元气越弱国家越衰亡，并指出在生存竞争日益激烈的当今世界，国民必须同心爱国，以富国强兵为目的，才能保全国家。1916年李步青在其《实用修身讲义》中指出，国民是国家的一分子，二者相互依存，密不可分。"国家之成立，由于国民。我为国民之一人，即为成立国家之一分子，我之一分子能完其责务，则国家即蒙一分子之益，我而不能完其责务，则国家亦即受一分子之损。反而言之，国家而强盛，则分子中之我必蒙其利，国家而衰弱，我亦必受其害，故国民不能离国家生存，国家更不能舍国民而成立也"③，因此，国家要想强盛，就离不开国民的修身。1918年贾丰臻在其《新体修身讲义》中指出，"爱国者，国民至大之道，国家之盛衰，于人民爱国心之消长，爱国心薄弱，则国家必致危殆也"④，即认为，国民爱国与否直接关系到国家的兴衰。

其次，国民修身也是个人保权利、谋幸福的重要前提。

1907年蔡元培在其《中学修身教科书》中，从权利与义务对等的角度指出，国民受到国家的保护，就理应履行对国家之义务。"凡有权利，则必有与之相当之义务，而有义务，则亦必有与之相当之权利。二者相因，不可偏废……是故国家既有保护人之义务，则必有可以行其义务之权利，而人民既

① 杨志洵：《中等修身教科书》，文明书局1906年版，第3页。
② 王仁黻：《师范讲习科用修身教科书》，卷下，中国图书公司1913年版，第19—20页。
③ 李步青：《实用修身讲义》（师范讲习科用），中华书局1916年版，第15—16页。
④ 贾丰臻：《新体修身讲义》（师范讲习科用），商务印书馆1918年版，第21页。

有享受国家保护之权利,则其对于国家,必有当尽之义务。"①1912 年秦同培在其《共和国教科书新修身教授法》中说道:"一国之中,人民聚处,既爱其身家,宜先爱国。燕雀居巢,子母相哺,自以为安,一旦灶突炎上,焚栋毁屋,则覆亡立至,人民托命于一国,犹燕雀托命于一室,未有国已亡而身家无恙者,故人民皆当爱国。"②即认为,人民对国家的依赖犹如燕雀对巢穴的依赖,所以爱国是自爱的延伸之意。1913 年樊炳清在其《共和国教科书修身要义》中指出,没有国家主权之保护,"则人人之安宁与福祉,必不可得而期",离开国家,"则社会立见纷扰,身家何所凭依?"因此,对国家尽责务,"尤人生责务中之至重至大者",所以,作为国民,"必先其一国之利害,而后其身家之利害也"③。1913 年周日济在其《讲习适用修身教科书》中指出,"凡权利与义务,相待而成,从无专享权利,而不服义务者",因此,国民"既得有种种权利矣,其所以报国家者,则有义务在,不可有苟免之心也"。④1918 年贾丰臻在其《新体修身讲义》也指出,"义务与权利,相待而成立。立宪国家,未有专服义务而不享权利者,亦未有专享权利而不服义务者。"⑤由上可以得出:清末民初的教科书都强调了权利与义务的对等性,指出国民既然从国家那里享受了种种权利,就理应对国家尽义务。

第二节　爱国之道(一):尽国民义务

　　清末民初修身教科书的国民修身之道基本上呈三个层次分布:第一层次即尽国民义务,包括履行守法、纳税、服兵役、受教育等义务,是国民责务的最低层次;第二层次即为国奉献、爱国旗、扬国粹等,是国民责务的较高层次;第三层次为自立立国、履行公权等,是最高层次的国民责务。下面先从

---

① 蔡元培:《中学修身教科书》,第四册,商务印书馆 1908 年版,第 2—3 页。
② 秦同培:《共和国教科书新修身教授法》(初小,秋季),第八册,商务印书馆 1912 年版,第 27 页。
③ 樊炳清:《共和国教科书修身要义》(中学),卷上,商务印书馆 1913 年版,第 42—43 页。
④ 周日济:《讲习适用修身教科书》,中华书局 1913 年版,第 88 页。
⑤ 贾丰臻:《新体修身讲义》(师范讲习科用),商务印书馆 1918 年版,第 22 页。

第一层次论起。

修身教科书认为,尽国民义务是一个人获取国民资格的重要前提,是保证国家权利的根本。国民要尽的义务主要包括守法、兵役、纳税和教育四项内容。不管是闻名清末的文明书局,还是并雄于民国的商务印书馆和中华书局,它们编辑出版的修身教科书对国民义务内涵的理解,基本都超不出这一范围。文明书局1903年出版、李嘉谷编写的《蒙学修身教科书》指出,国民义务主要有守法与纳税两个方面。清末商务印书馆出版、蔡元培编的《中学修身教科书》,将国民义务归纳为守法、纳税、服兵役及受教育四项。①民国成立后,不管是商务印书馆出版的"共和国"系列教科书,还是中华书局的"新编中华"系列,都将国民义务归结为守法、纳税、服兵役和受教育四个方面。因两家机构在民国时期基本垄断了教科书市场,所以他们对国民义务的界定,不仅权威而且影响深远。可以说,对国民义务内涵的界定,在清末民初已基本形成定论。

一、守法律

在修身教科书看来,守法律是国民对国家应尽的第一义务。1903年李嘉谷在其《蒙学修身教科书》中指出,国民当对国家尽守法与纳税的义务,二者以守法为首。他认为,法律为"立国之本",且立宪国家的法律"为国民所共认",因此,不守法律,就是"叛民"。并进而指出,"一国之人,皆守法律,则一国治。一方之人,皆守法律,则一方治。故有不守法律者,即一国一方之公敌也"。② 1906年杨志洵在其《中等修身教科书》中也指出,法律的功能在于"以公正无私之权力,控制一人之私欲,保卫公众利益,惩罚奸慝,庇佑善良,维持家国之安康,固人人所服从者也",因此,法律"为立国之本,无论何国,莫不据以统治",所以,国民对于国家,"以遵守法律为第一义务"③。

1907年蔡元培在其《中学修身教科书》中指出,国民对于国家之本务,

---

① 蔡元培:《中学修身教科书》,第四册,商务印书馆1908年版,第6页。
② 李嘉谷:《蒙学修身教科书》(初小),文明书局1903年版,第34页。
③ 杨志洵:《中等修身教科书》,文明书局1906年版,第3—4页。

"以遵法律为第一义"。其原因在于,法律不仅是"维持国家之大纲",也是国民"保有其权利"的前提,"人之意志,恒不免为感情所动,为私欲所诱,以致有损人利己之举动,所以矫其偏私而纳诸中正,使人人得保其平等之权利者,法律也。无论公私之际,有以防强暴折奸邪,使不得不服从正义者,法律也。维持一国之独立,保全一国之利福者,亦法律也。"①他还进一步指出,在新的法律未制定以前,即使原有的法律有不合情理之处,国民也要绝对地遵守。"夫一国之法律,本不能悉中情理。或由议法之人,知识浅隘,或以政党之故,意见偏颇,亦有立法之初,适合社会情势,历久则社会之情势渐变,而法律如故,因不能无方凿圆枘之弊,此皆国家所不能免者也。既有此弊法,则政府固当速图改革,而人民亦得以其所见要求政府,使必改革而后已。惟其新法未定之期,则不能不暂据旧法,以维持目前之治安。何则?其法虽弊,尚胜于无法也,若无端抉而去之,则其弊可胜言乎?"②

1910年陆费逵在其《修身讲义》中也指出,"法律者,维持国家之大纲,必有之而后人群之安宁可保,权利可拥护不失也。"③并认为,法律对国民而言,"一方面为约束,一方面为保障,己而侵人,法律固不之许,人而凌己,法律亦不之容。故防强暴而折奸邪,使人人得保其平等之权利,维持一国之福利,皆舍法律而莫由。"④即认为,法律的目的不在于约束人们的行为,而在于保障人民的平等权利。并且他也认为,即使法律不善,在新法律未颁定之前,国民仍然要守法。"法律不善,在政府当迅速改订,在人民则可陈情资政院修正,然修改未竣,新法未颁之际,仍应恪遵旧法。盖法律虽弊,然犹得以之维持目前之治安,若遽废之,则全国淆乱,而其弊不可胜言矣。"⑤

民国修身教科书也多认为,守法为国民当尽之第一义务。1913年周日济在其《讲习适用修身教科书》中指出,国家是由多数个体或团体组成的,国家这一有机体要想有效运行,就必须"规定上下遵行之法制,人人奉守,

---

① 蔡元培:《中学修身教科书》,第四册,商务印书馆1908年版,第6—7页。
② 蔡元培:《中学修身教科书》,第四册,商务印书馆1908年版,第8页。
③ 陆费逵:《修身讲义》(师范讲习科用),中华书局1910年版,第56页。
④ 陆费逵:《修身讲义》(师范讲习科用),中华书局1910年版,第56页。
⑤ 陆费逵:《修身讲义》(师范讲习科用),中华书局1910年版,第57页。

不容逾越范围"①。他还强调,"吾人之对于法制,当守之而不失,即有不便于一己者,宁舍个人之权利,不可使法制失其效力。况法制之成立,准于国内国外各事情与公理,非一人所可专断,又安有大不便者耶?"②

　　1913 年王仁藻在其《师范讲习科修身教科书》中指出,宪法规定"国家统治大纲",是"种种国法所由生之根本法","国中最高之典章"③。因此,守法首先应遵守宪法。他还强调,民国之宪法,"悉由国会制定,其立意正大,一秉至公"④。进而指出,宪法为"一国最尊之法",不仅一般国民当遵守,"虽在大总统,亦当遵守"⑤。不论宪法,还是国法、命令,都是"国家之纲纪,以保安宁、维秩序,增进人民之幸福为目的",因此,"国民当出其诚意,而为绝对的服从"⑥。1913 年樊炳清在其《共和国教科书修身要义》中也认为,"国民之义务,以拥护国宪、遵守国法为第一义"。他指出,宪法"为国家统治之原则,乃一切法律命令所自出,吾民获享相当之权利者,首系乎此",因此,唯有宪法巩固,才能"国基奠定"。而有了国法,"而后强暴奸邪之行,可以折服,公理由是伸,正义由是立,人民之安宁与福祉,亦由是增进焉",因此,遵守宪法与国法是保国基、保民权的根本。⑦

　　1914 年李步青在其《新制修身教本》中指出,"立宪之国,宪法为国家之根本法,凡一切法律命令,皆依据宪法而出者也。国家之宪法,固人人所当拥护,依宪法所发布之法律命令,亦人人所当遵守。"他认为,国家的职能在于"保持人民之安宁,且增进其幸福",而"人民安宁之保持,必由于社会无变乱之事故,幸福之增进,必由于人人安居乐业,此二者皆赖法律维持之力"。如果国民不遵守法律,"因一人之暴乱无行,而影响及于社会,因一时之意气偏私,而举动妨碍他人,皆足以破坏公共之秩序。驯使举国之人,相

---

①　周日济:《讲习适用修身教科书》,中华书局 1913 年版,第 85 页。

②　周日济:《讲习适用修身教科书》,中华书局 1913 年版,第 86 页。

③　王仁藻:《师范讲习科用修身教科书》,卷下,中国图书公司 1913 年版,第 21—22 页。

④　王仁藻:《师范讲习科用修身教科书》,卷下,中国图书公司 1913 年版,第 22 页。

⑤　王仁藻:《师范讲习科用修身教科书》,卷下,中国图书公司 1913 年版,第 22 页。

⑥　王仁藻:《师范讲习科用修身教科书》,卷下,中国图书公司 1913 年版,第 23 页。

⑦　樊炳清:《共和国教科书修身要义》(中学),卷上,商务印书馆 1913 年版,第 48 页。

率如是,则强暴横行,法纪荡然,国亡可立待已"。① 他也强调,法律不论善与不善,国民都当遵守。"法律由人民协同之意思而制定,守法即保此协同之意思也,然亦有因种种事情,制定之法律,或有不甚适用之时。法律不适用,固当谋所以改革之,惟在新法未制定以前,不可不遵守旧法以维持治安,盖法虽弊尚逾于无法也。"②

二、纳赋税

纳税是民之基本本务之一,这在古代就已成为不易之理,在近代修身教科书中也依然如此认为。1903 年李嘉谷在其《蒙学修身教科书》中指出,国民除了要守法,还要纳税。其原因在于:首先,公事当公众一同尽力举办,且一人之"力不继"。他认为,"一人之事为私事,一方之事为公事,以一人之私财,行一方之公事,其力不继,故人人有纳税之责"。其次,纳税是获取政治权利的必要条件。他认为,"纳税者皆有监督用此税项之权,故用此税项者,稍有情弊,即无颜对此纳税之人,且恐为纳税之人所放逐"。言外之意,不纳税,也就无权监督税项的使用,也就无权放逐乱用税款之人。最后,纳税也是为己谋福利。他认为,"其地所纳之税,经营某地之事业,是纳税于人,无异纳税于己也"。③

1907 年蔡元培在其《中学修身教科书》中指出,国民所纳之税,就相当于国家之财产,有了财产,国家才能更好地保护人民。"家无财产,则不能保护其子女。惟国亦然,苟无财产,亦不能保护其人民。盖国家内备奸宄,外御敌国,不能不有水陆军,及其应用之舰垒器械及粮饷;国家执行法律,不能不有法院监狱;国家图全国人民之幸福,不能不修道路、开沟渠、设灯台、启公囿、立学堂、建医院,及经营一切公益之事。凡此诸事,无不有任事之人,而任事者不能不给以禄俸。然则国家应出之经费,其浩大可想也。而担任此费者,厥维享有国家各种利益之人民,此人民所以有纳租税之义务

---

① 李步青:《新制修身教本》(中学),第二册,中华书局 1914 年版,第 2 页。
② 李步青:《新制修身教本》(中学),第二册,中华书局 1914 年版,第 3 页。
③ 李嘉谷:《蒙学修身教科书》(初小),文明书局 1903 年版,第 35 页。

也。"①他还指出，国民应如实报税，不可"苟求幸免"，更不可偷税漏税，否则就是"上则亏损国家，而自荒其义务，下则卸其责任之一部，以分担于他人"。② 1910 年陆费逵在其《修身讲义》中也认为，国家要想"保护人民之身体、生命、财产、名誉，增进其安宁幸福，及谋求国家之存立繁荣"，则要"设种种统治机关，充实军备，经营外交内政"，这些无不需要经费，而"国家无他术以得之"，因此，"不可不由国民共同担负"。他接着指出，作为国民，"当依法律所定之税则，按时完纳，不可偷漏，不可延滞"，偷税漏税，则"是违背国法，应得相当之罪，不惟国家财政受其影响，自己亦有不利也"。并且，国民所纳之税，会受到"国会监督"，因此，国民不必担心"有滥用之弊"。③

民初修身教科书也认为，纳税为国民当尽之义务。1913 年周日济在其《讲习适用修身教科书》中指出，国民之所以要纳税，一方面，税收是国家为了保护人民所需。"国家为保卫人民计，特设行政、司法诸部。而军政、教育、交通之种种设备，均需多数之经费，非取之于租税，责之于民人，他无所得也，故国民税纳为其本务之一"。另一方面，纳税也是国民自己的意志。"况一国之预算决算，悉经民选议员所协赞，则吾民之纳税，实即实践一己之决议。"④1913 年王仁爽在其《师范讲习科修身教科书》中也指出，不论是"人民之身体、生命、财产、名誉等"的保护，还是"人民之安宁幸福"之增进，还是"本国之永久存立"，都需要"设种种统治机关，整理诸般之设备，经营各种之事业"，而这些都需款浩繁，因此，当由国民共同担负。所以，国民当"依规定之税则期限而完纳租税"，否则就是"自失国民之资格也"，不仅"违反国法，怠尽义务"，且影响"国力之发展"。⑤ 1913 年樊炳清在其《共和国教科书修身要义》中也认为，"家无财产，不能保护子女，国之于民亦然"，而且国家所举种种政务，都是为了"谋国家之发展与光荣，图人民之安宁与福

---

① 蔡元培：《中学修身教科书》，第四册，商务印书馆 1908 年版，第 10 页。
② 蔡元培：《中学修身教科书》，第四册，商务印书馆 1908 年版，第 12 页。
③ 陆费逵：《修身讲义》（师范讲习科用），中华书局 1910 年版，第 58 页。
④ 周日济：《讲习适用修身教科书》，中华书局 1913 年版，第 88—89 页。
⑤ 王仁爽：《师范讲习科用修身教科书》，卷下，中国图书公司 1913 年版，第 25—26 页。

祉",因此,国家办理政务所需的花费,自然也当由"躬享利益之人民"来承担,所以,不论从遵守法律,还是恪守道德的角度,国民都应该尽纳税之义务。①

1914 年李步青在其《新制修身教本》中也说道:"国家为谋生存发达,保持人民之安宁,且增进其幸福,因不能无种种设备,用人行政,整军经武,无时而可止息者也。凡此诸端,无一不需巨费。而国家为人民所构成,人民恃国家以托命,则国用所需,自当取给于人民,此国民所以有纳税之义务也",②也就是说,人民既受国家之保护,那么国家为保护人民所需的花费,就理应由人民来出。他接着比较了立宪与专制政体下纳税的不同。他认为,立宪政体下的税收是取之于民、用之于民,而专制政府的税收是取之于民,但却不用之于民。"立宪之国,政府征课租税,必先得议会之同意,议会并有监督财政之权,不惟取于民有制,且其取于民者,即为民而用。虽不得已而加赋,亦出于人民之同意,与横征暴敛之所为者不同","若专制之政府,国家岁费,出入无稽,人民纳税以供国用,而不获安宁幸福,苦于政府之横征暴敛。惟苟求免税为幸,于是田赋则延期不纳,营业则匿其岁入,不以实报,运货则绕越关津,希图漏税。夫人民不知以正当之税,求正当之权利,而苟求免税,则政府必以竭于国用,怠荒政务,不能发展其国力,甚者借用外债,间接以加人民之负担。国危,人民又何利焉?"③

三、服兵役

服兵役也是国民不可逃避的基本义务之一。对此我国古人已深有体会,所谓"国家大事在祀与戎",即强调了兵备的重要性。而在弱肉强食的近代世界,强兵尚武才是风雨飘摇的中国唯一生存之道,因此,修身教科书对此也甚为重视。

1907 年蔡元培在其《中学修身教科书》中指出,国家"非一人之国家",而是"全国人民所集合而成者",是全民之国家,因此,国家与人民荣辱与

---

① 樊炳清:《共和国教科书修身要义》(中学),卷上,商务印书馆 1913 年版,第 49 页。
② 李步青:《新制修身教本》(中学),第二册,中华书局 1914 年版,第 4 页。
③ 李步青:《新制修身教本》(中学),第二册,中华书局 1914 年版,第 4—5 页。

共、生死攸关,所以,国家有难,"全国之人亦必与救之"①。他还指出,"且方今之世,交通利便,吾国之人,工商于海外者,实繁有徒,自非祖国海军,游弋重洋,则夫远游数万里外,与五方杂处之民,角什一之利者,亦安能不受凌侮哉? 国家之兵力,所关于互市之利者,亦非鲜矣"②,即国家有兵备,不仅可保国内之民之安定,而且可保海外国民之安全。他还指出,"苟人人以服兵役为畏途,则转瞬国亡家破,求幸生而卒不可得。而人人委身于兵役,则不必果以战死,而国家强盛,人们全被其赐"③。他还强调,在动荡不稳的当今世界,国家要想自存,就必须发展兵备。他说:"方今世界,各国无不以扩张军备为第一义,虽有万国公法以为列国交际之准,又屡开万国平和会于海牙,若各以启斗为戒者,而实则包藏祸心,恒思蹈瑕抵隙,以求一逞。名为平和,而实则乱世。一旦猝遇事变,如飓风忽作,波涛汹涌,其势有不可测者,然则有国家者,安得不预为之所耶?"④

1910 年陆费逵在其《修身讲义》中也指出,国家是全民之国家,"国家之福祸,即国民之福祸",而兵役就是为了"保国家之福利,而救其危祸者",因此,服兵役为国民应尽之义务。并指出,在竞争激烈的当世,"各国并立,一日不可忽兵备哉"。他认为,国民不尽兵役,"非惟为国家之罪人,实极卑怯陋劣之事,天下之最可耻者也"。他还进一步指出,为了将来更好地服兵役,为国效力,平日里国民"尤当锻炼身体,修德慎行,期无愧于军国民之资格",而身为军人之后,则"当毅勇果敢,尽忠报国,守信义而不渝,从官长之命令,期为国家之干城,一旦临缓急,则当发挥平素养成之技术精神,置国家于磐石之安,扬国威于全球之上"。他还指出,"军队之武勇,大半恃国民之后援,为军人者,直接从事军务,当护国之大任,殊堪钦感",因此,国民对于军队,"当尽敬礼,既临事变,则当抚慰伤兵,扶助家族,使军人无后顾之忧,或供给军资,运输粮饷,使军队无困乏之恐,前军万一失败,则当组织国民军

---

① 蔡元培:《中学修身教科书》,第四册,商务印书馆 1908 年版,第 12—13 页。
② 蔡元培:《中学修身教科书》,第四册,商务印书馆 1908 年版,第 13 页。
③ 蔡元培:《中学修身教科书》,第四册,商务印书馆 1908 年版,第 15 页。
④ 蔡元培:《中学修身教科书》,第四册,商务印书馆 1908 年版,第 15—16 页。

以接应之,举国民皆兵之实,苟能如是,未有国威不扬,国势不盛者也"。①

至民国后,虽然国民的民族危机感渐渐淡化,但国人对世界生存竞争的态势已有清晰的感知,因此,依然甚为重视兵备。

1913年周日济在其《讲习适用修身教科书》中指出,"对内保人民之安宁,对外谋国家之独立,则军备一日不可或缺",因此,"人人有当兵之义务,为各国所通行"。尤其在竞争激烈的当下,军备更是维持国家生存的根本。"况国际竞争,日增其度,优胜劣败,已为公例。欲维持其国基而经营光大之,非有充实军备不为功。故吾民之服兵役,卫国即以自卫也。"他还指出,"在兵役中当守军人之规律,从上官之命令;退伍归里,从事生业,要当以忠节自期也"。② 1913年王仁爽在其《师范讲习科修身教科书》中指出,兵役为"一般人民之义务",在服役之前,国民当"平日宜锻炼其身体,慎重其品行,以为服务之准备",入伍之后,则"奋我武勇,励我节操,恪守服从之天职,而以干城国家为目的"。③ 遇有战争,"则当发挥我平时所习练之武技,以奠国家于泰山之安,并以扬威名于世界,垂声誉于将来"。④ 并指出,军队的武勇"半由国民后援之力",因此,对于军人,国民当"致感谢之诚意以尊敬之",一旦战争爆发,"对于服兵役者,当各出其心力以相助,或慰藉其伤痛,或扶助其家族,务使安心于战事而绝无顾虑,否则尽力于军需之供给,粮秣之运送,以为军队之后援,如是则举国一致,而有通国皆兵之实际矣"。⑤ 1913年樊炳清在其《共和国教科书修身要义》中也指出,"兵为不祥之物,穷兵黩武,古今所戒。然万国林立,各欲保其生活与权利,利害相左,时所难免,故兵可百年不用,而不可一日无备。为国民者,所以又有服兵役之义务也。各国军政,多采征兵制度,成年男子,必入伍而服兵役,为常备兵,年满退伍,为预备,递退为后备,既老,乃免兵役。一旦国有缓急,常备兵力不足,则征预备兵以实之,更不足,则征及后备兵",因此,壮年男子,"皆具披坚执

---

① 陆费逵:《修身讲义》(师范讲习科用),中华书局1910年版,第57—58页。
② 周日济:《讲习适用修身教科书》,中华书局1913年版,第89页。
③ 王仁爽:《师范讲习科用修身教科书》,卷下,中国图书公司1913年版,第24页。
④ 王仁爽:《师范讲习科用修身教科书》,卷下,中国图书公司1913年版,第24页。
⑤ 王仁爽:《师范讲习科用修身教科书》,卷下,中国图书公司1913年版,第24—25页。

锐之能力，无事则各安其乐，有事则群起而赴国难，此正我国古代，寓兵于农之意也"。他还对募兵制与征兵制进行了比较，认为征兵制较为优。"至于募兵之制，不外由普通国民，担负饷需，而募集一部分之人，俾代服兵役，则亦犹是通功易事之意。说者或谓兵由召募，固可以专一故，易成精练之师，然费多而养兵少，不如用征兵制，费少而养兵多。"他还指出，不论采用何种兵制，国民都应有服兵役，"效死疆场、捍卫己国"的意识，为此，平日里"不可不锻炼其体力，强毅其精神，以为他日报国之备"。①

　　1914 年李步青在其《新制修身教本》中也认为，在当下动荡的世界局势中，国家不可无兵备。"保国家之独立安全，必资兵备，以今日国际竞争之烈，列强虎视眈眈，乘隙而动，虽日日昌言和平，而其所以能维持和平者，实赖有兵力以为之后盾，故曰兵可百年不用，不可一日无备。"②与樊炳清一样，他也比较认同采用征兵制，以达到全民皆兵的效果。"强国以兵，而兵力之大小，系乎兵力之厚薄。欲厚集兵力，莫如国民皆兵之制，方今文明各国，多行征兵制度，男子成年者，服兵役为常备兵，期满退伍为预备兵，再退为后备兵，既老乃免役。一旦有急，常备兵不足者，征预备兵以实之，更不足则征及后备兵。故全国壮年之人，无事则各安其业，有事则共起而赴国难，此其所以强也。"③他还对我国古代重文轻武的陋习进行了批评，认为"我国古者寓兵于农，与各国今制相合。至募兵之制行，国人遂视当兵为一种职业，加以重文轻武，习久成风，当兵者多属无业之民，于是好男不当兵之语，腾为口说。及国有战争，应募者既不明保卫国家之义，又怵于效命疆场之苦，相率以从军为畏途，此国势之所以日弱也。"④他还强调，国民服兵役，"非迫于法而为之，实义务有不容已也"，因为"吾人之生命财产，不为外人所侵害者，固受保护于国家之下。然国家保护之力，实结合人民之力而成，是此保护之责任，国民不自任之而谁任之。就本务而论，人民受国家之赐，则服兵役即报国之一端，就良心而论，人民与国共休戚，则服兵役又为爱国

①　樊炳清：《共和国教科书修身要义》（中学），卷上，商务印书馆 1913 年版，第 49—50 页。
②　李步青：《新制修身教本》（中学），第二册，中华书局 1914 年版，第 6 页。
③　李步青：《新制修身教本》（中学），第二册，中华书局 1914 年版，第 6 页。
④　李步青：《新制修身教本》（中学），第二册，中华书局 1914 年版，第 6 页。

之一端也。"①

四、受教育

自从甲午之战中国惨败于日本之后,中国国内就掀起了一股学习日本教育兴国成功经验的热潮,先是民办学堂大规模发展,随后1905年清政府在舆论压力下,废除科举、兴办学堂,自此,教育救国、教育兴国就成为一种公理。这在清末民初修身教科书中就有明显反映,其最集中的体现就是,他们认为,让子女接受教育是国民对国家应尽的基本义务之一。

1907年蔡元培在其《中学修身教科书》中指出,父母对子女进行体、智、德的教育,"一则使之壮而自立,无坠其先业;一则使之贤而有才,效用于国家",要子女自立,是"为寻常父母之本务",而要子女成才,则是"对于国家之本务也",二者是紧密联系的,"诚使教子女者,能使其体魄足以堪劳苦,勤职业,其知识足以判事理,其技能足以资生活,其德行足以为国家之良民,则非特善为其子女,而且对于国家,亦无歉于义务矣"。② 他还认为,教育与国运紧密相关,因此,父母不可不让子女接受国民教育。"一国之中,人民之贤愚勤惰,与其国运有至大之关系,故欲保持其国运者,不可不以国民教育,施于其子弟。"③1910年陆费逵在其《修身讲义》中也认为,教育为国家万事进步的根本。"文学美术,不待言矣。凡实业、政治、军备,皆非有适当之教育,不能冀其进步。盖教育者,文化之基础,国家昌盛之源泉也",因此,作为国家,要想谋国家之存立与发展,就必须"设教育机关,使国民就受教育"。④ 并指出,我国现行制度,"以初等小学为义务教育",不论何人,"皆当受之",身为父母,"必使其子弟卒业于是,以具国民之资格",而"有力者更当深造,量其财力天资,而高等小学,而中学,而高等专门,而大学"。⑤

民初修身教科书也认为,让子女接受义务教育,甚至更高的教育,是父

---

① 李步青:《新制修身教本》(中学),第二册,中华书局1914年版,第7页。
② 蔡元培:《中学修身教科书》,第四册,商务印书馆1908年版,第16—17页。
③ 蔡元培:《中学修身教科书》,第四册,商务印书馆1908年版,第17页。
④ 陆费逵:《修身讲义》,商务印书馆1910年版,第58页。
⑤ 陆费逵:《修身讲义》,商务印书馆1910年版,第59页。

母对国家应尽的义务之一。

1913 年王仁臩在其《师范讲习科修身教科书》中指出：首先，国家各项事业的发展有赖于教育。"凡文化之基础，国家繁荣之源泉，无不发生于教育。实业、政治、军备，苟无适当之教育，则难望其进步，文学美术，更无论矣"。其次，国民之知识道德，更关系到国家存立。"国民之知识道德，未达于一定之程度，则国家之成立，万不可恃。何也？立国之本，全在国民，国民之知识否塞，道德恶劣，固无待言。即其知识幼稚，道德薄弱，而出与世界相间，亦终不免于劣败也。"因此，为了国家的生存与发展，国民理应接受教育。他还指出，父母应按照教育制度的规定，送子女接受义务教育，甚至更高的教育。"我国现行之学制，儿童在七月岁以上十四岁以下，必须修毕初等小学校四年之课程，谓之义务教育。在此教育时期中，父母或其他保护者，必令其儿童就学。若以儿童为己之私有物，不遵国家之法令，任意姑息，不令就学，则大误矣。毕业于初等小学校后，则就各人之资产能力，而入高等小学、中学、大学以及各种专门学校，受种种之教育。"①

1913 年樊炳清在其《共和国教科书修身要义》中也认为，"教育子女，亦国民义务之一也"。他指出，国家的盛衰，"判于国民智德之度"，而国民智德的进步，则取决于"教育"，因此，父母应从培养"未来之国民"的角度来教育子女。他认为，父母教育子女有两大目的，一要"使之壮而自立，以树一身福祉之基"，唯有如此才能尽"父母之责务"；二要"使之贤而有才，以为效用国家之地"，惟其如此，才能尽作为"国民之责务"。② 他还进一步指出，因为人们的地位境遇不同，"欲人人以完全之教育，施诸子女，固势之所未能，亦理之所弗许"，因此，教育子女之义务，应"以国民教育为断"。他还对国民教育进行了一番解释。"国民教育云者，即凡为国民不可不受此教育之意。申言之，即所以造成国民之资格者。国民教育之普及与否，即国民智德之度所由分，亦即国运隆污之原所由出，是故高深教育，虽任诸各人之自由，而国民教育，则世界各国，国家率以权力强迫之，以法律规定之，量其

---

① 王仁臩：《师范讲习科用修身教科书》，卷下，中国图书公司 1913 年版，第 26—28 页。
② 樊炳清：《共和国教科书修身要义》（中学），卷上，商务印书馆 1913 年版，第 50 页。

民力,而异其年限,所谓义务教育者是也。"①

1914 年李步青在其《新制修身教本》中也指出,教育关系到国家兴衰,因此,国民不可不接受教育。由于国民的经济状况不同,故不可能要求人人都接受"完全之教育",但人人都要接受最起码的国民教育。他指出,国民教育为"国家以权力强迫之,审势量力,规定年限,在规定年限内,父母或其他保护者,必令儿童就学,否则罚之",因此,凡国民"无人不可不受"。他认为,国民教育的目的在于"养成国民资格"。② 1918 年贾丰臻在其《新体修身讲义》中也指出,教育不振,"则国家之富强文明皆难望,并害及国家之繁荣",因此,父母使子女接受教育,"不仅为对于自己及家族之道而已,即同时对于国家应有之义务也"。他也认为,让子女接受"初等普通教育",为"国民一般之义务","为父兄国法上所有之责任",但若资财有余,当使子女"受高等或专门之教育,亦父兄所应尽之务也"。③

第三节　爱国之道(二)

在修身教科书看来,爱国之道的第二层面,就是为国奉献,维护一切国家利益。这首先表现在国家危急之时,为国献力、献财、献身;其次,表现在爱护国旗、发扬国粹、洗雪国耻等与国家荣誉直接相关的层面;最后,表现在外交中维护国家的尊严,不媚外、不排外。

一、为国献力、献财、献身

修身教科书认为,在国家危难之时,每一个国民都有责任贡献一份力量,或是人力、言力、物力、财力,或是坚守"节义",维护国家的尊严,或是献出生命,为国捐躯,形式多种多样,任何人都不能例外。

国民可以轻生赴义,参军赴战,为国献身。"国有事,轻生以赴义,以救

---

① 樊炳清:《共和国教科书修身要义》(中学),卷上,商务印书馆 1913 年版,第 51 页。
② 李步青:《新制修身教本》(中学),第二册,中华书局 1914 年版,第 8—9 页。
③ 贾丰臻:《新体修身讲义》(师范讲习科用),商务印书馆 1918 年版,第 23 页。

危亡。人人如是,国可永存矣。"①修身教科书所举的此类例子很多,这里仅举中国古代的马援、卢象升、岳飞,日本的广濑武夫,英国的纳尔逊等几个典型的例子。有的以马援的爱国壮语激发学生的爱国之志,"方今外患未平,大丈夫当死于边野,以马革裹尸还葬耳,何能卧床上,老死儿女子手中耶?"②有的以明代爱国将领卢象升的爱国故事为范例,教育学生以他为榜样,忠心爱国,讲他平时"娴将略,能治兵",每打仗时,"身先士卒,屡讨寇贼,著有大功",在清兵南下时,朝臣们都主张议和,唯独他主张力战,并说:"予受国恩,恨不得死所,如万一有不幸,宁捐躯断脰死耳",要求为国奋战。与清兵作战时,"连陷诸城",所向披靡,后来因孤军无援,被清兵所围,但象升"麾兵疾战",最后至"炮尽矢穷,奋身斲手杀敌数十人,身中四矢三刃遂仆",壮烈牺牲。③ 1916 年婺源、方钧在其《新式修身教科书》(国民学校用)第六册中,连篇讲到岳飞的爱国故事。第十一课御侮讲道,"飞从康王南渡,以恢复河北为己任,尝从王彦渡河,至新乡,金兵盛,彦不敢进。飞独引所部麾战,夺其纛而舞,诸军争奋,遂拔新乡。翌日进战,身被十余创,士皆死战,又败之"。第十三课忠义又讲,"飞与金人战于建康,士卒乏食,欲叛去,飞洒血厉众曰:我辈身受国恩,当以忠义报国,立功名,书竹帛,死且不朽。若降而为虏,溃而为盗,偷生苟活,岂计之得耶? 士皆感泣"。第十四课精忠报国又言,"飞尝大破金人于郾城,乘胜进兵朱仙镇,以规复河北,时秦桧专意主和,亟白高宗,召飞还,飞叹曰:十年之功,废于一旦。遂班师,后桧陷飞以罪,下之狱,狱吏诘其反状,飞袒背以示之,见刺有精忠报国四大字"④。

除了举中国古人的故事外,修身教科书还注意选取外国人的故事,如1913 年戴克敦等在《新编中华修身教科书》(高小,春季)第四册第十八课中,讲到日本军人广濑武夫,"年十五,入海军学校,卒业服军务",后在驻俄

---

① 李嘉谷:《蒙学修身教科书》(初小),文明书局 1903 年版,第 38 页。
② 沈颐、范源廉、董文:《新编中华修身教科书》(初小,春季),第六册,中华书局 1913 年版,第7 页。
③ 包公毅、沈颐:《共和国教科书新修身》(高小,秋季),第二册,商务印书馆 1912 年版,第 8 页。
④ 婺源、方钧:《新式修身教科书》(国民学校用),第六册,中华书局 1916 年版,第 7—9 页。

使馆做了五年武员，那时就注意"研究俄国之内情，时已揣知日俄之间，不久必有战事也"。他"心中只知有国，不知有身家。独居泰然，不肯娶妻，以为军人有妻，极为所累，一朝有事，即牺牲其性命以报国，无论何时，皆可以死"。后在日俄战争中，"中巨弹而死，年三十七岁"，死后受到日本国人的尊敬，被"称为军神，并募金为之建设铜像，俾流芳范于万世"。① 1913 年庄庆祥在《共和国教科书新修身教授法》（高小，秋季）第四册第二十五课中，讲到英将纳尔逊的故事。讲纳尔逊在其一生的战争生涯中，勇猛无比，曾眼睛失明，右臂残废，仍丝毫不失斗志，最后在对抗敌国的战役中，又左肩受重伤，生命垂危，但仍坚持到听完战况汇报后才闭眼。② 课文用短短百余字即将纳尔逊一生的爱国壮举勾画出来，情节细腻，生动感人，可使学生在荡气回肠的情节中深受感染。

文人可以折冲樽俎于各国之间，凭一张口舌为国出力，也可以坚守气节，维护祖国的尊严。这类例子更多，我国古代有孔子令子贡救鲁、墨子救宋、魏公子无忌救魏，以及汉代苏武的故事，这些都是修身教科书广泛采用的素材。1905 年商务印书馆编译所编纂的《最新修身教科书》（初小）第七册第十九课，讲到孔子令子贡救鲁国的故事，讲孔子在卫国时，听闻齐国的田常要讨伐鲁国，就聚合弟子说："鲁，父母之国，不可不救。今吾欲遣使于齐，二三子谁愿行？"后子贡前往说服田常，使其不要攻打鲁国。③ 这里借孔子之言教给学生国家是"父母之国，不可不救"的道理。1912 年秦同培编的《共和国教科书新修身教授法》（初小，春季）第六册第十六课，讲到魏公子无忌救魏的故事，讲秦国伐魏国时，魏王派遣使者到赵国请公子无忌前来救国，无忌不愿救，毛公、薛公就前去劝说道："公子以有魏在，故名重诸侯。今魏急而公子不恤，一旦秦灭大梁，公子何面目立天下乎？"④意为公子以往

---

① 戴克敦、沈颐、陆费逵：《新编中华修身教科书》（高小，春季），第四册，中华书局 1913 年版，第 10—11 页。

② 庄庆祥：《共和国教科书新修身教授法》（高小，秋季），第四册，商务印书馆 1913 年版，第 32—33 页。

③ 商务印书馆编译所：《最新修身教科书》（初小），第七册，商务印书馆 1905 年版，第 20 页。

④ 秦同培：《共和国教科书新修身教授法》（初小，春季），第六册，商务印书馆 1913 年版，第 20 页。

被诸侯敬重,全赖魏国的支持,如今魏国危难,如果公子不救,将来又靠什么在天下立足呢? 无忌听了这番话,就迅即回去救魏。此课以无忌的故事告诉学生,国民与国家的关系是休戚相关、荣辱与共的,不顾国家的危亡就等于自取灭亡,故国有难,国民应急起救国,不可以为事不关己而袖手旁观。1913 年庄庆祥在《共和国教科书新修身教授法》(高小,秋季)第六册第十九课中,以苏武的故事,教育学生应像苏武一样志节刚毅,宁死不屈。①

富人可为国输财,普通人可捐献衣物,为国家提供物质支持。此类例子有汉代的卜式,西晋虞潭的母亲,美国独立战争时的小雅丽等。1913 年沈颐等编的《新编中华修身教科书》(初小,春季)第六册第十七课,讲到汉代卜式的故事,"汉武帝讨匈奴,卜式输家财之半助边,帝使使问式何欲而然,式曰:国家诛匈奴,愚以为贤者宜死节,富者宜输财,而后匈奴可灭也"②。商务印书馆编译所编纂的《最新修身教科书》(初小)第七册第十八课,讲到东晋虞潭之母孙氏的故事,讲"晋虞潭早孤,母孙氏抚养之,始自幼童,便教以忠义,故能声望允恰,为朝廷所称。永嘉末,潭为南康太守,值杜弢构逆率众讨之,孙氏勉潭以必死之义,俱倾其资产以馈战士,潭遂克捷。及苏峻作乱,潭时守吴兴,又假节征峻,孙氏戒之曰:吾闻忠臣出孝子之门,汝当舍生取义,勿以吾老为累也。仍尽发其家僮,令随潭助战,贸其所服环佩,以为军资。时会稽内史王舒,遣子允之为督护,孙氏又谓潭曰:王府君遣儿征,汝何为独否? 潭即以子楚为督护,与允之合势,其忧国之诚如此"③。1912 年秦同培编的《共和国教科书新修身教授法》(初小,春季)第六册第十七课,讲到小雅丽捐献鸡蛋的故事,"华盛顿起兵时,有幼女曰雅丽,携鸡卵一筐,请见华盛顿曰:将军为国民之事,劳苦甚矣,今备不腆之仪,敬饷将军。因指鸡卵示华盛顿曰:此中有物,可碎其壳而食也。华盛顿惊感,待以殊礼。"④

---

① 庄庆祥:《共和国教科书新修身教授法》(高小,秋季),第六册,商务印书馆 1913 年版,第 22 页。

② 沈颐、范源廉、董文:《新编中华修身教科书》(初小,春季),第六册,中华书局 1913 年版,第 7 页。

③ 商务印书馆编译所:《最新修身教科书》(初小),第七册,商务印书馆 1905 年版,第 20 页。

④ 秦同培:《共和国教科书新修身教授法》(初小,春季),第六册,商务印书馆 1912 年版,第 21 页。

二、爱国旗、扬国粹、雪国耻

（一）爱国旗

对于近代国人而言，国旗是个新名词。在近代之前，我国只有两军交战时用的战旗、皇帝专用的御旗等旗帜，并没有代表一国的国旗。我国最早的国旗是 1888 年由李鸿章提议，慈禧太后批准的长方形黄龙旗。但在清末的修身教科书中却并没有关于国旗的内容，可能是因为此时国人的国旗意识还不太明朗。1912 年 1 月 1 日中华民国宣告成立时，南京临时政府参议院决议：以红、黄、蓝、白、黑五色旗为国旗，代表汉、满、蒙、回、藏"五族共和"之意。故民国出版的修身教科书，尤其是小学教科书，也开始将国旗列入纲目，对学生进行国旗知识和爱护国旗的教育，成为其爱国教育体系的一个重要构成部分。

首先，修身教科书认为，国旗是一国的标志，代表一国的符号，国旗代表了国家的形象与尊严，所以，国民面对国旗就是面对国家，应该像热爱国家一样爱护国旗。国旗荣则国家荣，国旗受辱则国家受辱，故我们应该维护国旗的荣誉，避免让国旗受辱。国旗"为一国之标志"，"对外则特表本国之符号，对内则引起吾人之信仰"，中华民国的五色旗代表我国汉、满、蒙、回、藏五大民族，故"对此国旗，即无异对吾五大民族，非特国人不容轻视，即外人亦不容轻视"[1]。"国旗代表全国，国旗之荣辱，即一国之荣辱。凡为国民，自孩提以至耄老，随时随地，咸宜有爱国之观念也。"[2]

其次，修身教科书认为，正因为国旗很神圣，所以只有在特殊场合才能悬挂国旗。"国旗既为国之标志，故无论学校、商店、居家，或国庆及纪念日，皆悬此旗。如寄寓外国，或兵船、商船之航行海外，必借国旗以表其属于何国"[3]，尤其在国家遇有大事时，必要悬挂国旗，"国中人民，遇有大事，则

---

① 秦同培：《共和国教科书新修身教授法》（初小，春季），第六册，商务印书馆 1912 年版，第 23 页。

② 董文：《新制中华修身教授书》（初小），第六册，中华书局 1913 年版，第 18 页。

③ 董文：《新制中华修身教授书》（初小），第六册，中华书局 1913 年版，第 18 页。

悬挂国旗,以示不忘国家之意"①,"国有庆事,必升旗以志贺"②,以表示不忘国家之意。修身教科书还特意对学校使用国旗的用意告知学生,"校中开学散学,亦悬国旗于校门,学期修业既毕,将择日散学,于是于校门悬挂国旗,盖此校将散学矣"③。即每学期开学、放假时,都要将国旗与校旗交叉悬挂,一来表示国旗之庄严,二来表示开学、放假为学校之大事喜事。"遇有阖校学生出行,则必以国旗校旗为前导,亦示人以敬重也。"④在修身教科书看来,国旗作为国家的象征与代表,是极为庄严神圣的,对外可表示国籍,对内可表示有重大事情发生。

再次,修身教科书认为,国旗作为一国主权的代表,国民在面对国旗时,需要遵守一定的礼仪规范,以示对国旗的敬爱。"对于国旗不可无礼,国旗须宝爱,不可污损。对国旗行礼,须立身端正,行鞠躬礼。如手执国旗,宜高扬,勿斜倾,容貌须严肃。对于高擎国旗之人,亦宜致敬心。"⑤同时还明确指出,"对于本国国旗,当尊重爱惜,对于外国人之国旗,不可侮辱"⑥。

最后,修身教科书认为,爱护国旗不是空言口号,不是仅有一颗热烈的爱国心就够了。首先,还必须竭尽全力谋取国家富强,增强国家的实力,惟其如此才是真正地爱护国旗,只有如此国旗才能获得真正的荣誉。"欲一国之国旗,不为人所轻视,则必国人咸有爱国心,能竭力以谋自强,增长其国力,然后国旗所至,始足令人起敬。是故国旗之荣辱,乃视国民之实力如何为断。国民实力充盛者,国旗决不许为人侮辱,而他国人亦自不敢侮辱,是以国人贵有尊敬国旗之形式,尤贵有尊敬国旗之精神。若徒哓哓于国旗之当尊敬,不一务爱国之实力,是国旗一虚物而已,奚足有令人尊敬之价值乎哉?"⑦其次,在国难当头时,应万死不辞地保护国旗,英勇杀敌。"国民爱

---

① 董文:《新制中华修身教授书》(初小),第三册,中华书局 1913 年版,第 19 页。
② 董文:《新制中华修身教授书》(初小),第六册,中华书局 1913 年版,第 17 页。
③ 董文:《新制中华修身教授书》(初小),第六册,中华书局 1913 年版,第 17 页。
④ 董文:《新制中华修身教授书》(初小),第三册,中华书局 1913 年版,第 19—20 页。
⑤ 董文:《新制中华修身教授书》(初小),第三册,中华书局 1913 年版,第 20 页。
⑥ 董文:《新制中华修身教授书》(初小),第六册,中华书局 1913 年版,第 18 页。
⑦ 秦同培:《共和国教科书新修身教授法》(初小,春季),第六册,商务印书馆 1912 年版,第 23 页。

国,平日当竭力以谋国旗之光荣,遇战争事起,尤宜出万死不顾一生之力,以保护国旗,诚以保护国旗者,即所以保护国家,故有身可杀,士卒可虏,器械可夺,而国旗决不容为敌人劫夺者。盖以辱及个人,范围甚小,若辱及国旗,则范围广及全国,此有志之士,所以不忍受也。"①其将爱护国旗与谋求国家富强和战争胜利紧密相连,将爱护国旗教育上升到一个新高度,不仅仅要爱护国旗之形式,更重要的在于爱护国旗之精神。

（二）扬国粹

除爱护国旗是爱国之道,发扬国粹也是爱国之道。"国粹"一词,也是清末才出现的新名词,20世纪初曾风行一时。它最初是受到19世纪末20世纪初日本国粹思潮的影响,20世纪初被梁启超、黄节等人引进国内,继而因国粹派的倡导和清政府的提倡而风靡全国,成为清末一种极为时髦的流行语。然而,修身教科书正式将"国粹"引为纲目,则主要是在袁世凯政府时期,尤其是在1914年至1916年间。如1914年方钧等编的《新编中华修身教授书》（高小,春季）第六册第十二课指出,"所谓爱国者,当念我国立国之古,保存我固有之国粹,锻炼我民族之精神……我国立国,已五千年,文学技艺之流传,名教纲常之遗训,皆固有之国粹所存在……国粹与精神不磨灭,则其国虽亡而不亡,否则其国虽不亡,而其实已亡矣",故应发扬国粹,"以进我于文明之域"②。1916年方浏生在其《新式修身教授书》（高小）第六册中也指出,"固有文化之当保存勿失,以求进步",还认为"凡一国有一国特有之精神,而其特有之精神,胥本于固有之文化。况我国立国,已五千年,其文化发达之早,尤为他国所不及者乎,然我国之文化,泥守之则违时而无用,利用之则因时而益进,故保我国粹,须知即所以进我文化,进我文化,即所以爱我国也。"③虽然,其尚未能认识到国粹是固有文化或本土文化之精华,也没有认识到纲常名教的弊病。可以说他们只是提出了保存国粹与发扬国粹的口号,至于什么是国粹以及如何发扬国粹,则语焉不详,没有给

---

① 秦同培:《共和国教科书新修身教授法》（初小,春季）,第六册,商务印书馆1912年版,第23—24页。
② 方钧、缪徵麟:《新编中华修身教授书》（高小,春季）,第六册,中华书局1914年版,第21页。
③ 方浏生:《新式修身教授书》（高小）,第六册,中华书局1916年版,第21页。

予应有的回答。但都认为国家精神本源于国粹,故保存国粹至关重要。并认为除了保存国粹之外,还要"进我文化",即发展文化,推动我国文化之进步。其主张与国粹派"研究国学、保存国粹"的宗旨极为接近,一定程度上是受到国粹思潮影响的结果。而其恰好出现于袁世凯复辟时期出版的教科书中,而不是之前或之后,可以说与这一时期为复辟造势的尊孔读经思潮也是分不开的。

(三)雪国耻

一战期间,日本趁机向中国提出了灭亡中国的"二十一条",要求继承德国在山东的一切特权。1915年5月9日,袁世凯被迫接受了"二十一条"部分条款。消息传出,群情激愤,在民国政府推动下,全国各地迅速掀起了抵制日货的高潮。而此时正在天津开会的全国教育联合会,也迅即将5月9日定为国耻纪念日,并号召在全国推行,自此"国耻"一词迅速传开。受此影响,修身教科书也将国耻教育纳入书中。以1916年方沨生的《新式修身教授书》(高小)为例,其第六册第十五课题为"明国耻",首先历数了我国近代以来的国耻种种,"自中外交通以来,我国之奇耻大辱,悉数之,有更仆不能终者,今姑约举之。鸦片之战,苏浙要隘,望风而溃,而鸦片流毒至今未已,可耻一。旅顺形势险要,俄守旅顺,日兵苦攻经年而克之,而甲午之战,则一日而拔之,可耻二。庚子之役,我民以无意识之排外,致受城下之盟,可耻三。日俄之争满洲朝鲜,日德之争青岛,在我土开战,而我不敢与闻,可耻四。他若最近之中日新约,日本以哀的美敦书,迫我承认,尤为可耻之甚者。"书中所指的五次国耻分别是鸦片战争、旅顺之失、义和团运动、日德及日俄战争及"二十一条"。该书认为,鸦片战争之耻不仅在于战败求和,割地赔款,还在于我民之软弱,"若使我民立定志向,人人不嗜鸦片,彼英商虽奸,何能强我民购买?"所以,我国国民应以吸食鸦片为耻。丧失旅顺之耻在于本属我国之领土,却先后被俄国和日本侵夺去了。义和团之耻则在于采用了盲目排外的愚蠢手段,导致引狼入室,国权丧失更多。日俄战争与日德战争之耻在于"我有土地,我不能主之",日俄、日德在中国地盘上争夺中国的领土,"而我国两次确守中立,故曰不敢与闻"。"二十一条"之耻最甚,日本以武力强迫我国同意"二十一条",而我国政府却"不敢战",这种耻辱

"较丧师失地为尤甚"。①

该书认为,国家与人民是同休戚共命运的,国家之耻也是人民之耻,集体之耻也是个体之耻,是荣辱与共,不能相分的。"个人受辱,心且不甘,国家受辱,则又何如?夫国家之事,非一人之事而人人之事也。则国家之耻,非一人之耻而人人之耻也",所以,国民要以国耻为个人之耻,并立志雪耻。那么如何雪耻呢?该书主张,首先是要力图自强,增强军事力量,发展体育事业。既然我国屡次都败在"政府军备之未筹,我民体育之不讲耳",那就要从此处下手,"今征兵之制,已渐次实行,而各种学校,亦已立有兵式体操一科,将来国民皆兵,人人以从军为乐,战死为荣",如果军备和体育都强大了,丧师之耻就有望洗雪了。其次,要同仇敌忾,抗拒侵略。"使我民立定志向,人人不嗜鸦片",则可杜绝鸦片之流毒。最后,要提高民智,使国民知道像义和团那样意气用事、悍然排外,不是爱国之道,而是害国之途。②

三、与他国和睦相处,不媚外、不排外

对于近代国人而言,如何与他国及国人相处是一个比较陌生的问题,但随着近代国际交往的日益频繁,国民又必须具备这些基本的国际相处之道。修身教科书主要从爱国的角度,对此进行了集中探讨。

(一)和睦相处,互不侵犯

他们认为,每个国家都有不可侵犯的权利,因此,应与他国和睦相处,互相尊重,互不侵犯。1907 年蔡元培在其《中学修身教科书》中指出,"以道德言之,一国犹一人也,惟大小不同耳,国有主权,犹人之有心性,其有法律,如人之有意志也,其维安宁、求福利,保有财产名誉,亦犹人权之不可侵焉"。而正是因为国家"有不可侵之权利",所以,各国应"互相爱重,而莫或相侵"。③ 1910 年陆费逵在其《修身讲义》中指出,当今世界交往频繁,各国应"以和好为国际间之德义",必当"尊重他国之独立权利,和好无间,方能图相互利益之增进"。为此,就不应"蔑视他国,妄自尊大,违背条约,轻启

———————

① 方溟生:《新式修身教授书》(高小),第六册,中华书局 1916 年版,第 22—24 页。
② 方溟生:《新式修身教授书》(高小),第六册,中华书局 1916 年版,第 23—24 页。
③ 蔡元培:《中学修身教科书》,第四册,商务印书馆 1908 年版,第 24 页。

衅端,每酿成国家之大患",个人与外人交往时,又当"和睦敬礼,尊重其人格"。①

1913年周日济在其《讲习适用修身教科书》中也指出,如今世界各国的联系越来越紧密,环海"直为一家",因此,对待外人,首先要尽宾主之礼,就像对待邻里一样对待外邦之人,具体就是,"一、宜尊重个人之人格;二、宜有敬礼;三、宜有感情;四、不可因习俗不同,而误疑人为无道;五、不可有不信实之行为;六、不可轻听风闻而嫉视他国人,要之绝去排外性质,保恃己国名誉而已"。其次,要与外国进行文化交流。他说:"我国新智识与道德,尚有逊于他人者,宜诚心相师,期文化共同之进步,忌自是,忌自怠。近日关于学术之事业,屡有万国之会议,我国宜思参入焉。"②1913年王仁骧在其《师范讲习科修身教科书》中则指出,国际交往当以"和亲"为要义,国家须"尊重他国之独立及其权利,盖勉于和亲,以图增进其相互之利益",而不可"蔑视他国,而恃自大傲慢之态度,或但知己国利益,而不顾他国之不利者"。为此,作为个人,"不可破国际间之礼仪,或惹起国际间之交涉",对于代表其国家之外国使节,当持以"相当之尊敬",对于普通之外国人,当"以亲切为本,尽我礼让之道,以尊重其人格"。若与外国人通商,当"以信用为主"。③

1914年李步青在其《新制修身教本》中也认为,随着国际交往越来越频繁,"国与国各尊其独立之资格,各敦其和睦之情谊","以维持和平为要"④。为此,对待外人,"言语举动,皆宜慎重,务使对彼无伤情谊,对己无损本国之名誉,至于教士宣教内地,各尊其信仰之自由,不可因信仰不同,辄加诉斥,致酿成排外之举动,此当注意者也"。⑤此外,通商要讲"信用",他认为,虽然国际商业竞争很激烈,但从国家商业发展的长远利益考虑,不可不遵守商业道德。"各国相通,大抵以扩张商权为首务。今世平和竞争,群

---

① 陆费逵:《修身讲义》(师范讲习科用),中华书局1910年版,第60页。
② 周日济:《讲习适用修身教科书》,中华书局1913年版,第92—93页。
③ 王仁骧:《师范讲习科用修身教科书》,卷下,中国图书公司1913年版,第32—34页。
④ 李步青:《新制修身教本》(中学),第二册,中华书局1914年版,第20—21页。
⑤ 李步青:《新制修身教本》(中学),第二册,中华书局1914年版,第21页。

趋于商业之一途,我国民诚宜发达其学术技艺,日扩其输出之国货,以减少外货之输入,然竞争虽烈,不可不以正道出之。若不尚信用,而输出赝造商品,或以种种不正当之行为,图目前之小利,则影响所及,不独个人失信用已也,将至国货之价值,因以堕落,而国家之名誉,亦因以败坏也。"①

(二)遵守战争道德

1907年蔡元培在其《中学修身教科书》中指出,正因为各国都有不可侵犯之权利,所以,当国家受到侵犯时,各国有自卫的权利。"其或一国之权利,为他国所侵,则得而抗拒之,亦犹私人之有正当防卫之权利焉。"②他还认识到,国家自卫与个人自卫不同,个人自卫可依靠强有力的国家法律的保护,而国际上却"未尝有最高之公权以控制之,虽有万国公法,而亦无强迫执行之力","故一国之权利,苟被侵害,则自卫之外,别无他策,而所以实行自卫之道者,战而已矣"。③他接着指出,两国开战,对于敌国之兵,"或杀伤之,或俘囚之,以杀其战斗力",都"为战国应有之权利",但对于"妇孺及平民之不携兵器者",既然"不与战役",就不得"加以戮辱"。对于敌国"工程之无关战役者",也不得"妄有毁损,或占有之"。④ 1910年陆费逵在其《修身讲义》中指出,两国如果发生战争,在战场上,当以"杀敌"为目的,但不可伤及无辜,对于"不与战争之人",不可任意残害,对于"捕虏及受伤之人",也不可虐待。而若宣告中立,当"严守中立之法,不可私助交战国之一,亦不得以战时禁制品供给之"。⑤

1913年周日济在其《讲习适用修身教科书》中也指出,当两国不得已发生战争之时,遵守"公法","不可害及个人,不可加非礼于战士,不可有残酷之行为,不可虐待捕虏,不可欺蔑负伤者",因为,"国与国之冲突,非个人与个人之冲突,故全体之胜败,不可混及人民之私权,是万国公认之德义"。而中立之国,当"严守局外之例"。⑥ 1913年王仁癸在其《师范讲习科修身

---

① 李步青:《新制修身教本》(中学),第二册,中华书局1914年版,第21页。
② 蔡元培:《中学修身教科书》,第四册,商务印书馆1908年版,第24页。
③ 蔡元培:《中学修身教科书》,第四册,商务印书馆1908年版,第25页。
④ 蔡元培:《中学修身教科书》,第四册,商务印书馆1908年版,第26—27页。
⑤ 陆费逵:《修身讲义》(师范讲习科用),中华书局1910年版,第60页。
⑥ 周日济:《讲习适用修身教科书》,中华书局1913年版,第93—94页。

教科书》中也认为,若两国交战,在战场上,对于敌兵当英勇杀之,但不可有"残忍刻薄之行为";对于俘虏与伤者,宜"施仁爱以款待之";对于普通百姓,不仅不能伤其性命,更不可侵犯其"私有财产"。① 如果宣告中立,当"严守中立法规",不可"供给战时禁制品,庇护其军队,援助其交战国之一"。② 1914 年李步青在其《新制修身教本》中也提出,虽然国际交往以维持和平为要,但仍不免会发生战争。但"战争系国与国之冲突,非个人与个人之冲突,不可以全体之胜败,而混及人民之私权",因此,对于不参与战争的人民"不可戕害","不可损及私人财产"。而中立国,当"守局外中立之法,不可扶助交战之一国,凡战时禁制品之供给,皆所宜禁"。③

（三）不媚外,亦不排外

他们指出,媚外有失本国的尊严,而蔑视他国或排外则会伤人伤己。1910 年陆费逵在其《修身讲义》中指出,爱国之精神,"不可与排外精神相混合,若不审内外之大势,褊狭顽固,自尊自大,侮蔑友邦,凌害外人,则不惟非所以爱国,适以损国家之体面,遗国家之忧患,吾国外交失败,半由于愚氓之排外,割地赔款,殊可痛也"④。

1913 年戴克敦等在其《新制中华修身教科书》（初小）第十二册第十课中指出,"无耻者献媚外人,无识者又恶而排之"⑤,都是不可取的行为。尤其是不能排外,排外不是爱国。同年,樊炳清在其《共和国教科书修身要义》中也认为,"排外与爱国心,截然不同。无爱国心之人民,有时排外更烈。盖排外者,出自偏激之感情,亦即利己心之变相,其意若曰:不排挤之,足损我私利也。故排外之情,倏起倏灭。"⑥同年,王仁㠭在其《师范讲习科修身教科书》中也提出,排外不仅不是爱国,而且是害国误国,"国家有排外举动,不但污国家之体面,而损国家之威严已也,重大外交问题,且因之而惹

---

① 王仁㠭:《师范讲习科用修身教科书》,卷下,中国图书公司 1913 年版,第 35 页。
② 王仁㠭:《师范讲习科用修身教科书》,卷下,中国图书公司 1913 年版,第 36 页。
③ 李步青:《新制修身教本》（中学）,第二册,中华书局 1914 年版,第 22 页。
④ 陆费逵:《修身讲义》（师范讲习科用）,中华书局 1910 年版,第 56 页。
⑤ 戴克敦、沈颐、陆费逵:《新制中华修身教科书》（初小）,第十二册,中华书局 1913 年版,第 6 页。
⑥ 樊炳清:《共和国教科书修身要义》（中学）,卷上,商务印书馆 1913 年版,第 53—54 页。

起矣。是故国民须采人之长，补己之短，以增高国家之品格与利益，并图谋国力之发展进步"①。因此，爱国不应走向排外的极端，而应该从谋取国家发展着手。

1916 年李步青在其《实用修身讲义》中也说道："有爱国心之人民，不使国家受外人之侵侮，与排外不同，排外出自偏激之感情，其害至于误国。爱国心出自义理之热诚，其精神足以维国势于不敝。故爱国者，审察本国立于世界之位置，一面保其良风之发扬国华，一面祛其陋习以增进国利。"②
1918 年贾丰臻在其《新体修身讲义》中也指出，"又有误用其爱国心者，即以爱国之精神，误解为排外心，对于外人而施强暴是也。此不仅污国家之品位，并足以酿国家之大患，其误觉之点，由于不通世界大势，不知人道主义，欲养成其爱国心者，自当以轻举为戒也。"③

第四节　爱国之道（三）：各尽其职、各保权利

在修身教科书，尤其是民初修身教科书看来，爱国之道，除了直接的尽国民义务、为国奉献之外，还包括各尽其职、保有自身之权利等间接的爱国之道，这显然是一种较高的爱国境界。

一、各尽其职

本文在第四章社会修身部分，提到了各尽其职是人们对社会尽责务的一个重要层面，其实，各尽其职也同样是国民对国家尽责务的一个重要方面。而在这里，各尽其职包括了两个层面的内容，一是公务人员之尽职，二是普通国民之各尽其职。

（一）公务人员之尽职

在修身教科书看来，作为公务人员，首先要尽忠职守。1913 年王仁黉

---

① 王仁黉：《师范讲习科用修身教科书》，卷下，中国图书公司 1913 年版，第 20 页。
② 李步青：《实用修身讲义》（师范讲习科用），中华书局 1916 年版，第 16 页。
③ 贾丰臻：《新体修身讲义》（师范讲习科用），商务印书馆 1918 年版，第 22 页。

在其《师范讲习科修身教科书》中指出，公务人员是指"从事于统治机关之职务者"，"不问其为组织官府之官吏，属于公共团体之吏员或议员，皆执行公务，而分任国家统治权之一部分者也"。① 公务之弛张，直接"影响于国家之命运"，因此，公务人员当"忠实勤勉，以服劳于分内之公务"，同时，"其心迹当廉洁也，其行为当严正而公平也，其处理事务，当出于敏活之手段也"，尤不可"恃权势而弄威福，则紊乱国家之秩序，损害国民之福利"。② 他还指出，公务人员"为国家统治权之代表"，因此，人民对之"当表尊敬服从之意"，对他们尊重，就是"重国宪、尊国法"，不可"反抗轻侮"。③

1914 年李步青在其《新制修身教本》中也指出，公务人员包括官吏与公吏、议员等人。他们既是国民之一员，同时又代表了部分国家权利，因此，公务人员对国家之责任重于普通国民对国家之责任。首先，官吏与公吏要尽职。他认为，官吏与公吏对于事：一、"宜忠实"，即"专于所事，不以私而废公"；二、"宜公正"，即"不狥私情"，"不畏强御"，"不利用公职而图私利"，"不恃权势而弄威福"；三、"宜勤慎"，即"勤则不怠弃职务，慎则治事无误"；四、"宜廉明"，"廉则不贪贿赂，明则能审情酌理以处事，以洁白之心，济其练达之才，斯举措无往不宜矣"；五、"宜坚忍"。④ 而对于人则要：一、对上要"服从其命令"；二、对下"不可示之以倨傲，不可导之以敷衍"。⑤ 其次，议员要尽职。他认为，国会议员之职责在于"谋国家政务之改良与进行"，地方议会议员之职责在于"谋地方政务之改良与进行"，因此，二者对国家责任重大。为了更好地履行职责，国民在平日应"富于学识经验，卓有政见"，被选为议员后，则应"主张公道，发挥正论，求所以福国而利民"，而不可"为党见与感情所蔽"，"为权势与利禄所惑"。⑥

（二）普通国民之各尽其职

在修身教科书看来，不仅从政人员要各尽其职，非从政人员也应各尽其

---

① 王仁黉：《师范讲习科用修身教科书》，卷下，中国图书公司 1913 年版，第 28—29 页。
② 王仁黉：《师范讲习科用修身教科书》，卷下，中国图书公司 1913 年版，第 29 页。
③ 王仁黉：《师范讲习科用修身教科书》，卷下，中国图书公司 1913 年版，第 30 页。
④ 李步青：《新制修身教本》（中学），第二册，中华书局 1914 年版，第 13—14 页。
⑤ 李步青：《新制修身教本》（中学），第二册，中华书局 1914 年版，第 15 页。
⑥ 李步青：《新制修身教本》（中学），第二册，中华书局 1914 年版，第 15—16 页。

职,为国效力。1910 年陆费逵在其《修身讲义》中说道:"为国民者,各勉励其职业,亦间接爱国之道也。农务耕耘,工勤操作,商勉贸易,则富己以富国矣。卫生养身,时加锻炼,则强身以强国矣。盖国民之富强,即国家之富强也",已隐约含有自强强国、自富富国的内涵。① 1912 年缪文功在其《中华中学修身教科书》中指出,国力的强盛,主要表现在兵力与财力上,因此,国民爱国可从发展兵力与财力入手。不仅要"同有军事智识,凡于国家致力于兵之事,当思有以裨助之,毋自流于文弱也",还要"具有经济上之常识,既筹个人之生计,兼筹公家之财政"。②

1913 年樊炳清在其《共和国教科书修身要义》中说道:"果有志于爱国者,当自淬励其智德,忠实其职守,出以舍身救国之精神,济以任重致远之魄力。"而正因为"爱国不以空言,而以其实",所以,真正的爱国者,不一定要"干预政治",即使是一个平凡国民,"其人虽穷而在下,无尺寸之柄,然政治而外,社会事业之待人以经营者,正不一途。果能于道德学问文章,卓然有所树立,使乡里为之感化,后进借以观摩,事功所贻,国家终食厥赐,其所以为报国者大矣。"③就是说,一个人不论从政与否,无论身处上下,只要能砥砺道德学问,忠于职守,在某一领域里有所作为,都是爱国的表现。1913 年王仁鑅在其《师范讲习科修身教科书》中也说道:"人各勉励于己之职业,又间接以爱国之道也。农勤于耕耘,商勤于买卖,工勤于造作,从事于其他职业者,又各勤于所务。则富己之道,而又富国之道也。何也? 国家之组织,即以人民为具体的元素也。国家多事之秋,或因之而失己之业务,割己之利益,能甘心而不怨者,亦爱国之一道也。有事之日,能致身以尽瘁于国事,则爱国之尤著矣",也认为民富则国富。④

二、各保权利

在修身教科书看来,权利与义务是相对而成的,有时候义务就是权利,

---

① 陆费逵:《修身讲义》(师范讲习科用),中华书局 1910 年版,第 56 页。
② 缪文功:《中华中学修身教科书》,第三册,中华书局 1912 年版,第 36 页。
③ 樊炳清:《共和国教科书修身要义》(中学),卷上,商务印书馆 1913 年版,第 54—55 页。
④ 王仁鑅:《师范讲习科用修身教科书》,卷下,中国图书公司 1913 年版,第 21 页。

权利就是义务。基于此他们认为,国民保有自身权利本身,就具有爱国之意义。1910年陆费逵在其《修身讲义》中指出,国民享有的公权包括"选举权、被选举权、诉讼权及任职官之权利",这些权利本身具有"维持国家之秩序,增进人民之幸福"的功用,因此,国民不仅要尽义务,还要保有这些权利。"吾人当各自尊重其公权,不可妄自放弃,亦不可任意滥用。如有放弃滥用,则不惟毁损自己之人格,抑亦背国民之道也"。他认为,国民的公权之中以选举权、被选举权最为重要,对待二者尤其要谨慎。国民在行使其选举权时,"当以公明正大之方法,举适良之人材,必自己平日信服者,方可举之。不可盲从他人,不可徇私妄举",而在行使其被选举权时,也应以"自己之才识德望"来获取,不可"贿买投票,或作伪胁迫",充当"立宪政治之蟊贼"。①

　　1913年周日济在其《讲习适用修身教科书》中指出,在专制政体下,"人民唯服从命令,于政治上初无权力之可言",而今共和国成立,国民乃得"保持其权利"。人民所享有的公权,是"对于国家所有之权",其中最重者为"参政权、选举权",对此国民"须知宝贵,固不可以放弃"。而为了更好地行使公权,国民需要储备参政知识,选举时"当持正义",不可徇私。而人民所享有的私权,是"国民相互间之权利",国民要想更好地"享有此种权",就必须"确有独立自营之智能,与群相善之道德"。② 1913年王仁黉在其《师范讲习科修身教科书》中指出,公权可以"维持国家之秩序,增进人民之幸福",因此,国民当"各尊重其所享之权,不可放弃,又不可滥用焉",放弃滥用公权,不仅"己之人格,因以损毁",而且"大背乎国民之道"。③ 他认为,议员是"人民之代表",担任着"参与政治之大任",因此,国民在行使公权时,务必要"特慎","以公明正大之方法,选举适当之人材",不可"选举信仰以外之人物",也不可"随声附和,漫不加察,选举不胜任之人物"。而作为被选举者,则要凭借"自己之才识德望",不可使用"贿买或诈伪胁迫"等卑

　　①　陆费逵:《修身讲义》,商务印书馆1910年版,第59页。
　　②　周日济:《讲习适用修身教科书》,中华书局1913年版,第87页。
　　③　王仁黉:《师范讲习科用修身教科书》,卷下,中国图书公司1913年版,第30页。

劣手段。①

1914 年李步青在其《新制修身教本》中指出,国民对于自身所有之公权,不可放弃,也不可滥用。"公权从法律所规定,人民得各享有其权,放弃之则自损,滥用之则枉法,故享有公权者不可不慎"。② 并进而指出,公权中以选举之事最为重要,因此,人民在行使自己的选举权时,务必要"选举得人"。选举时,"当以公明正大之方法,举适当之人才,放弃其权不可也,滥用其权尤不可也"。③ 他还进一步指出,国民为国尽责,不仅要保有自身的公权,还要保有自身的私权。他指出,"就国法而言,自由之权,人人得享有之,就己身而言,必备能自由之人格,而后可得自由之幸福",也就是说,国民必须具有"能自由之人格",才能更好地享受自由。那么,怎样才能具有"能自由之人格"呢?他主张,"人人养成自治之力,譬诸成年之人,各有独立之身份,其能成人与否,端赖自己之修养,而毋庸责望于他人,审是则自治者即自由之预备"。④

小　结

综上所述,近代修身教科书的爱国思想具有三大突出特点:

首先,爱国主体具有广泛性,爱国行为的低标准。修身教科书认为,爱国是每个国民应尽的本务,因此,无论文武、官民、老少、妇孺都有爱国义务,任何一个国民都不能置身事外。修身教科书所举的爱国故事,有子贡、墨子等文人,有马援、卢象升、岳飞、广濑武夫、纳尔逊等武人,有无忌、苏武、卢象升、岳飞等在位之官,有虞潭之母孙氏、马援等老者及平民,有小雅丽等儿童,其意也在说明爱国不分性别、不论身份、不别年龄,是每个国民应尽的本分。同时,修身教科书还认为,人的能力有大小,人人不可能像岳飞那样去

① 王仁颡:《师范讲习科用修身教科书》,卷下,中国图书公司 1913 年版,第 31 页。
② 李步青:《新制修身教本》(中学),第二册,中华书局 1914 年版,第 9 页。
③ 李步青:《新制修身教本》(中学),第二册,中华书局 1914 年版,第 10 页。
④ 李步青:《新制修身教本》(中学),第二册,中华书局 1914 年版,第 10—11 页。

领军打仗,也不可能都有无忌那样尊贵的地位可倚仗,故爱国之事不分大小,哪怕是一件微不足道的小事,只要是为了国家,都是值得称赞的。比如华盛顿起义时,小雅丽以一篮鸡蛋支持抗战,东西虽少,但精神可嘉。教科书还认为,爱国也不一定非要上战场,或以资财支持抗战,或以口才为国家出力,或平时尽好国民义务、谋取公共事务,甚至各尽其职、履行好自身义务等,都是爱国的表现。爱国主体的广泛性与爱国行为的低标准,使得爱国成为每个国民力所能及的事情,不仅有益于达到爱国教育的目的,而且可以避免虚伪的爱国。

其次,重视实际行动。修身教科书认为,爱国不是漂亮的空言,而重在实际行动,"爱国心非空言之谓,以言动人,其效已浅",所以,国民不仅要知道爱国之重要,还应当知道如何去爱国。那么如何去爱国呢?"果有志于爱国者,当自淬励其智德,忠实其职守,出以舍身救国之精神,济以任重致远之魄力。"而正因为"爱国不以空言,而以其实",所以,真正的爱国者,不一定要"干预政治",即使是一个平凡的国民,"其人虽穷而在下,无尺寸之柄,然政治而外,社会事业之待人以经营者,正不一途。果能于道德学问文章,卓然有所树立,使乡里为之感化,后进借以观摩,事功所贻,国家终食厥赐,其所以为报国者大矣"①。就是说,一个人不论从政与否,无论身份高低,只要能砥砺道德学问,忠于职守,在某一领域里有所作为,都是爱国的表现。这也是为什么在谈论爱国问题时,修身教科书多将笔墨放在论述爱国之道而不是空洞说教上的原因所在。

最后,国民修身的终极目标是培养一个好国民。他们认为,一个好国民不仅对国家尽责任与义务,而且对国家之内的社会、家庭、其他国民也有责任和义务。清末修身教科书的国民塑造意识还不甚清晰,而民初修身教科书已甚为明确。1913 年庄庆祥的《共和国教科书新修身教授法》(高小,春季)中,第六册第二十二课以中华国民为题,明确指出一个中华国民应是对自身、家庭、社会及国家有责任的人。他指出:"既为中华国民,应保守兹土勿失,且发荣而光大之也。国民为国家之分子,国势隆替,系于政治,政治良

---

① 樊炳清:《共和国教科书修身要义》(中学),卷上,商务印书馆 1913 年版,第 54—55 页。

楛,系于风俗,风俗美恶,系于人民之德性,故人民对于国家,必修德淑性,以自尽其国民之分。所谓修德淑性者,恭俭持躬,朴勤处事,入则孝悌,出则忠信,重人道,谋公益,遵奉国宪,惠爱群伦。平时则振起工商,促进文化,战时则踊跃赴难,发扬国威。"①1913 年缪徵麟等的《新制中华修身教授书》(高小)中,第九册第十二课为真国民,也从对家庭、社会、自己及国家的责任方面更为详尽地指出了一个真国民的道德要求。"真国民之对家也,孝于父母,友爱其兄弟姊妹,和夫妇,睦戚族,敬祖而不坠家声,主人爱怜佣仆,佣仆忠于主人。其对社会也,朋友邻里公众,相交以道,从师而敬之,重他人之身体、财产、自由、名誉,而不加侵害。受恩不忘,正直不欺,践期约,宽度量,亲切而慈善,守社会之秩序,而谋其进步。对于外人,明乎国际公私之关系,不亢不卑,恳切而周挚。其对己也,发挥身体,启迪知识,养其勇气,坚忍不挠,节其嗜欲,有过必悔,正品行,慎言语,勤于劳动,尽力职业,与人争胜,而不失信用,取与必以其道,注意习惯,进德修业,应用学理,立志上达,而不自暴自弃。其对国家也,务保国粹而发扬之,守法律、服兵役、纳租税、务教育,从公忘私,养成忠勇爱国之气,以期无负于国家。"②可见,修身教科书修身思想的最高目标就在于培养一个对个人、家庭、社会、国家尽责务的好国民。

清末与民初修身教科书的国民修身思想基本上没有太大差异,如他们都强调国民要爱国,要尽守法、纳税、兵役、教育等义务,不放弃并认真履行其公权等。但前后的国家观发生了质变,所以,其对国民责务的认识也随之发生了新变化。

首先,清代是君主专制,清末政府虽然也试图进行宪政改革,但其目标却是君主立宪制,其始终都有一个"君主"在上,因此,清末修身教科书认为,国民对国家的责务还包括忠君的内容。如 1906 年杨志洵在其《中等修身教科书》中指出,"尊君"是国民对国家应尽的第一本务。他指出,君主是

---

① 庄庆祥:《共和国教科书新修身教授法》(高小,春季),第六册,商务印书馆 1913 年版,第 29 页。

② 缪徵麟、吴廷璜:《新制中华修身教授书》(高小),第九册,中华书局 1913 年版,第 23—24 页。

"行政之元首,主权之所寄","无君则无主权",因此,"知爱国者,必知尊君"。① 1907年蔡元培在其《中学修身教科书》中也指出,"官吏之长,是为元首。立宪之国,或戴君主,或举总统,而要其为官吏之长一也。既知官吏之当敬,而国民之当敬元首,无待烦言"。②

　　其次,虽然清末教科书也谈到国民不仅有义务,也有一定的权利,但由于现实中宪政改革始终都处于试验阶段,且至清亡也未能实现,因此,清末修身教科书中所谓的国民权利,仅仅是纸上权利,并不是法律上、实际中的权利。而民初就不同,民国建立后,《中华民国临时约法》中明确规定了国民的种种权利,虽然实际上国民的民主权利也未能真正落实,但毕竟比清末前进了一大步。因此,相对而言,民初修身教科书较多强调了国民当如何去履行公权的问题。

　　① 杨志洵:《中等修身教科书》,文明书局1906年版,第4页。
　　② 蔡元培:《中学修身教科书》,第四册,商务印书馆1908年版,第10页。

结　语

　　本书以修身教科书为例,首先梳理了清末民初修身教科书的出版与发展情况,而后分别对一个人在私人、家庭、社会、国家等生活领域的修身思想进行了分门别类的考察。在本书的结尾,将对修身教科书修身思想的总体特点及现实启示意义进行进一步的探讨。

一、修身教科书修身思想的总体特点

　　首先,与传统修身思想既区别又联系。

　　修身教科书所谈论的修身在针对的对象、修身教育的目标、修身要求的层次、修身的层面等方面与传统修身有所不同。传统修身所针对的对象是知识分子与士大夫,其目标是培养政治精英,因此,其修身要求也相对较高,如要求士大夫不仅要修身、齐家,还要治国、平天下,为其将来步入仕途、治理国家做准备。也由于此,古代修身比较注重人的道德层面的修养、家庭和谐、社会秩序与国家安定,而不太注重人在身体、精神、自立等层面的修养,也不太注重家庭经济与家庭教育的发展,更不会去强调国民的权利享受。修身教科书就不同,它所针对的对象是一般民众,目标在于培养合格的国民,因此,其修身要求也相对降低,不再去要求国民要治国、平天下,而是要求国民对国家、对社会尽责任与义务。也由于此,修身教科书的修身思想不仅重视个人的道德修养,还重视个人在身体、精神、自立等层面的修养,不仅重视家庭人际和谐,也重视家庭教育与家庭经济的发展,不仅重视社会秩序与友爱,也重视社会教育文化、经济与公共建设的发展,不仅重视国民对国家要尽义务,也强调国民各尽其职、各保其权利。

这种不同,一方面是由教科书自身的特点所决定的。与普通读物相比,教科书面对的是广大学生,其目标也在于通过国民教育来培养国民的基本素质,而不是专门针对某一职业的人,也不是志在培养政治家、商人或教师。因此,其对国民提出的各种目标,只能是最基本的要求,是大多数国民能够达到的要求,而不是只有极少数人能达到而大多数人只能望尘莫及的高级目标。同时,由于国民将来要从事的职业有多种,可以是士、农、工、商、军、政、教师等各种不同的职业,因此,教科书要求国民对社会与国家尽责任,就只能要求其立足自身的职业,通过各尽其职、各谋其业的方式来为社会、为国家作贡献,而不是要求所有的人都像孔子那样去游说国君,像苏武那样恪守气节,像岳飞那样领军打仗。另一方面是由近代社会发展的需要决定的。近代中国内忧外患、动荡不稳的非常态社会状况,决定了救亡图存与富国强兵是近代中国的重大任务。而不论是救国,还是强国、富国,都需要从新民、强民与富民做起。现实国情提出的新国民的任务,决定了近代教育的重要任务就是新国民,而新国民是对全体民众的改造与启蒙,因此,以德育为主要任务的近代修身教科书也必然将培养国民的基本道德素质作为其目标。再一方面,就是受到西方思想的影响。在思想内容上,借鉴了许多西方伦理学的理论、概念,如权利、义务、公义、公德、公益、知、情、意、独立、自主等概念术语,又如社会有机体论、天赋人权说、权利义务对等论、个人主义学说等理论学说,都是他们改造旧思想、构建新思想的重要概念与理论基础。对异质文化的借鉴,也使近代修身教科书的修身思想表现出传统所没有的新内容。

在与传统修身思想表现出不同的同时,清末民初修身教科书的修身思想也与传统修身思想具有某些联系,主要表现在:(一)与传统修身的逻辑顺序一致,都是按照修身、齐家、治国、平天下的思路来推演的。近代修身教科书的编辑思路,基本上都是遵循着对个人、对家族、对社会、对国家、对人类及万物的责务这样一个由低到高的顺序设计的,这种思路与我国古代孟子在《大学》中所讲的修身、齐家、治国、平天下的修身思路基本无异。修身教科书虽然不要求国民治国、平天下,但却要求国民必须对社会与国家尽义务。(二)较多地继承了传统修身思想的内容。就大的方面而言,与传统修身思想一致,修身教科书的修身思想也重视人的德性修养,重视人际相处之道,重视人际与社会的秩序与和谐;重视责任、义务与奉献,而忽视权利、自由与索取;重视精神层面的追求,而轻视物质层面的需求。具体而言,修身教科书的个人修身思想虽然已具有人的体魄、精神、道德全面发展的修养思想,但多数以道德修养为个人修身的重心与目的;而其家庭修身思想,虽然也注意到了家庭教育、家庭经济、家庭事务等道德以外的层面,但多数人还是从家庭人伦道德修养的角度去立论,致力于家庭人际和睦的目标,并且,其虽然也认识到子女的独立地位与权利,并添加了传统所不太注重的家长对子女的责务,但离父子平等仍然有着较远的距离;其社会修身思想,则也多少继承了传统的"仁、义、礼、智、信"的内容;其国民修身思想,虽然也开始注意到民权问题,但其重点仍然是放在教育国民去爱国、去尽义务之上。

这些相似,一方面是由于修身思想的发展具有其内在的发展规律,近代修身思想必然会与传统思想具有一些内在联系。另一方面,近代中国民族危机与社会危机都异常严峻的现实,决定了修身教育不能回避对社会、对国家尽责任与义务的问题。再一方面,是由修身教科书自身的特点所决定的。修身教科书的主要任务是德育,而德育的目标至少有二:一是培养国民基本的道德品质,而不是基本的政治素质或民主观念;二是巩固现实的政治统治,维护现有的国家秩序。因此,重义务而轻权利,重奉献而轻索取,重精神而轻物质,重视社会与国家观念的教育,都是德育教科书特有的特点。

其次,与革命宣传相比,修身教科书的思想滞后于现实的发展,对社会发展的推进是一种缓慢的温和式的推进,而不是革命式的剧烈推进。

这主要表现在:(一)其思想相对保守,滞后于现实政治的发展。革命宣传往往走在现实的前面,通过呼吁革命或改革来推动社会的发展,因此,其思想观点相对激进,对现实的批评也较多。而修身教科书往往跟在现实社会变革的脚步之后亦步亦趋,小心谨慎,思想相对保守,起到巩固现实社会政治秩序的作用。比如,在清末,虽然思想界早就有人批评专制制度,然而,修身教科书却始终回避对专制制度的批评,直至清政府试行宪政后才开始在其书中介绍一些宪政常识、国民权利及如何履行公权等知识,此时才有人开始对专制制度的不足与立宪政治的优越性进行对比。进入民国后,修身教科书才开始较多地歌颂民主共和制度的优越性,也才敢于严厉地批评君主专制与君主立宪制度的不足。(二)对敏感的政治问题与家庭伦理问题采取谨慎的处理方式,而将批评的矛头指向不敏感的社会陋俗与国民性问题。如对民主问题比较谨慎,对中国传统的婚姻制度、宗族制度等问题,一般都持肯定态度,但也稍稍加入一些子女自主与独立等思想内容。而对比较不敏感的社会陋俗问题,如对自杀、复仇等野蛮遗风,早婚、蓄妾等婚姻陋俗,缺乏公德、不重殖产与生计等国民性弊病等,则批评较多。因此,在近代社会风俗与国民性的改造方面起到了一定的推动作用。(三)强调对法律、秩序、风俗习惯、舆论的绝对服从。修身教科书基本上都认为,遵守法律、秩序、风俗习惯与舆论是每个人对社会、对国家应尽的基本责务之一。并且还指出,有法胜于无法,因此,即使旧的法律与风俗习惯有缺陷,在新法律与新习惯未出现之前还是要遵循旧法律与旧习惯。

　　修身教科书滞后于现实发展,并以维护与巩固现实秩序为目的的特点,主要是由清末民初教科书的出版实况与教科书制度所决定的。不论是清末还是民初,虽然官方也试图组织机构编辑出版教科书,以打破教科书被民间把持的局面,但始终未能如愿。在教科书市场上,民间出版机构始终占据主导位置,如清末的文明书局、商务印书馆等,民初的商务印书馆、中华书局、世界书局等,都是教科书出版界的中坚力量。这种现实迫使清政府与民国政府在教科书认定制度上,不得不采用教科书审定制,即由民间编辑,之后由学部或教育部审查,审查通过者被冠以"学部审定"或"教育部审定"的字样,表示该书具有了合法地位。唯有被贴上了合法标签,出版机构的教科书才能被社会与学校认可,才能在激烈的教科书市场竞争中取胜,成为可赢利润的畅销书。因此,自觉遵守教育部门规定的审定规则,自觉与政府的精神保持一致,去歌颂与认可现实,而不是批评与抨击现实,就成为教科书编辑者与出版者寻求政府认可的必然选择,这也就决定了教科书滞后于现实发展,而不是超前于现实发展的一般特征。

　　最后,修身教科书的修身思想仍然存在着种种局限。主要有二:第一,表现在道德救国论的局限性上。国家要想强大,完善道德固然是一个重要方面。然而，国际竞争不单单是国民道德水准的较量，而是军事、经济、政治、文化等综合实力的比拼，不注重发展军事、经济、政治，而单纯想通过改善道德来取胜，显然是精神主义者的一相情愿。这也是道德救国论的根本缺憾。第二，表现在其所倡导的自由、民主与平等都有明显的局限性。他们主张的自由、民主与平等，都是法律条文上的、理论上的，他们未能解释理论上的民主、自由与现实中的不民主、不自由的巨大反差，论述的重心不是教育人们如何去争取、享受和保护自身的自由、民主与平等，而是处处以"真自由"、"真平等"来防范人们的滥用与误解。比如平等，他们强调说人与人之间是平等的，可一旦具体到长幼、上下、亲子、夫妇等人伦关系，又认为幼对长、下对上、子对亲、妇对夫应当服从。虽然很多学者认为，至新文化运动时期，近代知识分子经过思想革命，已从"长者本位"与"男尊女卑"的一端转向了"幼者本位"与"男女平等"的另一端，而实际上，据笔者通过近代修身教科书所察，这种转变虽然是一种不可逆转的趋势，但至此只能说是个小小的开始，离转变成功还有遥远的距离。

二、修身教科书修身思想的现实启示意义

修身问题是个永恒的话题。通过考察修身教科书的修身思想，笔者认为其对当今教科书的编写及教育都具有重要的启示意义。

首先，教科书的编写必须结合实际。

一要结合社会历史发展的实际。清末民初修身教科书在论修身之道时，无不与近代亡国灭种的残酷国情相联系，以救亡图存、富国强兵为终极目标，具有强烈的现实关怀意识。在立志于实现现代化的今天，德育也应该紧贴现实，以培养具有民主思想、科学精神、法制意识、权利观念，适应于现代社会的现代人为目标。同时，还要对当前国民道德的缺失进行深入细致的反思，以作为德育的着力点和切入点。还要认识到和平年代与战争年代德育任务的差别，在以和平与发展为主题的当今时代，我国的德育应适当地淡化政治色彩，将实现个人全面健康发展作为德育的重要目标，而不是将个

人发展视为实现国家强盛的工具与手段。

二要结合学生的实际。教科书的使用对象是不同年龄阶段的学生,因此,教科书的编写要根据不同年级学生的年龄特征、认知特点来编写。清末民初的修身教科书主要是针对中小学生的,因此,其编写形式与内容就充分体现了不同年龄阶段学生的认知规律。如低年级教科书,体裁多采用图画、故事、游戏,素材则多选取儿童熟悉而又喜闻乐见的身边的人事物,寓道理于故事之中,而不是抽象的说教。随着年级的增高,图画与故事减少,字数增加,道理加深。

三要结合生活实践的需要,加强实践做法的内容。尤其是思想品德教科书,更需注意此点。因为德育不能只停留在理论知识层面,最终必须落实到实践中去,因此,教给学生道德知识的同时,还要结合学生的生活需要,教给他们具体的实践做法与步骤,以指导他们的道德实践。修身教科书在这方面做得非常出色。以商务印书馆1912年推出的《共和国教科书新修身教授法》(初小,秋季)为例,第二册第十三课礼节,在讲了礼节的重要性之后,列出具体做法:"(一)行路相见,鞠躬为最简便之礼节;(二)座位以左为上,无论何方向,咸以客居于吾之左边为上;(三)在客前或友前,勿喧哗争吵,举动宜端庄,同学友来,亦当告知父母,捧茶敬之;(四)同辈行在途,可并肩行,若与尊长同走,则随其后,勿与并行,如尊长命前行,则超其前行走亦可。"①其做法之具体详尽是今天的思想品德教科书望尘莫及的,而教育成效显然要好得多。

其次,教科书的思想来源必须具有开放性,能够广泛吸收古今中西各家之长。德育及德育教科书各国皆有,且各国的德育理论与方法,德育教科书的编辑形式,都各有特色,各有短长。唯有与各家互相学习,取长补短,才能使我国的德育与德育教科书的发展日渐进步。因此,当今需要继续加强中西德育教科书的比较研究,探索二者的融合之路。其实,近代修身教科书在这方面已作出诸多努力,其在编写框架、思路、思想内容上大力借鉴日本教

---

① 　秦同培:《共和国教科书新修身教授法》(初小,秋季),第二册,商务印书馆1912年版,第15页。

科书,从而使我国德育教科书能够在短时间内突破旧思路,获得飞速发展。但对西方其他国家教科书的学习与借鉴还远远不够,这显然不利于广泛吸收各国之长,推进自身的发展。因此,为了推进我国道德建设与德育的发展,除了在制度上政府应适当放开,允许民间编写德育教科书外,还应鼓励各界广泛地学习西方各国的德育教科书与德育模式,学界则要加强各国德育与德育教科书的比较研究,以吸收各国之长,补己之短。

最后,在我国市场经济发展的过程中,应在中小学开设修身课。到底应不应该重新开设修身课,需要视社会的现实状况而定。近代修身科取得合法地位是在1904年"癸卯学制"颁布之时,随后历经18年的发展于1922年新学制中被废除,代之以公民科与社会科。当时人们取消该科的理由是,修身科只重视个人道德修养,而不能教给学生法律知识与社会常识,因此,应当由比之范围要广泛得多的公民科与社会科取而代之。随后的公民科与社会科教科书起初还容纳了修身的内容,但后来渐渐地减少压缩,到最后完全被抹去,转而由学校训育承担起修身教育。近代取消修身科,是为了适应近代社会对国民法律素质、社会素质教育的需要。但是,当今社会与近代的情形已然不同,当今社会道德缺失,社会心理问题严重,而修身教育正是拯救这一弊病的良方。就当前我国的情况看,本应该由学校承担的修身教育,却往往由社会与家庭来承担,而社会与家庭对个人进行的修身教育往往良莠不齐,导致学生步入社会后只能用数不清的失败与挫折来换取人际相处经验。因此,当前在中小学开设修身课,根据学生实际生活所需开展一些实用的修身知识教育与必要的修身训练,就显得十分迫切与必要。

附　录

附录1：清末出版的伦理教科书一览表

序	书名	著者	译者	出版机构	出版年份
1	《伦理教科书》	井上哲次郎 高山林次郎	樊炳清	南京：江楚编译官书局	1901，1903
2	《道德进化论》	户水宽人		上海：广智书局	1902
3	《伦理学》	元良勇次郎	王国维	科学丛书本	1902
4	《伦理书》	日本文部省	樊炳清	科学丛书本	1902
5	《新世界伦理学》	乙竹岩造	赵必振	上海：新民译印书局	1902—1904
6	《义务论》	海文	广智书局同人	上海：广智书局	1903
7	《伦理学》（后改名《中等教育伦理学》）	元良勇次郎	麦鼎华	上海：广智书局	1903
8	《西洋伦理学史要》	西额惟克	王国维	科学丛书本	1903
9	《伦理教科范本》	秋山四郎	董瑞椿	上海：文明书局	1903—1905
10	《道德法律进化之理》	加藤弘之	金康寿等	上海：广智书局	1903
11	《东西洋伦理学史》	木村鹰太郎	范迪吉	上海：会文学社	1903
12	《伦理学》	中谷延治郎	王章述	四川学报本	1905

序	书名	著者	译者	出版机构	出版年份
13	《伦理学》(师范教科丛书)	法贵庆次郎(讲授)	胡庸诰(记录)	武昌:湖北官书局	1905
14	《伦理学教科书》	中岛德藏	金太仁作	东京:东亚公司	1907
15	《伦理学》		刑之寰	保定:河北译书局	1907
16	《是非要义》	谢卫楼	管国全笔述	通州:华北协和书院铅印	1907
17	《伦理学教科书》	服部宇之吉		上海:商务印书馆	1908
18	《国民道德谈》	福泽谕吉	朱宗英	上海:中国图书公司	1908
19	《伦理学》(《哲学提纲》之一种)		李杕	上海:土山湾印书馆	1908
20	《最新伦理学》		郑宪成编译		1908 前
21	《伦理学讲义》		四川速成师范编译		1909
22	《伦理学原理》	泡尔生	蔡元培	上海:商务印书馆	1909
23	《自助论》(一名:西国立志篇、据日译本转译)	斯迈尔斯	上海通社译,林万里校订	上海:商务印书馆 上海:华泰印制公司	1910
24	《青年德育鉴》	越富勒	屠坤华		1911

附录 2：清末出版的修身教科书一览表

序	书名	编著（述）者	出版者及印刷者	出版年份
1	《高等学校修身教科书》	教育改良会	上海：商务印书馆	1902
2	《蒙学读本全书》（第 4 编为修身教科书）	无锡三等公学堂，俞复等	上海：文明书局	1902
3	《（时敏学堂）修身科讲义》	龙志泽	上海：有正书局	1902
4	《新订蒙学课本》（其中的初编为修身课本）	南洋公学朱树人	上海：南洋公学	1902
5	《蒙学修身书》（高小）	蒋黻	作者自刊	1902
6	《修身》	高凤谦	上海：人演社	1902
7	《中等伦理教科书》	俞安凤		1902
8	《京师大学堂伦理学讲义》	张鹤龄	北京：京师大学堂；上海：商务印书馆	
9	《修身伦理教育杂说讲义》	张鹤龄	北京：京师大学堂	
10	《初级蒙学修身教科书》	庄俞	上海：文明书局	1903
11	《蒙学修身教科书》	李嘉谷	上海：文明书局	1903
12	《小学修身教科书》	刘剑白	上海：文明书局	1903
13	《蒙学系修身教科书》	人演社	上海：人演社	1903
14	《初等伦理教科书》	吴尚	上海：上海商学会；上海：文明书局	1903，1905
15	《最新蒙学伦理书》	李郁	上海：达文编译书社	1904
16	《初等小学修身教科书》	高凤谦等	上海：商务印书馆	1904
17	《最新修身教科书》（后经学部审定，初等小学用，1—10 册）	商务印书馆编译所，张元济等校订	上海：商务印书馆	1905—1906
18	《德育鉴》	梁启超	上海：广益书局	1905
19	《绘图蒙学修身实在易》	陈善叙	上海：彪蒙书室	1905
20	《小学修身唱歌书》	田北湖	上海：文明书局	1905
21	《初等小学身教科书》（官话）	邵希雍	上海：会文学社	1905
22	《初级蒙学修身教科书》（官话）	邵希雍	上海：会文学社	1905
23	《最新女子修身教科书》（初等女子学堂用）	谢允燮编，陈德芬校阅	上海：中国教育改良会	1905
24	《伦理学》（师范教科丛编第三）	湖北师范生	武昌：湖北学务处	1905
25	《伦理教科书》	刘师培	上海：国粹学报馆	1905
26	《中等伦理学》（上下册）	姚永朴	上海：文明书局	1906

序	书名	编著(述)者	出版者及印刷者	出版年份
27	《官话女子修身教科书》(初等女学堂用)	邵廉存编,许家惺校	上海:群学社	1906,1911
28	《最新初等小学修身教科书》	张炽昌	上海:彪蒙书室	1906
29	《中等修身教科书》	杨志洵	上海:文明书局	1906
30	《简易修身课本》	杨天骥	上海:商务印书馆	1906
31	《寻常小学修身(书)》	钟卓京	上海:广智书局	1906
32	《小学修身书》(学部审定,版权页题:小学修身教科书)	蒋智由	东京:同文印剧舍	1906
33	《初等小学修身新教科书》(次年再版"初等"改为"初级")	方浏生	上海:乐群图书编译局	1906
34	《蒙学修身教科书》(卷口题"高等蒙学修身教科书")	庄俞编,乐群编译所校阅	上海:乐群图书编译局	1906
35	《最新女子初等小学修身教科书》	何琪编	上海:会文学社	1906,1907
36	《绘图女子修身教科书》		出版地不详:锟记书局	1906
37	《初等师范学校教科书伦理学》	商务印书馆编译所编,杨天骥校	上海:商务印书馆	1906
38	《初等小学简易修身教科书》	樊仲煦	上海:乐群书局	1906
39	《女子修身教科书》(1—2册)		南京:江楚编译局	1906
40	《中学修身教科书》	蒋智由	东京:同文印剧舍	1906,1907
41	《初等小学修身教科书》	学部编译图书局	上海:乐群书局代印销	1907
42	《初等小学修身范本》	顾倬	上海:文明书局	1907
43	《高等小学修身教科书》	高凤谦等	上海:商务印书馆	1907
44	《高等小学修身教科书》	胡晋接	芜湖:科学图书社	1907
45	《初等小学简明修身教科书》	戴克教等	上海:商务印书馆	1907
46	《初等小学修身教科书》(实为《小学集注》)		上海:新学会社	1907

序	书名	编著(述)者	出版者及印刷者	出版年份
47	《(中学堂用)修身教科书》(各分册又标为"中学修身教科书")	蔡振(蔡元培)	上海:商务印书馆	1907—1908
48	《初等小学修身课本》	张继良、刘永昌	上海:中国图书公司	1907—1910
49	《初等小学修身书》	陆费逵	上海:文明书局	1907
50	《最新女子修身教科书》	许家惺	上海:群学社	1907,1910
51	《蒙学礼经修身教科书》	汪慎修	上海:南洋官书局	1907
52	《师范适用伦理学初步》	均益图书公司	上海:均益图书公司	1907
53	《伦理讲义》	刘登瀛	保定:直隶警务官报局	1908
54	《高等师范伦理讲义》	刘登瀛	南宫:编者自刊	1908
55	《伦理学大意讲义》	陆费逵	上海:商务印书馆	1908
56	《小学教科初等修身》	黄守孚、戴洪恒	上海:集成图书公司	1908
57	《初等小学女子修身教科书》(后改题《女子修身教科书》).	沈颐、戴克敦	上海:商务印书馆	1908,1911
58	《高等小学女子修身教科书》	沈颐	上海:商务印书馆	1908
59	《高等小学修身》	达人书馆	上海:达人书馆	1908
60	《女子师范讲义第一种修身学》	孙清如	上海:商务印书馆再版	1908
61	《伦理学表解》	科学书局	上海:科学书局	1908
62	《高等小学修身课本》	林万里、黄展云	上海:中国图书公司	1908—1909
63	《修身学》(1—2册)		保定:直隶学校司排印局	光绪末年
64	《初等小学堂五年完全科修身教科书》	学部编译图书局	北京:学部编译图书局	1909
65	《初等小学修身教科书》	学部编译图书局	武昌:湖北学务公所;北京:学部编译图书局等	1909,1910
66	《女子初等小学修身教科书》	学部编译图书局	北京:学部编译图书局	1910
67	《高等小学修身教科书》	学部编译图书局	北京:学部编译图书局	1910
68	《新体初等小学修身教科书》	国民教育社		1910
69	《新体高等小学修身书》	国民教育杜	上海:文明书局	1910

序	书名	编著(述)者	出版者及印刷者	出版年份
70	《修身讲义》	陆费逵	上海:商务印书馆	1910
71	《简明修身教科书》	陆费逵	上海:商务印书馆	1910
72	《修身教科书》(1—2 册)	曾广昭		1910
73	《改良增辑中等修身教科书》	刘宗周	上海:校经山房	
74	《新国民修身教科书》(1—5 册,中学)	中国图书公司编	上海:中国图书公司	1911
75	《(世界的个人主义)伦理学》	张纯一	上海:广学会	1911

附录3：民初出版的伦理类书一览表①

序	书名	著(译)者	出版者	出版年份
1	《蒋著修身书》	蒋智由著	著者刊	1912
2	《现代思想与伦理问题》	[德]奥伊肯(原题：倭铿)(R. Eucken)著,郑次川译	上海：公民书局	1912
3	《人学》	[美]李约各(W. Lee)著,林乐知译意,范祎述辞	上海：广学会	1913
4	《伦理学大要》(封面书名为：《(讲习适用)伦理学大要》)(中学修身教科书)	周日济编	上海：中华书局	1913
5	《公民模范》	翁长钟编译	上海：中华书局	1914
6	《公民鉴》	[美]马维克(W. Marivick),斯密司(W. Smith)著,苏锡元译	上海：商务印书馆	1914
7	《进德篇》	[英]华林泰著,李诘元译	成都：公记印刷公司	1914
8	《伦理学精义》	谢蒙编	上海：中华书局	1914
9	《勤俭论》	[英]斯迈尔斯著,中华书局编辑所编译	上海：中华书局	1914
10	《母道》(女学丛书)	欧阳溥存编译	上海：中华书局	1914
11		黄展云编译	上海：中华书局	1914
12	《实业家之修养》	陆费逵著	上海：中华书局	1914
13	《立国精神详解》		国群铸—通俗讲演社	1915
14	《道德与宗教》	[德]泡尔生著,蔡振译	上海：中华基督教青年会组合	1915
15	《人范》(上下册)	黄书霖编	上海：煦中编译社	1915
16	《克己论》	[英]斯迈尔斯著,叶农生译	上海：中华书局	1915
17	《基德新篇》	蒋瑞华著	厚和：纯一善社	1915

---

① 参见北京图书馆、人民教育出版社编：《民国时期总书目》(哲学、心理学卷),书目文献出版社1995年版,第213—300页。

序	书名	著(译)者	出版者	出版年份
18	《道德之研究》(据艾迪来华讲授伦理道德的讲义编著)	[美]艾迪(G. S. Eddy),谢洪赉著	上海:青年会书报发行所	1915
19	《商业道德》(商业学校用)	盛在(左为王,右不清)编著	上海:商务印书馆	1915
20	《职分论》	[英]斯迈尔斯著,叶农生译	上海:中华书局	1915
21	《礼貌撮要》	张问行著	上海:土山湾印书馆	1916
22	《近世伦理学说》(《教育丛书》,第1集第3编)	朱元善著	上海:商务印书馆	1916
23	《哲学提纲》(《伦理学》)	李杕译	上海:土山湾印书馆	1916
24	《品性论》	[英]斯迈尔斯(原题:苏曼雅士)著,秦同培译	上海:中华书局	1916
25	《常识修养法》	邹德谨,蒋正陆编译	上海:商务印书馆	1916
26	《人格修养法·独立自尊合册》	邹德谨,蒋正陆编译	上海:商务印书馆	1916
27	《意志修养法》	邹德谨,蒋正陆编译	上海:商务印书馆	1916
28	《交际术》	邹德谨,蒋正陆编译	上海:商务印书馆	1916
29	《国民立身训》	谢无量编	上海:中华书局	1917
30	《妇女修养谈》(女学丛书)	谢无量著	上海:中华书局	1917
31	《中国国民道德概论》	姜琦编	北京:丙辰学社	1917
32	《新道德论》	[日]浮田和民著,周宏业、罗普译	上海:商务印书馆	1919
33	《国民之修养》(第1编)	陆费逵著	上海:中华书局	1919
34	《环球名人德育宝鉴》	杨钟钰辑	上海:自刊	1919
35	《政治道德》	[日]浮田和民著,陈重民译	内务部编译处	1919
36	《我的道德观》	黄憨樵著	著者刊	1920
37	《试验伦理学》(杜威在南京高等师范的讲稿)	[美]杜威著	上海:泰东图书局	1920
38	《伦理学之根本问题》(书名原文:E thischen Grundfragen)	[德]利普斯(T. Lipps)著,杨昌济译	北京:北京大学出版部	1920 年再版(初版年不详)
39	《西洋伦理学史》	[日]吉田静致著,杨昌济译	北京:北京大学出版部	1920 年再版
40	《人生之意义与价值》	[德]倭铿著,余家菊译	上海:中华书局	1920

序	书名	著(译)者	出版者	出版年
41	《自然道德》	[法]戴森柏(M. De-shumbert)著,王岫庐编译	上海:群益书店	1920
42			上海:公民书局	1921
43	《人生问题》(新文化丛书)	陈安仁著	著者刊	1920
44			上海:泰东书局	1926
45	《伦理学导言》(南京高等师范学校丛书)	[美]梯利(原题:薛雷)(F. Thilly)著,朱进译	上海:商务印书馆	1921
46	《人生问题》	[日]大住啸风著,田桐编译	上海:中华书局	1921
47	《互助论》	[俄]克鲁泡特金(H. A. Kponotknh)著,周佛海译	上海:商务印书馆	1921
48	《处世学理》	刘绍复著	北京:武学书局	1922
49	《国民必读》	王凤喈等编	上海:商务印书馆	1922
50	《人生哲学与唯物史观》(即《伦理与唯物史观》)	[德]考茨基(K. Kautsky)著,徐六几等译	上海:商务印书馆	1922
51	《伦理与唯物史观》	[德]考茨基(K. Kautsky)著,董亦湘译	上海:新文化书社	1926
52	《社会鉴》	王立谦编	上海:商务印书馆	1922
53	《修身西学》	A. Vagnoni 著	上海:土山湾印书馆	1923
54	《国民德育宝鉴》	钱贞干编	上海:大陆图书公司	1923
55	《(新著)公民须知》(1—3册)	顾树森,潘文安编	上海:商务印书馆	1923
56	《实验主义伦理学》(师范学校用书,据杜威与塔夫特合著《伦理学》(Ethics)一书第二部编译)	[美]杜威著,周谷城编译	上海:商务印书馆	1923
57	《青年之人生观》(南京学术讲演会上的演讲)	蒋维乔讲述,谢守恒笔记	上海:商务印书馆	1923
58	《爱的哲学》	徐庆誉著	长沙:世界学会	1923
59	《处世哲学》	[德]叔本华著,杜亚泉编译	上海:商务印书馆	1923
60	《西洋伦理主义述评》	[日]深井安文著,杨昌济译述	上海:商务印书馆	1923

附录 4：民初出版的修身教科书一览表①

序	书名	编著者	出版社	出版年份
1	《中华初等小学修身教科书》（1—8 册，教育部审定）	陈懋功、江涛编辑	上海：中华书局	1912
2	《中华高等小学修身教科书》（1—4 册）	汪涛编辑	上海：中华书局	1912
3	《中华中学修身教科书》（1—4 册）	缪文功编	上海：中华书局	1912
4	《（订正）最新修身教科书》（1—8 册）	商务印书馆编译所编纂	上海：商务印书馆	1912
5	《（订正）中学修身教科书》	蔡元培编	上海：商务印书馆	1912
6	《（订正）简明修身教科书》（1—8 册）	陆费逵等编纂	上海：商务印书馆	1912
7	《共和国教科书新修身》（1—8 册，教育部审定，国民学校用，春季）	沈颐、戴克敦编纂	上海：商务印书馆	1912
8	《共和国教科书新修身》（1—6 册，教育部审定，高小，春季）	包公毅、沈颐编纂	上海：商务印书馆	1912
9	《新国民修身课本》（第 1 册，初小）	中国图书公司编辑	上海：中国图书公司	1912
10	《中华民国初等小学修身课本》（1—8 册）	刘永昌等编	上海：中国图书公司	1912
11	《中华民国修身教科书》（1—8 册，初小）	中华民国新教育社编辑部编辑	上海：中国图书公司	1912
12	《修身礼仪法》	杨保恒编	上海：中国图书公司	1913
13	《共和国教科书新修身》（1—8 册，教育部审定，国民学校用，秋季）	沈颐、庄俞编纂	上海：商务印书馆	1912—1913
14	《新制中华修身教科书》（1—12 册，教育部审定，初小）	戴克敦、沈颐编	上海：中华书局	1912—1913
15	《共和国教科书新修身》（1—6 册，教育部审定，国民学校用，秋季）	包公毅、沈颐编纂	上海：商务印书馆	1913

① 参见北京图书馆、人民教育出版社图书馆合编：《民国时期总书目》(1911—1949)（中小学教材），书目文献出版社 1995 年版，第 16—24 页、180—181 页。

序	书名	编著者	出版社	出版年份
16	《共和国教科书修身要义》(上下卷,教育部审定,中学)	樊炳清编纂	上海:商务印书馆	1913
17	《新制中华修身教科书》(1—9册,高小)	戴克敦等编	上海:中华书局	1913
18	《(订正)新制修身教科书》(1—9册,教育部审定,国民学校用,秋季)	董文编	上海:中华书局	1913
19	《(订正)新制修身教科书》(1—9册,教育部审定,国民学校用,秋季)	董文编	上海:中华书局	1913
20	《讲习适用修身教科书》(师范讲习科用)	周日济编辑	上海:中华书局	1913
21	《单级修身教科书》(甲乙两编,1—9册,教育部审定,初小补习科)	秦同培等编纂	上海:商务印书馆	1913
22	《新编中华修身教科书》(1—8册,教育部审定,春季,初小)	沈颐等编	上海:中华书局	1913—1914
23	《新编中华修身教科书》(1—6册,教育部审定,春季,高小)	戴克敦等编	上海:中华书局	1913—1914
24	《初等小学修身教科书》(1—8册)	刘傅厚、庄适编	上海:中国图书公司	1913
25	《高等小学修身教科书》		上海:中国图书公司	1913
26	《师范讲习科用修身教科书》(上下卷)	王仁夔编	上海:中国图书公司	1913
27	《中学师范修身礼仪法书》(全1册)	杨保恒编	上海:中国图书公司	1913
28	《初等小学修身教科书》(1—2册)	王式玉编纂	武昌:共和编译社	1913
29	《第一简明修身启蒙》(2编,据《民国初等小学教科书》原版订正,1908年初版)	汪涵编辑	上海:新学会社	1913
30	《新编修身教科书》(1—8册,初小)	沈化夔编	上海:新学会社	1914
31	《新制单级修身教科书》(甲、乙合编,各1—3册,初小)	沈颐等编	上海:中华书局	1914
32	《修身教科书》(教育部审定,初小补习科)	秦同培编纂	上海:商务印书馆	1914

序	书名	编著者	出版社	出版年份
33	《半日学校修身教科书》(1—6册,教育部审定,半日制学校用)	秦同培编纂	上海:商务印书馆	1914—1916
34	《中华女子修身教科书》(1—3册,高小)	李步青编	上海:中华书局	1914
35	《新制修身教本》(1—4册,教育部审定,中学)	李步青编	上海:中华书局	1914
36	《女子修身教科书》(1—8册,教育部审定,国民学校用)	沈颐、董文编	上海:中华书局	1914—1915
37	《小学修身作法要项》	顾树森编	上海:中华书局	1915
38	《实用修身教科书》(1—6册,高小教员用,春季始业)	北京教育图书社编纂	上海:商务印书馆	1915
39	《实用修身教科书》(1—6册,教育部审定,国民学校小学校高年级用)	北京教育图书社编纂	上海:商务印书馆	1915
40	《新式修身教科书》(1—8册,教育部审定,国民学校用)	婺源、方钧编	上海:中华书局	1916
41	《新式修身教科书》(1—6册,教育部审定,高小)		上海:中华书局	1916
42	《实用修身讲义》(师范讲习所用)	李步青等著	上海:中华书局	1916
43	《中学师范修身讲义》(1—2册)	林纾编纂	上海:商务印书馆	1916
44	《新体修身讲义》(上下卷,教育部审定,师范讲习科用)	贾丰臻编纂	上海:商务印书馆	1918
45	《(订正)女子修身教科书》(1—8册,国民学校用)	沈颐、戴克敦编纂	上海:商务印书馆	1919
46	《新法修身教科书》(1—8册,教育部审定,国民学校用)	刘宪、费焯编纂	上海:商务印书馆	1920
47	《新法修身教科书》(1—6册,高小)	丁小先等编纂	上海:商务印书馆	1920
48	《新教育教科书修身》(1—6册,教育部审定,高小用)		上海:中华书局	1921
49	《现代师范教科书伦理学》(教育部审定)	孙贵定编	上海:商务印书馆	1923
50	《国民学校修身教科书稿本》(1—4册)			

参考文献

一、近代教科书及教学参考书

（一）小学修身书

1. 李嘉谷编著：《蒙学修身教科书》，文明书局1903年版。

2. 商务印书馆编译所编纂：《最新修身教科书》（初小），第6、7册，商务印书馆1905年版。

3. 蒋智由著述：《小学修身教科书》，第2—3卷，东京：同文印刷社1906年版。

4. 何琪编辑：《女子修身教科书》（初小），上下册，会文书局1906年版。

5. 何琪编辑：《女子修身教科书教授法》（初小），上下册，会文书局1906年版。

6. 沈颐编纂：《订正女子修身教科书》（高小），第1—4册，商务印书馆1912年版。

7. 沈颐、戴克敦编纂：《共和国教科书新修身》（初小），第1、3、5—7册，商务印书馆1912年版。

8. 秦同培编纂：《共和国教科书新修身教授法》（初小，春季），第5—7册，商务印书馆1912年版。

9. 秦同培编纂：《共和国教科书新修身教授法》（初小，秋季），第2、4、8册，商务印书馆1912年版。

10. 包公毅、沈颐编纂：《共和国教科书新修身》（高小，秋季），第1—3、5—6册，商务印书馆1913年版。

11. 庄庆祥编纂:《共和国教科书新修身教授法》(高小,春季),第 6 册,商务印书馆 1913 年版。

12. 庄庆祥编纂:《共和国教科书新修身教授法》(高小,秋季),第 2—4、6 册,商务印书馆 1913 年版。

13. [日]相岛龟三郎著,胡迈译:《少仪教授书》(小学教学参考书),湖南图书编译局发行,商务印书馆 1913 年印刷。

14. 戴克敦、沈颐、陆费逵编:《新制中华修身教科书》(初小),第 1—12 册,中华书局 1912—1913 年版。

15. 董文编:《新制中华修身教授书》(初小),第 1—12 册,中华书局 1913 年版。

16. 戴克敦、沈颐、陆费逵编:《新制中华修身教科书》(高小),第 1—9 册,中华书局 1913 年版。

17. 缪徵麟、吴廷璜编:《新制中华修身教授书》(高小),第 1—9 册,中华书局 1913 年版。

18. 沈颐、范源廉、方钧编:《新制单级修身教科书》(初小),甲、乙编,中华书局 1914 年版。

19. 方钧、丁锡华编:《新制单级修身教授书》(初小),甲、乙编,中华书局 1914 年版。

20. 沈颐、范源廉、董文编:《新编中华修身教科书》(初小,春季),第 1—8 册,中华书局 1913—1914 年版。

21. 董文编:《新编中华修身教授书》(初小,春季),第 1—8 册,中华书局 1913—1914 年版。

22. 戴克敦、沈颐、陆费逵编:《新编中华修身教科书》(高小,春季),第 1—6 册,中华书局 1913 年版。

23. 方钧、缪徵麟编:《新编中华修身教授书》(高小,春季),第 1—6 册,中华书局 1914 年版。

24. 方钧编:《中华女子修身教授书》(高小),第 1 册,中华书局 1915 年版。

25. 婺源、方钧编:《新式修身教科书》(国民学校用),第 1—8 册,中华书局 1916 年版。

26. 方浏生编辑:《新式修身教科书》(高小),第 1、4、5、6 册,中华书局 1916 年版。

27. 刘宪、费焯编纂:《新法修身教科书》(国民学校用),第 1—3 册,商务印书馆 1920 年版。

28. 丁晓先、赵欲仁编:《新法修身教科书》(高小),第 3 册,商务印书馆 1920 年版。

29. 朱文叔等编辑:《新教育教科书修身》(高小),第 2 册,中华书局 1921 年版。

30. 朱文叔、陆费逵编辑:《新教育教科书修身教案》(高小),第 4 册,中华书局 1922 年版。

31. 吕云彪等编纂:《修身游技唱歌联络教材》,商务印书馆 1921 年版。

(二)中学及师范修身书

32. 杨志洵著:《中等修身教科书》,文明书局 1906 年版。

33. 蔡振编纂:《中学修身教科书》,第 1—5 册,商务印书馆 1907—1908 年版。

34. 孙清如译补:《修身学》(师范用),第 1—4 册,1908 年版。

35. 陆费逵编纂:《修身讲义》,商务印书馆 1910 年版。

36. 蔡振编纂:《订正中学修身教科书》,商务印书馆 1912 年版。

37. 缪文功编辑:《中华中学修身教科书》,第 1—4 册,中华书局 1912 年版。

38. 周日济编辑:《讲习适用修身教科书》(师范讲习科用),中华书局 1913 年版。

39. 樊炳清编纂:《共和国教科书修身要义》(中学),甲编,商务印书馆 1913 年版。

40. 杨保恒编辑:《师范中学修身礼仪法书》,中国图书公司 1913 年版。

41. 李步青编:《新制修身教本》(师范学校用),第 1—2 卷,中华书局 1914 年版。

42. 李步青、谢蒙编:《新制修身教本》(中学),第 1—4 册,中华书局

1914 年版。

43. 林纾编纂:《中学师范讲义》,上下卷,商务印书馆 1916 年版。

44. 李步青编:《实用修身伦理学讲义》(师范讲习所用),中华书局 1916 年版。

45. 徐炯:《中学修身教科书》,华阳:编者 1916 年版。

46. 贾丰臻编纂:《新体修身讲义》(师范讲习科用),全一册,商务印书馆 1918 年版。

(三)伦理学类书

47. [日]元良勇次郎著,麦鼎华译:《中等教育伦理学》,广智书局 1903 年版。

48. 湖北师范生编辑:《伦理学》(日本法贵庆次郎讲义,师范教科丛编),湖北学务处发行,株式会社 1905 年版。

49. 刘师培编著:《伦理教科书》,第 1—5 册,国学保存会 1906 年版。

50. 姚永朴编辑:《中等伦理学》,文明书局 1906 年版。

51. [德]泡尔生著,日本蟹江义丸翻译本,蔡元培编译:《伦理学原理》,商务印书馆 1909 年版。

52. 蔡元培编纂:《中国伦理学史》,全一册,商务印书馆 1910 年版。

53. 陆费逵编纂:《伦理学大意讲义》,商务印书馆 1910 年版。

54. 王仁甦编辑:《师范讲习科修身教科书》,上下卷,中国图书公司 1913 年版。

55. 周日济编:《伦理学大要》,中华书局 1913 年版。

二、近代教育著作

1. 白作霖编:《各科教授法精义》,商务印书馆 1909 年版。

2. 李步青编:《新学制各科教授法》,中华书局 1914—1921 年版。

3. 张维城、林壬编:《实用各科教授法讲义》,中华书局 1915 年版。

4. 朱叔源、赵南编译:《英法德美国民性与教育》,上下册,江苏教育会国光印刷所 1915 年版。

5. 陈寿凡译述:《欧美列强国民性之训练》,商务印书馆 1916 年版。

6. 江苏省公署教育科编:《江苏教育近五年间概况》,商务印书馆 1916 年版。

7. 朱元善译书:《公民教育论》,商务印书馆 1917 年版。

8. 包公毅:《儿童修身之感情》,文明书局 1917 年版。

9. 蒋拙成编著:《道德教育论》,商务印书馆 1919 年版。

10. 程湘帆:《小学课程概论》,商务印书馆 1923 年版。

11. 陈翊林:《最近三十年中国教育史》,太平洋书店 1930 年版。

12. 庄俞等编:《最近三十五年之中国教育》,商务印书馆 1931 年版。

13. 朱翊新编著:《小学教材研究》,世界书局 1931 年版。

14. 孙钰编:《小学教材研究》,文化学社 1932 年版。

15. 吴研因、吴增芥编:《小学教材研究》,商务印书馆 1934 年版。

16. 吴研因、翁之达编:《中国之学校教育》,商务印书馆 1934 年版。

17.《第一次中国教育年鉴》,开明书店 1934 年版。

18. 吴研因等:《小学教科书评论》,正中书局 1936 年版。

19. 陈侠:《近代中国小学课程演变史》,商务印书馆 1944 年版。

20. 吴俊升编:《德育原理》,商务印书馆 1948 年版。

21. 现代教学社编辑:《小学教科书的改革》,华华书店 1948 年版。

三、资料集与文集

（一）资料集

1. 张静庐辑注:《中国近代出版史料初编》,群联出版社 1953 年版。

2. 张静庐辑注:《中国近代出版史料二编》,群联出版社 1954 年版。

3. 张静庐辑注:《中国现代出版史料》(甲编、乙编、丙编、丁编),中华书局 1955—1959 年版。

4. 张静庐辑注:《中国近代出版史料补编》,中华书局 1957 年版。

5. 教育史教研室编:《中国现代教育史教学参考资料》,吉林师范大学 1962 年版。

6. 舒新城编:《中国近代教育史资料》(上、中、下、册),人民教育出版社 1981 年版。

7. 朱有瓛主编:《教育科学丛书:中国近代学制史料》(共3辑6册),华东师范大学出版社1983—1990年版。

8. 陈学恂主编:《中国近代教育史教学参考资料》(上、中、下、册),人民教育出版社1986—1987年版。

9. 李桂林主编:《中国现代教育史教学参考资料》,人民教育出版社1987年版。

10. 中国第二历史档案馆编:《中华民国史档案资料汇编》(第3辑教育),江苏古籍出版社1991年版。

11. 中国第二历史档案馆编:《中华民国史档案资料汇编》(第5辑第3编教育),江苏古籍出版社2000年版。

12. 陈元晖主编:《中国近代教育史资料汇编》(第1册教育思想;第5册学制演变;第7册普通教育),上海教育出版社2007年版。

(二)文集

13. 鲁迅:《鲁迅全集》,人民文学出版社1981年版。

14. 孙中山:《孙中山全集》,中华书局1982年版。

15. 陈学洵主编:《中国近代教育文选》,人民教育出版社1983年版。

16. 赵清、郑诚编:《吴虞集》,四川人民出版社1985年版。

17. 陈独秀:《独秀文存》,安徽人民出版社1987年版。

18. 梁启超:《饮冰室合集》,中华书局1989年版。

19. 刘燕云编:《胡适教育论著选》,人民教育出版社1994年版。

20. 戚谢美、邵祖德编:《陈独秀教育论著选》,人民教育出版社1995年版。

21. 中国蔡元培研究会编:《蔡元培全集》,浙江教育出版社1996—1998年版。

22. 苑书义等编:《张之洞全集》,河北人民出版社1998年版。

23. 吕达主编:《陆费逵教育论著选》,人民教育出版社2000年版。

24. 胡适:《胡适全集》,安徽教育出版社2003年版。

25.《李大钊全集》,河北教育出版社1999年版。

四、国内著作

（一）教育史及课程史著作

1. 黄济:《中日教育关系史》,山东教育出版社 1993 年版。

2. 杨玉厚主编:《中国课程变革研究》,人民教育出版社 1993 年版。

3. 胡斌武:《社会转型时期学校德育的现代化》,中央编译出版社 1993 年版。

4. 张志建:《中学思想政治课发展史》,北京师范大学出版社 1994 年版。

5. 吕达:《中国近代课程史论》,人民教育出版社 1994 年版。

6. 高时良主编:《中国教会学校史》,湖南教育出版社 1994 年版。

7. 申晓云:《动荡转型中的民国教育》,河南人民出版社 1994 年版。

8. 刘秀生、杨雨清:《中国清代教育史》,人民出版社 1994 年版。

9. 高谦民主编:《中国小学思想品德教学史》,山东教育出版社 1995 年版。

10. 李华兴主编:《民国教育史》,上海教育出版社 1997 年版。

11. 张瑞璠、王承绪主编:《中外教育比较史纲》(近代卷),山东教育出版社 1997 年版。

12. 王伦信:《清末民国时期中学教育研究》,华东师范大学出版社 2002 年版。

13. 郑航:《中国近代德育课程史》,人民教育出版社 2004 年版。

（二）教育思想及教育理论著作

14. 李春秋、江万秀:《中国德育思想史》,湖南教育出版社 1992 年版。

15. 吴洪成:《中国近代教育思潮研究》,西南师范大学出版社 1993 年版。

16. 张锡生主编:《中国德育思想史》,江苏教育出版社 1993 年版。

17. 于钦波编著:《中国德育思想史》,吉林教育出版社 1993 年版。

18. 崔运武:《严复教育思想研究》,辽宁教育出版社 1993 年版。

19. 宋仁:《梁启超教育思想研究》,辽宁教育出版社 1993 年版。

20. 金林祥:《蔡元培教育思想研究》,辽宁教育出版社1994年版。

21. 王炳照、阎国华主编:《中国教育思想通史》(第5、6卷),湖南教育出版社1994年版。

22. 童富勇、张天乐:《陈独秀李大钊教育思想研究》,辽宁教育出版社1997年版。

23. 董宝良等主编:《中国近现代教育思潮与流派》,人民教育出版社1997年版。

24. 罗炽等:《中国德育思想史纲》,湖北教育出版社1998年版。

25. 冯克诚等主编:《近代中国的道德演变与德育理论》,中国文史出版社1998年版。

26. 赵康太、李英华:《中国传统思想政治教育理论史》,华中师范大学出版社2006年版。

(三)教科书研究著作

27. 吴洪成:《中国学校教材史》,西南师范大学出版社1998年版。

28. 熊承涤:《中国古代学校教材研究》,人民教育出版社1996年版。

29. 王建军:《中国近代教科书发展研究》,广东教育出版社1996年版。

30. 何晓夏、史静寰:《教会学校与中国教育近代化》,广东教育出版社1996年版。

31. 郑国民:《从文言文教学到白话文教学——我国近现代语文教育的变革历程》,北京师范大学出版社2000年版。

32. 司琦:《小学教科书发展史:小学教科书纸上博物馆》(共3册),台北:华泰文化事业股份有限公司2005年版。

33. 汪家熔:《民族魂——教科书变迁》,商务印书馆2008年版。

(四)伦理思想及其他思想类著作

34. 张锡勤等编著:《中国近现代伦理思想史》,黑龙江人民出版社1984年版。

35. 汪家熔:《大变动时代的建设者》,四川人民出版社1985年版。

36. 吴熙钊:《中国近代道德启蒙》,吉林文史出版社1990年版。

37. 徐顺教、季甄馥主编:《中国近代伦理思想研究》,华东师范大学出版社 1993 年版。

38. 胡成:《困窘的年代:近代中国的政治变革和道德重建》,三联书店 1997 年版。

39. 刘志琴主编:《近代中国社会文化变迁录》,浙江人民出版社 1998 年版。

40. 张怀承:《天人之变:中国传统伦理道德的近代转型》,湖南教育出版社 1998 年版。

41. 张岂之、陈国庆:《近代伦理思想的变迁》,中华书局 2000 年版。

42. 高兆明:《制度公正论:变革时期道德失范研究》,上海文化出版社 2001 年版。

43. 张晓东:《中国现代化进程中的道德重建》,贵州人民出版社 2002 年版。

44. 袁洪亮:《人的现代化——中国近代改造国民性思想研究》,人民出版社 2005 年版。

45. 张卫波:《民国初期尊孔思潮研究》,人民出版社 2006 年版。

46. 陈旭麓:《近代中国社会的新陈代谢》,上海社会科学院出版社 2006 年版。

47. 王玉生:《言强必先富:中国传统经济伦理思想的近代演变》,中国社会科学出版社 2007 年版。

五、国外著作

1. [英]休谟著,关文运译:《人性论》,商务印书馆 1980 年版。

2. [德]恩斯特·卡西尔著,甘阳译:《人论》,上海译文出版社 1985 年版。

3. [美]英格尔斯著,殷陆君译:《人的现代化——心理·思想·态度·行为》,四川人民出版社 1985 年版。

4. [美]希尔斯著,傅铿、吕乐译:《论传统》,上海人民出版社 1991 年版。

5. [美]包筠雅著,杜正贞、张林译:《功过格:明清社会的道德秩序》,浙江人民出版社 1999 年版。

6.［英］安东尼·吉登斯著,田禾译:《现代性的后果》,译林出版社 2000 年版。

7.［法］孟德斯鸠著,孙立坚等译:《论法的精神》,陕西人民出版社 2001 年版。

8.［美］阿普尔、克丽斯蒂安·史密斯主编,侯定凯译:《教科书政治学》,华东师范大学出版社 2005 年版。

六、相关论文

（一）期刊论文

1. 戴胜利:《维新运动时期的大学修身教育》,《国家教育行政学院学报》2003 年第 4 期。

2. 毕苑:《从〈修身〉到〈公民〉:近代教科书中的国民塑形》,《教育学报》2005 年第 1 期。

3. 李蕉:《儒家修身思想与现代大学教育》,《清华大学教育研究》2006 年第 1 期。

4. 陈曙光:《儒家的修身思想体系探微》,《伦理学研究》2006 年第 4 期。

5. 杨弘博:《从教科书看伦理思想的演变》,《玉溪师范学院学报》2007 年第 1 期。

6. 毕苑:《经学教育的淡出与近代知识体系的转移:以修身和国语教科书为中心的分析》,《人文杂志》2007 年第 2 期。

7. 朱惠娟:《蔡元培〈中学修身教科书〉中德育思想及其价值研究》,《当代教育论坛(学科教育研究)》2007 年第 12 期。

8. 黄兴涛、曾建立:《清末新式学堂的伦理教育与伦理教科书谈论——兼论现代伦理学学科在中国的兴起》,《清史研究》2008 年第 1 期。

9. 石鸥、吴小鸥:《中国现代教科书之萌芽——南洋公学的〈(新订)蒙学课本〉》,《湖南教育(语文教师)》2008 年第 1 期。

10. 石鸥、吴小鸥:《最具现代意义的学校自编语文教科书——无锡三等公学堂的〈蒙学读本全书〉（1901 年）》,《湖南教育（语文教师）》2008 年第 3 期。

11. 覃兵:《浅议近代中华书局〈修身〉系列教科书》,《湖南师范大学教育科学学报》2008 年第 3 期。

12. 洪港、王莉:《教科书出版与近代政治变革》,《出版发行研究》2008 年第 4 期。

（二）学位论文

13. 宋军令:《近代商务印书馆教科书出版研究》,四川大学硕士学位论文 2004 年。

14. 毕苑:《中国近代教科书研究》,北京师范大学博士学位论文 2004 年。

15. 刘超:《民族主义与中国历史书写》,复旦大学博士学位论文 2005 年。

16. 吴慧芳:《中国传统德育的近代转型与初步建构研究》,北京师范大学博士学位论文 2005 年。

17. 樊冬梅:《中国近代普通中小学科学教育（1878—1922）》,华东师范大学硕士学位论文 2006 年。

18. 宋荣欣:《商务印书馆小学教科书发展演变研究（1902—1943）》,北京师范大学硕士学位论文 2006 年。

19. 张梅:《文明书局教科书出版研究》,天津师范大学硕士学位论文 2008 年。

七、近代报刊

1.《学部官报》。

2.《教育杂志》。

3.《教育评论》。

4.《中华教育界》。

后　记

　　时光荏苒,转眼博士毕业来汉生活已有三年。来汉以来,一边在美丽的珞珈山下求学深造,一边对我的博士论文修改完善。此书正是在博士论文基础上修改而成的。如今本书即将付梓,心中不免感慨万千,百感交集,其中有回想,有欣喜,也有感恩。

　　本书以清末民初的修身教科书为研究对象,主要考察其中蕴涵的修身思想内容。现在回想起来,当初选择这个课题纯属偶然。2006 年 9 月,我有幸考入北京师范大学历史学院攻读博士学位,师从著名的中国近代政治史研究专家王开玺教授研究中国近现代史。当时王老师的主攻方向是中国近代政治史中的近代外交礼仪问题,并已形成了一些颇有影响的学术成果,他的代表作《隔膜、冲突与趋同——清代外交礼仪之争透析》自 1999 年出版以来,获得学界高度评价。为了得到导师更多的真传,最初我把视野限定在近代外交史领域。这一过程中,曾经考虑过研究晚清礼部、外务部等课题,可最后要么因为题目偏大难以驾驭,要么由于前期研究成果较多再研究空间有限而不得不忍痛割舍。选题被一一否决后,我曾一度陷入不知何去何从的迷茫之中,而也正是抛开了过去的眼界限制,使我一下子视野大开。一次在查阅北师大图书馆资料时,偶然发现特色资源栏目,按图索骥下去,竟发现这里收藏有丰富的清末民初中小学教科书,而且其藏量之大、种类之全居全国之最。这使我突然眼前一亮,可前几次的挫折也让我在欣喜之中带着几分担忧。后来,经过小心谨慎、认真细致的考证发现,关于近代教科书的研究还相当薄弱,虽然有一些成果,但大多集中在国文、历史、地理教科书的研究上,其他学科教科书的研究还远远不足。于是,我结合自己的兴趣,从薄弱处下手选取了修身教科书作为努力方向。随后,经过一番严密慎重的学术论证和思路整理,带着几分担心我将我的想法告诉了王老师,万万没想到的是,王老师非但没有批评,反而对选题大力支持,同时建议最好选取一个研究视角。后来经过多次讨论和协商,最终确定以研究修身教科书的修身思想为题。至此,选题也由最初的偶然相遇变成了最后的理性抉择。选题可谓经历了一波三折,但这一过程不仅让我学会了方法积累了经验,也为我下一步论文写作的有序展开奠定了基础。虽然在后来的论文撰写过程中,我也曾无数次困惑迷茫,但在王老师的耐心指导下都一一化解,最终使论文得以顺利完成。因此,在本书即将面世之际,我首先要感谢王老师。

对于王老师,我有太多的感谢要说。六年前,是他将我收入门下,我才获得了宝贵的博士学习机会。读书期间,生活上他给予我们无微不至的关怀,学习上更是为我们付出了大量的心血与汗水,他是我们生活上的慈父,学习上的严师。最让我感动的是博三这一年,当时王老师身体不适,又事务缠身,但只要我们学习上、生活中有困难,他都会想方设法为我们排忧解难、答疑解惑,这种处处为学生着想的师德风范实在令人感动和敬佩。毕业后,他依然时常关心我的生活和学习。我在生活上每有一件喜事,工作上每有一点成绩,都会第一时间打电话告诉他,他都会为我高兴、为我祝福。对待工作,他总是兢兢业业、一丝不苟;对待学术,他一贯勤勉不怠、严格要求、精益求精;对待学生,他总是和蔼可亲、平易近人。"学高为师,德高为范",说的就是他这样的老师。他的为人为学,无不是我终生学习的楷模。

此时此刻,还要感谢对本书写作提供过热心帮助的众位师友和工作人员。在北师大学习期间,历史学院中国近现代史博士点的郑师渠老师对我的选题给予了莫大的肯定与鼓励,增强了我选题的信心。开题报告时,史革新老师、李志英老师、孙燕京老师均提出了不少宝贵意见。龚书铎先生、李帆老师等的课堂,也使我在学术上视野大开,备受启发。论文答辩时,中国人民大学杨东梁教授、陈桦教授、何瑜教授,首都师范大学迟云飞教授、魏光奇教授,提出了诸多可贵的修改意见,使我获益良多。同专业的好友方艳华、杨彩丹、陈竹君等人,在博士论文写作期间时常提醒我、鞭策我,才使我如期完成写作。同门王太元、李春香、李宝、马瑞等在论文的文字校对上给予了我及时的帮助。校图书馆和院资料室的众位老师在资料的查阅上为我提供了诸多便利。在此，一并向他们致以诚挚的谢意！

此外，我的硕士导师山东师范大学王林老师、田海林老师，对本书的写作与修改均提出了诸多宝贵意见。武汉大学马克思主义学院石云霞老师作为我的博士后合作导师，在学习和生活上均为我提供了热情帮助，丁俊萍老师也给我提供了诸多帮助。在此，一并向他们深深地道一声谢谢！还要特别感谢的是人民出版社的诸位领导，以及责编马长虹博士和特约编辑兰玉婷女士，正是他们的辛勤劳动，才使本书能够以更加完美的姿态展现在读者面前。

最后也是最应该感谢的，是我的家人和孩子。多年以来，我的父母家人为我的学习、工作、生活提供了莫大的支持和鼓励。来汉以来，结婚生子，爱人李向勇博士对我不时鼓励，并对本书的最后定稿付出了大量心血。他和婆婆还替我分担了大部分家务，才使我能够有充分的时间和精力去修改完善本书，离开他们的帮助，本书的面世是难以想象的。爱子李明哲，聪明伶俐，乖巧可人，让我学习工作之余享受到无尽的初为人母的天伦之乐。他们是我强大的后盾，也是我前进的动力，谨以此书献给他们，来表达我深深的歉意和谢意！

书稿虽经反复推敲，但由于学识能力有限，问题和不足在所难免，祈望学界前辈与同仁提出宝贵批评。

王小静

2012 年 5 月 25 日于武昌珞珈山

责任编辑:马长虹
特约编辑:兰玉婷
封面设计:徐 晖

图书在版编目(CIP)数据

清末民初修身思想研究:以修身教科书为中心的考察/王小静 著.
　-北京:人民出版社,2012.9
ISBN 978-7-01-011034-9

Ⅰ.①清…　Ⅱ.①王…　Ⅲ.①德育-思想史-研究-中国-近代
　Ⅳ.①G410-092

中国版本图书馆 CIP 数据核字(2012)第 152368 号

清末民初修身思想研究
QINGMO MINCHU XIUSHEN SIXIANG YANJIU
——以修身教科书为中心的考察

王小静 著

人民出版社 出版发行
(100706 北京市东城区隆福寺街 99 号)

北京市文林印务有限公司印刷 新华书店经销
2012 年 9 月第 1 版 2012 年 9 月北京第 1 次印刷
开本:710 毫米×1000 毫米 1/16 印张:14.75
字数:230 千字 印数:0,001-3,000 册

ISBN 978-7-01-011034-9 定价:38.00 元

邮购地址 100706 北京市东城区隆福寺街 99 号
人民东方图书销售中心 电话 (010)65250042 65289539

版权所有·侵权必究
凡购买本社图书,如有印制质量问题,我社负责调换。
服务电话:(010)65250042